보리밥과 쌀밥

아버지가 들려주는 작고 소중한 삶의 지혜

보리밥과 쌀밥

김제철 지음

좋은날

글을 시작하며

누군들 아들과의 대화의 필요성을 느끼지 않은 사람이 있을까. 그런데 내가 아들에게 뭔가를 들려 주어야겠다고 결정적으로 마음을 먹게 된 건 금년의 일이다. 얼마 전 외신 보도에 의하면 가장 인기없는 아빠를 선정하는 데 영국의 찰스 황태자가 뽑혔고 아이와 함께 놀아주지 않는 걸 그 이유로 들었다지만, 꼭 그래서가 아니라 실제로 어떤 필요성 같은 걸 강하게 느꼈기 때문이었다.

올해 내 아들은 초등학교 사학년이 되었다. 그런데 초등학교 사학년만 되어도 하루 일정이 의외로 빡빡했다. 오후 세시 반쯤 학교를 파하면 피아노 교습과 학습지 풀기, 수영 등을 해야했고, 숙제도 많았다. 그래서 벌써부터 아빠인 나와 따로 얘기를 나눌 시간이 별로 없었다. 게다가 나 역시 직장 근무와 글쓰는 일을 병행하다 보니 저녁 늦게야 집에 들어가는 편이었다. 그런 사정으로 결국 내가 하루 중 아들과 마주하는 건 저녁 늦은 시간 잠시에 불과했다.

그러던 어느 날 밤이었다. 여느 날 처럼 늦게 집으로 돌아온 나는 모처럼 아내에게만 미루어 놓았던 아들의 학습 상태를 챙겨 보았다. 그런데 뜻밖에 내가 생각했던 것보다 초등학교 사학년의 학습 과정은 과목도 많고 내용도 꽤 깊이가 있었다. 따라서 체계적으로 공부하는 습관을 들여 놓지 않으면 앞으로 점점 공부하는 게 어려워질 것 같았다.

다음 날 학교에 와서 나는 어떻게 하면 아들에게 지속적이고 효율적으로 공부하는 습관을 갖게할 수 있을까 고민을 했다. 그때 과사무실 조교의 말이 요즘 초등학생들의 상당수가 과외를 하고 있으며 그렇지 않으면 학교 수업을 제대로 못 따라간다는 것이었다. 즉, 미리 교과내용을 공부해 둔다는 얘기였다. 그 말에 문득 나는 내 어릴 적 기억을 더듬으며 아차 싶었다. 돌이켜 생각해 보니 나 역시 초등학교 이학년 때부터 과외공부를 했던 것이다. 그러나 과외망국론까지 나오고 있는 현실에서 명색이 학생을 가르치는 선생인 내가 아들에게 과외공부를 시킨다는 것은 썩 마음이 내키지가 않았다. 그래서 궁리 끝에 하루는 아들에게 학교를 파하면 내 연구실로 오라고 했다. 다행이 아들이 다니는 초등학교는 내가 재직하고 있

글을 시작하며

는 학교와 운동장 하나를 사이에 두고 마주보고 있었다. 아들을 연구실로 부른 것은 하루에 한두 시간이라도 할애하여 그 날 학교에서 배운 내용을 봐 주고 그 참에 아버지로서 이런저런 얘기도 들려주어야겠다고 생각했던 것이다. 특히 공부와 곁들여 여러 가지 이야기를 들려 주어야겠다고 생각한 건 이제 아들이 사학년인 만큼 웬만큼 말귀를 알아들을 나이가 되었다고 여겨졌기 때문이었다.

그런데 일이 그렇게 단순하지가 않았다. 한두 시간이면 충분히 가능할 것 같았던 그 일이 전혀 그렇지가 못했던 것이다. 숙제도 봐 주고 다른 얘기도 할 수 있을 줄 알았는데 그러기엔 시간이 턱없이 모자랐다. 그러다 보니 공부보다 훨씬 중요한, 정작 해 주고 싶은 이야기는 전혀 들려줄 방도가 없었다.

그러나 정말이지 아들이 자라는 걸 지켜 보면서 절실했던 건, 공부도 공부지만 대화의 필요성이었다. 오늘날 대부분의 아빠들도 공감하는 바이겠지만 요즘 아이들은 너무 현대적이고 현실적이며 즉흥적이고 자기중심적인 면이 강했다. 그것은 참다운 가치관의 결여와 함께 한국인으로서의 자기 인식과 한국적 삶에의 이해가 부족한 탓이라 여겨지거니와 이에 대한 책임의 많은 부분은 아들과 제대로 대화를 하지 못한 오늘날의 아빠들에게 있다고 생각된다.

나 역시 그랬지만, 일요일 같은 때 야외에 데리고

가고 외식이나 시켜주는 것으로 아버지의 노력을 다 했다고 할 수가 없는 것이라면 우리는 어떻게 살아왔으며 앞으로 어떻게 살아가야 하는가 하는 문제는 아버지로서 마땅히 아들에게 이야기해 주어야 하리라 믿는다. 적어도 아들을 마구잡이로 자라게 할 순 없다는 생각에 결국 나는 아버지로서 그리고 먼저 태어난(先生) 인생의 교사로서 해 주고 싶은 말을 틈이 나는 대로 편지로라도 써야겠다고 마음먹었다.

그러므로 이 글은 바쁘다는 이유로 아들과 더 많은 시간을 함께 보내지 못하고 더 오래 대화하지 못하는 내 안타까운 마음의 표현이자 그에 대한 작은 반성이다. 그리고 한 가족의 가장인 동시에 사회 구성원의 일원으로서 살아야 하는 내 입장에 대한 이해를 바라는 글이기도 하다.

그러나, 모든 아버지들이 다 그렇겠지만 나 역시 최고의 아버지가 될 순 없을지라도 최선을 다하는 아빠이고는 싶다. 나는 내가 사랑하는 아들의 아버지이며 나 자신보다 더욱 아들을 사랑하기 때문이다.

차례

■ 글을 시작하며 · 4

● 작고 소중한 기억들

이윤복 이야기 · 13
필리핀 이야기 · 20
가난에 대하여 · 30
이디오피아 이야기 · 41
김기수 · 김일 이야기 · 53

● 자기 生을 살아가는 길

시간의 소중함에 대하여 · 65
규칙적인 생활에 대하여 · 73

차례

왜 공부를 해야 하는가 · 80
인내에 대하여 · 92
박찬호 이야기 · 98
건강에 대하여 · 107
식성食性에 대하여 · 122
무하마드 알리 이야기 · 135
게리 쿠퍼 이야기 · 138
이순신과 원균 이야기 · 146
근검절약에 대하여 · 156
남의 아픔에 대하여 · 166
스승에 대해서 · 176
여행에 대하여 · 193
높은 이상, 큰 포부에 대하여 · 209
신독愼獨에 대하여 · 226
정의와 진실에 대하여 · 233

차례

● 미래를 위하여

작은 일에 얽매이지 않는 큰 사고를 위하여 · 257
위인을 위하여 · 267
흩어져 있는 한국민족을 위하여 · 286
역사를 위하여 · 292
분단에 대하여, 혹은 북한 동포를 위하여 · 302
책임과 의무에 대하여 · 308
타이타닉 이야기 · 316
〈한글〉 이야기 · 324
월드컵 유감 · 332
박세리 이야기 · 337
아버지의 기도 · 345

■ 작가 후기 · 349

작고 소중한 기억들

아들아, 아버지의 기억속에는 네가
경험하지 못한 많은 이야기들이 들어있다. 이젠
소중한 그것들을 하나씩 끄집어내어 너에게 들려주고 싶다

이윤복 이야기

 아들아, 오늘 아빠가 하는 얘기는 네게 조금은 따분하거나 혹은 못마땅한 내용이 될지도 모르겠다. 그렇지만 네가 살아가는 데 있어 꼭 필요한 얘기일 것 같아서 미리 좀 해 두고 싶구나. 우선 그 전에 두 가지 얘기부터 먼저 하겠다. 그 두 가지 얘기의 핵심은 결국 하나지만 말이다. 자, 그러면 이야기를 시작하자.

 오늘 아빠가 어떤 잡지를 펼치니까 김수용이란 나이 드신 영화감독님의 회고록이 실려 있었다. 그 내용은 그 분이 젊었을 적에 찍었던 「저 하늘에도 슬픔이」란 영화에 대해서였다. 그렇찮아도 언젠가 기회가 되면 네게 「저 하늘에도 슬픔이」란 책과 영화에 대해 얘기해 주리라 했었는데 마침 잘 됐다.

오늘 그 얘기를 네게 들려 주마.
　아빠가 초등학교 3학년이던 1964년도의 일이다. 그러니까 지금으로부터 무려 33 년 전의 일이 되는구나. 그 해도 거의 저물어가는 겨울 어느 날 아빠는 뒷집 대학생 누나로부터 과외수업을 받고 있었다. 그런데 그 날 공부를 마치고 나서 대학생 누나가 책을 읽어 주었다. 그 누나는 평소에도 자주 내게 소설을 읽어 주는가 하면 재미 있는 이야기도 들려 주곤 했었다. 아마 스티븐스의 「보물섬」이나 멜빌의 「백경」 같은 것도 책으로 읽기 전에 그 누나한테서 이야기로 먼저 들었을 것이다.
　그런데 그 날 아빠는 그 누나가 책을 읽어 주는 동안 흐르는 눈물을 멈출 수가 없었다. 책 내용이 너무 슬펐기 때문이었다. 그 책 내용은 대강 다음과 같다.

　대구에 사는 한 소년이 있었다. 이 소년의 집안은 엄청나게 가난했다. 국민소득이 백 달러도 안 되는 세계 최극빈국 국민인 당시 사람들의 대부분이 가난으로 어려운 생활을 했지만 이윤복이라는 이 초등학교 5학년 소년의 형편은 훨씬 더 극심했다. 아버지가 알콜 중독자인 데다가 생활고를 견디지 못한 어머니마저 집을 나가 버렸던 것이다. 아마 어디 가서 식모살이 자리라도 알아볼 생각이었겠지. 그래서 실질적인 가장이 된 이 소년은 아버지 대신 동생들을 보살피며 식구들의 생계를 꾸려야 했다. 그렇지만 당시 어린 소년이 한 가정의 가장 노릇을 한다는 것은 결코 쉬운 일이 아니었다.

그러나 이 소년은 용기를 잃지 않고 아침마다 혹은 저녁 때까지도 남의 집을 돌면서 밥을 동냥했다. 말하자면 거지처럼 돌아다니며 얻은 밥으로 동생들을 먹였던 것이다. 그리고 낮에는 학교를 파하면 시내에 나가 껌을 팔았다. 그런 한편으로 이 소년은 매일 일기를 썼다. 그런 상황에서 매일 일기를 썼다는 건 이 소년이 얼마나 자기의 삶을 열심히 살았는가 하는 걸 입증하는 하나의 좋은 예가 될 것이다.

그런데 하늘은 스스로 돕는 자를 돕는다는 말처럼, 고생스럽지만 그렇게 열심히 살아가는 이 소년에게 도움의 손길을 준 사람이 있었다. 그 사람은 다름아닌 담임 선생님이었다. 담임 선생님께서 이 소년의 일기를 보시고 백방으로 노력하여 책으로 내게 되었던 것이다. 그게 바로 「저 하늘에도 슬픔이」란 책이었다.

4학년이 된 이듬해 봄에 아빠는 새로 생긴 시립 도서관에 가서 직접 그 책을 읽었다. 대학생 누나가 읽어 주는 것을 들을 때도 그랬지만 직접 읽으니 정말 너무 슬퍼 하루에 몇 페이지밖에 넘기지

이윤복 이야기

못할 정도였다. 책 내용 중엔 집을 나간 어머니에 대한 애틋한 그리움을 드러내는 대목도 보였고 밥을 동냥하러 갔다가 그곳이 친구집이어서 도망치듯 돌아나온 얘기도 들어 있었다. 그 책을 읽는 며칠 동안 아빠는 수시로 슬픔이 복받쳐올라 내내 마음이 안 좋았다.

「저 하늘에도 슬픔이」는 그 무렵의 최고 베스트 셀러가 되었고 그 해에 아까 말한 김수용 감독님에 의해 영화로까지 만들어졌다. 그 분의 얘기에 의하면, 관객이 당시 한국영화로선 기록적인 26만 명이나 되었다고 한다. 그리고 무엇보다 다행인 것이 일기가 책으로 나오고 영화로 만들어지면서 이 소년의 일이 세상에 알려지자 집을 나갔던 어머니가 돌아오게 되었던 것이다. 그때 들었던 말로는, 이 소년의 어머니는 다른 도시에서 식모살이를 하고 있었다고 했다. 이 소년의 소원이 가족이 함께 모여 사는 것이었는데 마침내 그대로 이루어진 것이었다.

다음 해 아빠는 부산에서 대구로 전학을 가게 되었다. 대구로 전학가서 새로 사귀게 된 그곳 친구들에게 아빠가 제일 먼저 물어본 것도 바로 그 소년에 대해서였다. 앞서 말한 대로「저 하늘에도 슬픔이」의 무대가 바로 대구였기 때문이었다. 그렇지만 의외로 친구들은 이윤복 소년에 대해서 아빠가 알고 있는 이상으로 알고 있진 않았다.
 그 후 대구에서 사는 동안 아빠는 몇 년에 한번 정도로 그 소년에 대한 소문을 들었다. 그런데 의외로 그 소문들은 별로 유쾌하지 못한 것들이었다. 이를테면, 여전히 그 소년이 행복하지 못하다거나 몹시 가난하게 살고 있다는 식의 내용들이었다. 아빠는 그 소문들을 낭설로 돌렸다. 대부분의 소문이란 게 약간의 악의와 시샘에서 비롯되거니와 아빠가 알기로 그 소년에겐 더이상 불행해지거나 가난해질 이유가 없었다. 세상에 자신의 이름을 알리면서 헤어졌던 어머니를 다시 만날 수 있었고 엄청나게 팔린 책으로 적어도 가난 따위와는 영원히 결별할 수 있을 만큼 돈이 생겼으며 전국 각계각지에서 답지한 성금도 상당했던 것이다. 그런데도 그 소문들은 일관성이 있었고 아빠가 대구를 떠나 서울로 이사온 후에까지도 계속됐다.
 그런데 안타깝게도 그 소문들의 내용은 점차 사실로 드러나고 있었다. 아빠로선 도무지 이해하기 힘든 일이었다. 하지만 소문의 진위에 관계없이 아빠가 그에 대해 끝내 호감을 간직하고 있었던 건 어떤 형태로든 세인의 이목을 집중케 했던 사람에게 흔히 생길 법도 한 추문을 한 번도 듣지 못했기 때문이었다.

그런 감정은 80년대 후반 그가 출연한 TV프로로 처음 보면서도 마찬가지였다. 그 동안 무슨 사정이 있었는지 다시 경제적으로 어려워진 것은 사실인 듯했지만 우유 대리점 사원으로 근무한다는 삼십대 중반의 그는 그때도 더없이 겸손하고 순박한 모습이었다. 물론 그의 가난에 대해선 새삼 마음이 아프긴 했다. 그렇지만 가난의 죄가 아닌 다음에야, 십대 소년이었을 적에 그랬던 것처럼 삼십대에도 여전히 건실하게 삶을 살아가고 있다는 것만으로도 아빠로선 흐뭇한 일이 아닐 수 없었다.

그러나 정녕 사람의 일이란 알 수 없는 것일까. 간간이 그가 건강이 좋지 않다는 소식이 들리더니 80년대가 끝나가는 겨울, 고요히 내리는 흰눈이 온 세상을 덮고 있던 어느 날 아침 아빠는 신문에서 그의 사망 소식 기사를 보았다. 어려서 이미 세상의 온갖 신산스러움을 겪었고 고생도 할 만큼 했던 그가 젊은 나이로 생을 마감했다니 아빠는 소중히 간직하고 있는 어릴 적 꿈들의 한 부분이 깨어지는 듯해서 가슴이 미어졌다. 신문에서는 그가 「슬픔이 없는 하늘」로 갔다는 표현으로 그의 죽음을 애도하고 있었다. 어릴 때 '저 하늘에도 슬픔이 있을까' 하고 스스로 물었던 그에게 어른이 되어서도 슬픔이 남아 있었던 걸까. 그래서 하느님도 그를 슬픔 없는 곳으로 일찍 데려가신 걸까.

그러나, 비록 이승에선 짧은 생애를 살다 갔지만 그는 모두가 찢어지게 가난했던 지난 시절의 한 징표로서 우리들의 가슴에 영원히 남아 있는 것이다. 그리고 한국 역사 초유의 풍요 속에서 살면서 우리가 자신도 모르게 탐욕스러워지거나 혹은 편안함에 취해 마냥 나태해질 때마다 문득 자성自省을 위한 경계警戒로 되살아나는 것이다.

필리핀 이야기

아들아.

몇달 전, 그러니까 지난 3월 하순경, 스위스 국제경영개발원인 IMD가 97년 3월 현재 한국의 국가경쟁력을 평가 대상 41개국 중 30위인 필리핀에도 못미친 31위로 발표했다는 언론 보도가 있었다. 그 보도는 홍콩 3위, 말레이지아 16위, 대만 24위, 태국 28위란 사실까지 덧붙이고 있었다. 그 보도를 접하며 아빠는 몹시 심란했다. 필리핀이라는 나라가 대두되자 문득 오래 전의 한 기억이 떠올랐기 때문이다.

아빠가 초등학교 5학년 때인 1966년의 일이다. 그 해 가을 어느 날 아빠는 삼촌을 따라 영화구경을 갔었다. 당시엔 본영화에 앞서 「대한뉴스」를 먼저 상영했었다. 그런데 그 대한뉴스를 보다가 어느 한 순간 아빠는 심히 유쾌하지 못한 기분이 되었다. 그것은 대한뉴스 속에서 보게 된 우리 대통령의 모습이 기대 밖으로 너무 실망스러웠기 때문이었다. 필리핀에서 개최된 무슨 국제회의에 참가한 우리나라 대통령의 모습은 아시아를 대표하는 당당한 모습이기는커녕 초라해 보이기까지 했다. 다시 말해, 그 국제회의의 리셉션장에서 각국 정상들의 가운데 서서 좌우를 돌아보며 폼나게 대화를 주도하고 있는 사람은 하얀 옷을 입은 필리핀 대통령이었고 우리 대통령은 맨 가장자리에 서서 옆에 선 사람하고만 이따금 한두 마디 말을 주고받고 있었던 것이다. 그리고 그 옆에 선 사람도 다름 아닌 베트남 대통령 티우였다. 당시 베트남은 전쟁 중이었고 우리나라도 군대를 보내 도와 주고 있는, 아시아에서 가장 힘없고 가난한 나라였다. 우리 대통령이 고작 그런 베트남 대통령과 동격이라니 실망스럽기 짝이 없었다. 결국 우리 대통령은 그 자리에서 완전히 들러리 같아 꼴이 영 말이 아니었던 것이다.

옆에 앉아 있던 삼촌도 베트남 대통령하고만 얘기를 나누는 우리 대통령에 대해 비슷한 심정이었는지

— 제일 친하네!

하며 피식 웃었다.

그래도 5개년 경제개발계획을 통해 우리나라가 상당히 발전하고 있다고 생각했었는데 우리 대통령이 나라 밖에 나가서는 그렇게 초라해 보이다니.

아빠는 자존심이 상해서 견디기가 힘들었다. 그리고 그 장면은 그후로도 오랫동안 아빠의 뇌리에서 떠나지 않았다.

그런데 그로부터 약 26년이 흐른 지난 92년, 아빠는 당시 그 일의 전후 사정에 대해 자세히 알게 되었다. 그때 우리나라 대통령, 즉 박정희 대통령을 수행했던 외무부 장관이 회고록을 내면서 그 일에 대해서 언급해 놓았던 것이다.

이동원이라는 당시 외무장관의 회고에 의하면, 박정희 대통령은 그때 필리핀에서 엄청난 수모를 당했다고 한다. 아빠가 읽어서 알고 있는 그때의 자초지종을 대강 옮겨 보마.

1966년 2월 초, 그러니까 마르코스가 필리핀 대통령이 된 지 얼마 되지 않았을 때였다. 당시 동남아를 순방하고 있던 박정희 대통령은 말레이시아 태국 대만과 함께 필리핀도 내심 방문대상국으로 생각하고 있었다. 그런데 우리 방문단은 필리핀으로부터 방문불가 통보를 받게 되었다. 그 이유는 '마르크스가 바빠서……'였다. 그렇지만 이것은 국가간에 있을 수 없는 결례였다. 같은 아시아권의 국가 원수가 동남아를 순방하는 일정의 하나로 자국을 방문하겠다는 의사를 전해왔다면 당연히 받아들이는 게 국가적 관례였다. 그런데 바쁘니까 오지 말라니.

그러나 그렇게 마르코스가 노골적으로 실례를 저지른 데엔 분명한 이유가 있었다. 그것은 한국에 대한 멸시의 감정을 갖고 있었기 때문이었다.

사실 당시만 해도 필리핀은 우리가 함부로 비교하기 힘들 만큼 아시아에선 꽤 잘나가는 나라였다. 한때 우리가 일제의 통치를 받았던 것처럼 비슷한 시기에 필리핀도 미국의 식민지였다. 그렇지만 미국의 식민통치는 일본보다는 덜 혹독했고 해방 후 우리나라가 6.25를 겪은 반면 부존자원이 많은 필리핀은 2차대전이 끝난 이래로 나름대로 계속 발전을 해 왔던 것이다. 따라서, 국민소득은 물론 국가적 위상도 우리보다 높아 외교무대에서 발언권도 제법 있는 편이었다. 실제로, 당시 로물로 UN의장이 필리핀 사람이었으며 1950년 서울에 설치된 언커크「UNCURK '한국통일부흥단'」에도 필리핀 대표가 끼여 있었다. 거기다가 6.25 땐 군대까지 보낸 바 있으니 마르코스에게 한국은 형편없는 나라였으며 한국 대통령을 보는 눈에도 오만이 가득찼을 것이다. 물론 그것은 마르코스가 큰인물이 못되는 소인배였기 때문이기도 했겠지만, 그가 소인배가 아니고 조금만 더 큰 인물이었다 해도 필리핀 역시 선진국이 못되는 형편에서 그보다 조금 뒤진 한국에 대해 그렇게 방자하게 행동하진 않았을 테니까 말이다.

그런데 그런 마르코스가 그로부터 8개월 후, 앞서 아빠가 얘기했던, 필리핀에서 열린 바로 그 국제회의에서는 더욱 고약하게 굴었던 것이다.

그해 10월 필리핀의 수도에서 개최된 국제회의는 베트남 참전 7개국 정상회담이었다. 그렇지만 그 회의에 참석하는 박대통령의 기분은 썩 좋을 수가 없었다. 8개월 전 동남아 순방길에 필리핀을 방문하려 했다가 퇴자를 맞은 불쾌한 기억도 있었지만, 그보다 더욱 심기가 마뜩할 수 없는 것이 그 회의는 원래 우리나라에서 열기로 국가간에 웬만큼 의견이 모아지고 있던 것이었기 때문이었다. 그런데 아시아에서 자신의 위치를 과시해 보려는 마르코스의 농간에 의해 개최 장소를 서울에서 필리핀의 마닐라로 빼앗겼던 것이다. 4만 5천 명의 병력을 베트남에 파견한 우리로선 억울하다 못해 눈물이 나올 지경이었다. 당시 베트남 파병 규모가 필리핀은 2천명, 호주 4천 5백명, 뉴질랜드 150명, 태국이 17명에 지나지 않았기 때문에 더욱 그랬다.

그런 국제회의가 뭐 그리 중요한가 싶겠지만 그

시절엔 그게 다 나라의 위상을 높이는 일이었다. 지난 88년에 우리나라에서 올림픽을 개최한 게 세계 전역에 한국을 널리 알리는 계기가 되었던 사실을 상기하면 이해가 될 것이다. 아무튼, 그런 연유로 우리 박대통령은 회담 전부터 심사가 편안할 수 없었다.

그럼에도 불구하고 회담 개최 전부터 시작된 마르코스의 '한국 무시'는 박대통령이 마닐라에 도착하자 그 도를 더해갔다. 우선 방 배정부터가 엄청난 차별대우였다. 각국 정상들은 모두 마닐라 호텔에 묵었는데 그 중 박대통령의 방은 첫눈에도 이럴 수가 있나 싶을 정도로 너무 작았다. 물론 다른 나라 원수들의 방도 같은 크기였으면 문제는 달랐다. 하나 너무 뚜렷한 차이가 나 이동원 외무장관까지도 분노를 참지 못하고 저절로 주먹을 불끈 쥐게 될 정도였다. 어떻게 한 나라의 원수에게 미국 대통령을 수행해 온 러스크 국방장관보다 더 작은 방을 배정할 수 있단 말인가. 그러나 역시 박대통령은 대범하고 스케일이 컸다.

— 괜찮소. 방이 크면 어떻고 작으면 어떤가. 난 오히려 작은 방에 정이 더 붙네. 그러니 신경 쓰지 말게.

오히려 박대통령은 그 일로 얼굴이 사색이 되다시피 한 채 땀을 줄줄 흘리고 있는 유양수 주 필리핀 대사의 마음을 다독거렸다.
 그러나 마르코스의 야비함은 여기서 그치지 않았다. 회의 도중에도 마르코스는 예의 그 오만하고 방약무인한 행동으로 두어 번씩이나 이동원 외무부장관의 눈에 불을 당기는 장면을 연출하곤 했다. 필리핀이 주최국인 덕분에 회의 사회자는 당연히 마르코스였는데 그는 박정희 대통령이 발언하려고 하면 의도적으로 시간을 끈다든지 아니면 다른 사람에게 먼저 발언권을 주는 등 극도로 박대통령을 무시하고 경계했던 것이다.
 아빠가 옛날 대한뉴스에서 봤던 그 리셉션 장에서도 그랬다. 마르코스는 미국의 존슨 대통령 등 다른 나라 원수들 앞에선 큰 제스츄어와 함께 침을 튀기면서 이야기를 하다가도 박대통령이 오면 입을 다물고 가볍게 목례를 하거나 악수 정도로 의례적인 예우만 표시한 뒤 지나치곤 했다. 말하자면, 완전히 박대통령을 무시하기로 작정하고 있었던 것이다.
 심지어 그는 회의 도중에 엉뚱하게 의제와 관련 없는 한반도의 문제를 거론하기도 했다.
 ― 우린 아시아의 평화를 위해 여기에 모였습니다. 때문에 월남전도 중요하지만 다음엔 한반도가 위험하니 우리 이 문제도 함께 다뤄 봅시다.
 마르코스는 미국의 식민지였던 관계로 영어를 유

창하게 구사하면서 다분히 쇼맨쉽의 몸짓으로 1천여 명의 세계 각국 기자들 앞에서 자신이 마치 평화의 사도이기라도 한 양 소리 높여 외쳤다.

그렇게 그가 시종일관 철저하게 우리의 박대통령을 무시하려 한 데엔 그럴 만한 이유가 있었을 것이다. 그것은 다름아닌 한국에 대한 두려움 때문이었으리라고 아빠는 생각한다. 즉, 그의 한국에 대한 경멸은 발전하고 있는 한국에 대한 두려움의 다른 표현이 아니었을까. 비록 한국이 6.25를 치르면서 폐허가 되어 한때는 필리핀의 상대가 아니었지만 성공적인 경제개발을 통해 발전을 거듭하자 초조해지기 시작했고, 그래서 짐짓 한국과 한국의 대통령을 무시하려고 했을 테니까 말이다. 그것은 비유컨대, 가난한 집안 출신으로 열심히 노력해서 부자가 된 사람을 보고 현재 상태보다는 과거의 가난했을 적만 생각하면서 '전엔 거지 같던 녀석이 말이야……' 하는 심리와 비슷한 것이다. 그래서 회의석상에서도 마르코스는 한창 경제개발이 진행되고 있는 한국을 베트남과 동일시해서 주제넘게 걱정하는 척 떠벌였으리라. 그러나 그것은, 아까도 말했다시피 소인배의 졸렬함 외에는 아무 것도 아니다.

어쨌거나 1966년 2월 동남아 순방중에, 그리고 그해 10월에 필리핀 마닐라에서 열린 베트남 참전 7개국 정상 회의에서 박대통령은 마르코스로부터

필리핀 이야기

결코 잊기 힘든 수모를 겪었다. 그러나 그 후로 세월이 흐르는 동안 두 나라의 운명은 전혀 다르게 전개된다.

　박정희 대통령은 18년 동안 한국을, 그리고 마르코스는 20년 동안 필리핀을 통치했다. 그 사이 우리는 세계사에 유래없는 비약적인 경제발전을 했지만 필리핀은 제자리 걸음을 했다. 박대통령이 열심히 일하는 대통령이었던 데 비해 마르코스는 폼만 재며 빈둥빈둥 놀았던 결과였다.

　한때 필리핀은 우리보다 앞선 나라였다. 그래서 그곳으로 우리 노동자들이 일하러 가기도 했고 유학을 떠나는 학생들도 적잖았다. 그러나 20여 년이 지난 지금 많은 필리핀 사람들이 우리나라에서 낮은 임금에도 불구하고 흔히 우리가 말하는 3D직종의 힘든 일을 하고 있고 심지어는 그곳에서 대학을 나온 여자나 선생들까지도 한국에서 가정부를 하는 게 낫다고 몰려 오기도 한다. 말하자면, 20여 년 사이에 한국과 필리핀은 국가의 위상과 국력이 비교할 수 없게 역전되어 버린 것이다. 거기엔 마르코스 필리핀 대통령으로부터 말할 수 없는 수모를 당했던 박대통령의 절치부심切齒腐心과 그 시기를 3, 40대의 나이로 살면서 경제개발에 몸바쳤던 우리 앞세대 사람들의 눈물과 땀이 어려 있다.

　그런데 이제 다시 필리핀에게 국가경쟁력이 뒤지

기 시작했다니 어찌 아빠가 심란하지 않겠는가. 비록 그것이 국력을 가늠하는 절대적인 척도는 아니라고 하더라도 말이다.

가난에 대하여

 아들아. 오늘 아빠가 이런 얘기를 하는 데엔 그럴 만한 이유가 있다. 첫번째 이야기는 네게 우리가 얼마나 가난했었나 하는 것을 알려 주기 위해서이고 두번째 이야기는 필리핀의 예에서 보듯이 스스로 노력하지 않으면 결코 가난을 벗어날 수 없다는 사실을 일깨워 주기 위해서이다.
 이미 이윤복 소년의 이야기를 네게 했지만, 그 시절을 떠올리면 아빠는 지금도 눈물이 난다. 생각해 봐라. 열 한두 살 정도의 어린 소년이 가장 노릇을 하며 그렇게 고생했다는 사실이 어디 보통 일이냐. 가령, 아빠가 네게 조금 난처한 심부름을 시키면 평소 씩씩한 성격임에도 불구하고 너는 쑥스러워서 못하겠다고 할 때가 있다. 따라서, 이런 가정을 하는 건 바람직하지 않겠지만 네게 깡통을 들려 밥을 얻어오라고 하면 할 수가 있겠는가 말이다. 그런데 그 이윤복 소년은 그렇게 했던 것이다. 그것은 가난이 그 소년으로 하여금 스스로 그렇게 하게끔 시킨 것이다. 그러니 얼마나 불쌍한 일인가. 그러나 오늘 아빠가 네게 이 얘기를 한 것은 그때 고생한 사람이 비단 이윤복 소년뿐만 아니라는 사실을 말하고자 함이다. 앞서도 얘기했지만, 당시 우리는 거의 모두가 비슷비슷하게 가난했었다.

우리 속언에 '없는 놈은 성도 없다'는 말이 있다. 즉, 재산이 없는 가난한 사람은 성姓도 없는 쌍놈이라는 뜻으로 자기비하自己卑下를 할 때 자주 쓰는 말이다. 그리고 이 말은 개인은 물론 나라 전체에도 공히 적용된다. 그래서 박대통령이 필리핀의 마르코스에게 그런 수모를 당했던 것이고 초대 대통령 이승만 박사도 미국 관리들한테까지 업신여김을 당했던 적이 한두 번이 아니었다.

우리나라가 어려웠던 60년대를 기억하고 있기에 가끔 아빠는 생각해 본다. 과연 우리나라는 언제부터 잘살았는가.

흔히 우리는 5천 년 역사를 자랑스럽게 입에 담곤 하지만, 아빠 생각으로도 그 오랜 역사 속에서 우리가 정말 잘살았던 때가 과연 언제 있었나 싶다. 지난 역사를 통틀어 봐도 우리나라가 가장 안

정되었을 때가 겨우 통일신라 초기 정도로 생각되는데 당시 경주가 십만호나 되었고 집집마다 밥을 짓는 연기가 피어올랐다는 기록이 있다. 그게 우리 역사 중에서 가장 근사한 대목이다. 그 외에는 우리나라가 잘 살았다고 여겨지는 때가 별로 없다. 말하자면, 그 오랜 동안 대체로 우리는 가난하게 살아왔다는 얘기다.

우리가 가난하게 살아온 데엔 여러 가지 이유가 있을 것이다. 그 중에 나라의 상황이 불안정했던 것도 큰 이유의 하나라고 생각된다. 나라가 안정되지 않으면 개인의 살림도 펴질 수 없으니까 말이다. 그런데 우리나라는 900여 차례나 크고 작은 침입을 받았다. 그런 역사였기에 모두가 크게 잘살 수 있었을 것 같지가 않고 가난은 근세에까지 이어져 왔던 것이다. 다시 말해, 가난은 우리 역사와 궤를 같이해 왔다고 해도 과언이 아니다.

결국 우리가 오늘처럼 풍요롭게 살게 된 것은 긴 역사를 놓고 볼 때 비교적 최근의 일이다. 그래서, 아빠는 그 낯선 풍요가 어색하고 두렵다. 우리에게 익숙하지 않은 것이어서 어색하고 언제 또 날라가 버리는 건 아닐까 싶어 두려운 것이다. 그 어색함과 두려움으로 간혹 아빠는 학생들에게 말한다. 풍요한 시대에 태어났으니 풍요롭게 지내는 것은 뭐라고 말할 수 없지만 보리고개를 당해 우리 모두가 피죽도 못 먹으며 가난했던 시절을 부디 잊지는 말자고.

아빠가 오늘 네게 이윤복 소년과 필리핀에 대해 이야기를 하는 깊은 뜻도 여기에 있다. 지금 우리 주변에 필리핀과 인도네시아, 파키스탄 등 동남아 각국에서 흘러들어온 노동자들이 많이 있지만 30년 전 우리도 그들처럼 돈을 벌러 탄광 노동자로 저 먼 독일까지 갔던 일이 있음을 기억해야 한다.

그런데도 자꾸만 걱정스런 마음이 되는 것은 요즘 우리의 삶의 방식이 너무 지나치다는 느낌이 들어서이다. 이런 말을 하는 아빠를 제발 고리타분한 사람이라고 생각하지는 마라. 아빠도 아직은 젊은 사람이다. 그리고 우리 모두의 고난의 연대였던 6, 70년대에 직접 돈을 벌기 위해 고생했던 사람도 아니다. 그렇지만 분명 우리는 지금 잘못되어 가고 있다는 생각이 든다. 지금 우리는 지나치게 사치하고 있으며 지금 우리는 과도하게 소비하고 있다. 겨울에도 추운 날이 얼마 되지 않는 우리나라에 값비싼 밍크코트가 과연 필요하며 좁은 도로에 기름이 많이 드는 큰차는 왜 그리 많은지, 그리고 아직 우리는 선진국도 아니며 가야할 길이 많이 남은 것 같은데 선진국보다 더 호화롭게 살면서 노는 일에 그렇게 정열을 쏟고 있는지 모르겠다. 이 모든 게 전적으로 가치관이 전도된 어른들의 잘못에서 비롯된 것이겠지만 이젠 어린 학생들까지 외제 상표의 옷과 가방과 신발에다가 먹는 음식마저 국산은 곤란하다는 식이니 이러고도 과연 앞으로 괜찮을지 정말 아빠는 불안하다.

벌써 몇 년 전의 일이다. 지금은 연세대학교 석좌교수로 계시는 유종호 선생님께서 미국에 교환교수로 가 계시면서 아빠에게 편지를 보낸 적이 있다. 그때 그 분의 편지에 의하면 이미 미국의 슈퍼마켓에는 한국제품이 자취를 감추고 그 자리를 중국제품이 차지하고 있다는 것이었다. 그런데 지금은 우리나라에서조차 질 좋고 값싼 제품들은 모두 중국산이다. 그렇다면 우리 제품은 이제 어디에 팔아야 한단 말인가.

경제에 대해 문외한이어서인지 모르지만, 아빠가 도무지 이해가 되지 않는 것은 지금 우리나라가 정말 잘 사는 부자 나라일까 하는 점이다. 왜냐하면 우리는 거듭된 경제성장에도 불구하고, 지금까지 계속 수출보다 수입을 더 많이 해 온 나라였기 때문에 시쳇말로 남는 게 없었다. 그런데 어떻게 잘 살 수가 있는가 말이다. 모르긴 해도, 국산제품이 미국 등 외국시장에서 잘 팔릴 때에도 적자였던 만큼 이제 외국은 물론 국내시장까지 중국과 동남아 국가의 제품들에 점령당한 상황에서 우리 형편이 더욱 어려워질 수밖에 없을 것이다.

그런데도 우리나라 사람들은 절제할 줄을 모르는 것 같다. 남녀노소 할 것 없이 해외 관광을 떠나는 사람들로 공항 대합실은 일 년 내내 붐비고 미국 유학생들 중 가장 돈을 잘 쓰는 학생은 한국 유학생들이라고 한다. 정말 그들의 돈은 어디서 난 것일까. 그 동안 우리가 그렇게 많이 번 것일까. 국제 수지는 계속 적자였는데 대체 그 돈은 어디서 난 걸까.

모르겠다. 하지만 백번 양보해서 우리가 제법 돈을 벌었다 치자. 그렇다고 해서 그 돈을 흥청망청 써서는 안 된다. 처음 경제개발을 시작할 당시 우리는 돈이 없었다. 그때까지 너무 가난했으므로 저축할래야 저축할 수가 없었던 것이다. 그래서 경제개발을 위해 외국으로 돈을 구하러 다녀야 했다. 그리고 다행히 그때 세계 여러 나라에서 우리에게 돈을 빌려 주어 경제개발을 할 수 있었던 것이다. 그러므로 이제 다소나마 돈을 벌었다면 절약하면서 저축해야 한다. 그래야 옛날에 우리가 다른 나라로부터 도움을 받았던 것처럼 또 우리도 못사는 나라들을 도와줄 수 있을 게 아니냐.

그러나 사실 아직 우리는 남을 도와줄 만한 처지가 못 된다. 아직 우리는 채무국이기 때문이다. 즉, 외국으로부터 들여온 빚이 많은 나라라는 뜻이다. 그러므로 우선 그 돈부터 갚아야 한다. 그러기 위해선 번 돈을 고스란히 쓰지 말고 상당 부분 아끼고 아껴서 저축을 해야 하는 것이다.

아빠가 섭섭한 소리를 좀 하마.

지난 겨울 네가 스키 캠프 떠날 때 네 엄마가 네게 만원을 줬다. 오천원은 쓰고 나머지 오천원은 비상금으로 간직하고 있으라면서. 그런데 그 날 아빠가 학교까지 너를 차 태워 주며 엄마에게 얼마를 받았느냐고 물었더니 너는 오천원 받았다고 대답했다. 너로선 네 엄마가 오천원만 쓰라고 했으니 그렇게 대답할 수도 있었겠지. 아무튼 아빠는 네말을 믿고 네게 따로 또 만원을 줬다. 아빠 생각에 오천원은 약간 적은 것 같았고 설령 그것만 쓴다 하더라도 비상금은 조금 넉넉하게 가지고 있는 게 좋을 듯싶어서였다. 사람은 돈이 없으면 불편하고 비굴해질 수가 있기 때문이다. 그러나 아빠가 네게 만원을 준 것은 비상금으로 갖고 있으라는 얘기였지 쓰라는 뜻은 분명 아니었다. 즉, 돈을 갖고 있으면서 쓰지 않는 것도 배우라는 뜻에서였다. 그런데 너는 네 엄마가 비상금으로 간직하고 있으라는 오천원을 포함해서 아빠가 준 만원까지, 그러니까 이만원을 모두 다 쓰고 돌아왔다.

그런 너를 보았을 때 아빠는 조금 걱정이 됐다. 이만원이란 돈이 물론 큰 돈이 아닐 수도 있고 네 친구들 중엔 그보다 더 많은 돈을 가지고 간 아이도 있겠지만 문제는 스스로 절제하며 돈을 아껴 저축하는 습관을 기르는 일이다.

이와 관련하여 일본이라는 나라에 대해서 조금 얘기해 보마. 일본에 대해서는 나중에 다시 본격적으로 얘기할 기회가 있겠지만 오늘은 그들의 검소한 삶에 대해서만 간략하게 얘기하겠다.

일본은 지구상에서 가장 잘 사는 나라 중의 하나다. 60년대 중반부터 7,80년대를 거쳐 오늘에 이르기까지 세계 최고의 부자나라 미국이 국제수지 적자로 애를 먹을 때에도 일본은 해마다 사상 최대의 흑자를 기록했었다. 그러니 지금까지 번 돈이 얼마나 엄청나겠는가. 일본의 위력은 영국과 프랑스, 독일 등 유럽의 선진국들이 하나로 뭉쳐서 경쟁해야 할 정도니까 더 말할 필요가 없겠지. 아마 미국 다음으로 부자나라라는 게 모든 사람들의 공통적인 생각일 것이다.

그런데 그 일본이 개인적으로는 우리나라 사람들보다 훨씬 검소하게 산다. 일본에는 우리처럼 큰 평수의 아파트도 그다지 많지 않고 외식도 자주 하지 않으며 나이든 사람들까지도 작은 일이나마 생업에 종사하는 걸 당연하게 여긴다. 그들은 분에 넘치게 사치하지 않고 절약하는 게 이미 생활화되어 있다. 아빠가 듣은 바로는 대기업의 회장조차도 우리처럼 큰 저택에 살지는 않는다고 한다. 그런 일본사람들이 볼 때 돈을 조금 벌었다고 해서 마구 써 제끼는 우리나라 사람들이 얼마나 한심하게 생각되겠는가.

아직 우리는 일본에 진 빚이 많다. 그런데 돈을 빌려준 일본사람들은 검소하게 사는데 빚을 진 우리는 분수도 모르고 사치스럽게 산다면 말이 되겠는가.

일본뿐만 아니라 미국이나 독일, 프랑스 등 선진국 대부분의 국민들도 우리가 일반적으로 알고 있는 것과 달리 상당히 검소하게 산다고 아빠는 들었다. 당장 우리나라에 들어오는 선진국의 관광객들을 봐라. 그들이 어디 한두푼인들 헛되이 쓰던가. 그들은 작은 물건 하나 살 때에도 미리 계획을 세운 후 일일이 따져보고 결정한다. 그것은 그들이 짠돌이여서가 아니라 그들의 소비문화가 그렇게 정착되어 있기 때문이며 그 소비문화는 품격 높은 문화적 전통에서 연유한 것이다. 즉, 그들은 삶의 가치를 값비싼 물건이나 사 제끼는 물질적인 소비에 두고 있지 않다는 말이다.

아빠는 우리나라 사람들이 지금 잠시 혼돈상태에 빠졌다고 생각한다. 난생 처음으로 물질적 풍요로움을 겪는 탓에 정신적으로 다소 혼란스러워진 게 아닌가 싶은 것이다. 그래서 아빠는 지금 걱정이 되긴 하지만, 그러나 결코 우리의 미래를 비관하지는 않는다. 우리 역시 비록 가난했지만 오랜 문화적 전통을 쌓은 민족이다. 다시 말해, 물질적인 것에 마음을 두지 않고 나물먹고 물마시는 안빈낙도(安貧樂道: 가난한 생활을 하면서도 편안한 마음으로 분수를 지키며 지냄)의 삶을 살면서도 훌륭한 문화유산을 남겨 놓았던 것이다. 따라서, 오늘의 이런 현상은 다만 일시적인 것에 지나지 않으리라 믿는다.

그렇지만 지금 우리가 스스로 자중하며 절제할 필요가 있다. 아무리 물질적인 것보다 정신적인 것에 더욱 가치를 두는 문화민족이라 하더라도 가난의 고통은 끔찍스러운 것이다.

그러므로 우리가 앞으로 지금보다 훨씬 더 잘 살게 되는 날이 올지라도 어려웠을 적의 일들을 기억하지 않는다면, 그리하여 스스로 삼가고 경계하지 않는다면 다시 곤경에 처할 수도 있음을 명심해야 한다. 다시 돈을 꾸러 다른 나라 사람들에게 머리를 숙이고 일자리를 구하러 외국으로 떠나는 일이 되풀이 되어서야 되겠는가.

분명히 말하지만, 한국인에게 가난은 오랫동안 숙명과도 같은 것이었다. 그리고 그 굴레를 완전히 벗어나려면 아직 멀었다. 따라서 네가 어른으로 성장하는 동안에도, 그리고 그 이후로도 가난은 항상 염두에 두고 있길 아빠는 재삼 당부한다. 진정 우리는 풍요에 대해 숙연하고 겸허한 마음가짐을 가져야 하며 절대로 교만해서는 안 된다.
  지금 우리는 역사의 중요한 한 고비를 넘고 있는 중이다. 그리고 그 고비를 제대로 넘길 때 우리 역사는 더욱 발전적으로 전개될 것이다.

이디오피아 이야기

아들아.

오늘 아빠는 오래 전에 발표했던 글 하나를 네게 소개하면서 조국에 대해 함께 생각해 보고자 한다.

이 글을 쓴 것이 네가 태어나고 일 년쯤 되었을 때니까 벌써 십 년이 지났구나. 춘천에 있는 찻집 「이디오피아」에 들렀던 기억을 되살려 쓴 글인데 개인의 삶이 국가와 민족과 직결된다는 자각이 있었던 것이다.

먼 훗날 네가 성장해서 아름다운 아가씨와 찻집 「이디오피아」에서 차를 마시며 이 글에 대한 얘기를 할 날을 상상하면 지금 아빠의 마음은 절로 흐뭇해진다.

아빠의 글 「이디오피아」는 조국 사랑의 얘기다.

이디오피아

 춘천에 가면 역 부근의 강가에 하얗게 서 있는 찻집 「이디오피아」를 만나게 된다. 전날 6.25 때 참전한 이디오피아 군대를 기념하여 이름지었다는 그 강가의 찻집 「이디오피아」는 춘천의 명물 중의 하나여서 모처럼 호반의 도시를 찾는 사람들은 한번씩 들른다고 한다.
 돌이켜 보면, 이디오피아가 참전한 그 시대만 해도 우리가 사는 세계는 소박한 구석이 남아 있었던 것 같다. 극동의 한 조그만 나라가 불의의 적으로부터 침략당했다고 하자 열여섯 나라가 서둘러 국제연합군을 구성하여 불원천리를 마다않고 달려왔다는 건 요즘의 세계 추세로선 좀처럼 기대하기 힘든 일이다. 말하자면 그땐 어떤 정의감 비슷한 게 앞섰던 시대랄까. 그리하여 선악에 대한 호오의 감정 표출이 오늘날보다 월등하게 선명했다. 그것은 그때가 2차 세계대전이 끝난 지 얼마 되지 않은 시기였고, 독일과 이태리·일본 등이 일으켰던 전쟁에 대한 세계의 혐오감과 경각심이 당시의 분위기를 정의롭게 한 때문인지도 모르겠다. 그런 분위기는 칠십년대에 들어와, 침략자로 규정했던 중공을 세계무대에 등장시키는 데 약삭빠른 일본을 위시한 많은 나라들이 크고 작은 기여를 하면서 점차 사그

라들고 말지만, 아무튼 이디오피아의 한국전 참전은 정의의 고전적인 개념이 아직 남아 있던 시기의 산물이랄 수 있다.

그러나 지금 6.25와 같은 상황이 벌어진다면 과연 그때처럼 많은 나라들이 정의감 하나만으로 단시일 내에 달려올 수 있을까. 자국의 실리 추구만이 무엇보다 우선되는 오늘날 세계의 전반적인 흐름에 비추어 지극히 의심스러울 때 이디오피아의 참전은 그 시기의 건강한 세계정신의 일단을 감지케 하는 듯하여 더욱 고맙고 소중한 기억으로 남는다. 그러므로 강가의 찻집「이디오피아」에서 한 잔의 커피를 마시며 오래 전 우리를 도우러 왔던 이디오피아의 진정한 우의를 한번쯤 되새겨 보는 것도 정의의 개념이 모호해진 시대에 사는 오늘의 우리로선 뜻 깊은 일이 아닐 수 없다. 더욱이 이디오피아는 예나 지금이나 결코 남을 도울 만한 형편이 못 되는 나라임에랴. 그런 의미에서 그 찻집을 이디오피아로 이름 붙인 것은 확실히 잘한 일이다.

그렇지만 우리가 그 강가의 찻집에서 이디오피아를 상기해야 하는 것은 비단 그들이 6.25 때 참전했다는 사실 때문만은 아니다. 자국의 어려운 처지에도 불구하고 공산화의 위험에 직면한 우리나라에 군대를 보내 준 것은 물론 고마운 일이지만 이디오피아가 우리에게 베푸는 은혜는 거기에 그치지 않는다. 그들의 은혜는, 우리의 일상에서 커피 마시는 즐거움을 제외하지 않는 한, 아마도 영원히 계속될 것이다. 커피를 생각할 때마다 우리는 흔히 브라질의 거대한 농장이나 축구황제 펠레의 암갈색 다리부터 연상하지만 기실은 커피의 원산지가 바로 이디오피아의 아비니시니 고원임을 알게 된다면 또 다른 의미로 한번 더 이디오피아에 감사하는 마음을 가져야 하리라.

아프리카 동북부에 위치한 이디오피아는 '시바의 여왕'으로 알려진, 세계에서 가장 오래된 왕국이지만 국운이 기구하기로는 우리나라와 별반 다를 바 없다. 4세기 경에 기독교국이 되었다가 10세기 무렵부터 이슬람교도와의 분쟁에 휩싸인 이 나라는 20세기에 들어와도 식민지로서의 고통을 겪어야 했다. 그러므로 이 나라의 역사 역시 고통의 연속이지만, 그럼에도 이디오피아는 고대에서 현대사에 이르도록 소멸되지 않고 국가의 명맥을 유지하고 있다. 그리고 적지 않은 사람들이, 우리의 경우와는 또 다르게 현대사에서 이디오피아를 기억하는 것이다. 그것은 이 나라의 두 특별한 인물에 힘입은 바 크다.

이디오피아를 회상하면 사람들은 우선 두 인물부터 떠올리게 된다. 그 한 사람은 셀라시에 황제이고 나머지 한 사람은 비킬라 아베베이다. 이 두 사람은 황제와 경호원 사이지만 이디오피아가 세계인의 주목을 모으는 데, 좋은 의미로든 나쁜 의미로든 크게 기여했다.

비킬라 아베베는 올림픽 사상 가장 위대한 마라토너로 기록될 만한 철각이다. 훗날에 「달리는 철학자」, 「맨발의 마라토너」 등의 수식어를 이름 앞에 붙이게 된 비킬라 아베베가 로마 올림픽에서 우승한 것은 1960년 9월 10일의 일이다. 이 날의 아베베의 승리는 그의 모국 이디오피아는 물론 아프리카 대륙 전체를 환호케 하는 장거였지만, 가장 많은 감격의 눈물을 흘린 사람은 바로 아베베 자신과 셀라시에 황제였다. 특히 황제로선 그럴 만한 이유가 충분했다. 올림픽 주체국인 이태리는 이디오피아를 한때 식민지로 강점한 나라였던 것이다.

1935년 이태리 뭇소리니 군대의 침공으로 이듬해 이디오피아는 식민지가 되었고 자신은 2차대전이 끝날 때까지 영국에 망명해야 했으며 공주 또한 런던 병원의 간호원으로 근무해야 했던 패전의 치욕을 간직하고 있는 황제로선 마라톤 코스가 다름아닌 이태리 군대의 아프리카 원정길이었다는 점에서 더욱 감격이 크고 감회가 새로웠다. 그런 심정은 아베베 역시 마찬가지였다. 그의 아버지도 1935년 뭇소리니 군대와 싸운 군인이었던 것이다.

마라톤이 민족간의 원한에 결부되었다는 점에서

아베베는 어쩜 우리의 손기정 옹에 비견될 수도 있을 것이다. 물론 그는 해방된 조국의 선수로서 적을 이겼다는 의미로 일장기를 가슴에 달고 뛰었던 한을 일평생 지닌 채 살고 있는 손옹에 비하면 말할 수 없이 행복한 사람이었다. 그렇지만 두 사람의 마라톤 우승은 모두 경기 자체로만 끝나지 않는 커다란 의미를 그들의 조국과 민족에게 남겼다.

로마 올림픽에서의 아베베의 우승도 그 의미를 새기자면 우리의 손옹 못지 않은 값진 승리였다. 로마에서의 아베베의 우승은 침략자 뭇소리니 군대에 패배했던 이디오피아의 치욕을 일시에 만회하는 데 그치지 않고 그때까지 백인들이 지배해 오던 세계 마라톤에 아프리카 흑인시대의 새 장을 열게 했던 것이다.

경기 외적인 면을 떠나서도 비킬라 아베베는 우리의 손옹 못지 않은 불세출의 마라토너였다. 베를린 올림픽에서 우승한 손기정 선수가 세계 최초로 2시간 30분대의 벽을 허물면서 현대 마라톤계에 스피드 시대를 예고했다면 이디오피아의 국민적 영웅 아베베 역시 올림픽 사상 최초로, 그것도 세계신기록으로 2연패의 위업을 달성했던 것이다.

아베베가 첫 출전한 로마 올림픽은 복서 김기수가 벤베누티에게 무릎을 꿇은 대회여서 우리에게도 기억이 새롭지만(복서 김기수는 프로로 전향한 후 당시 세계 미들급 챔피언이던 벤베누티에 도전해서 승리, 이 때의 패배를 설욕하며 우리나라 최초의 세계 챔피언이 되었다. 이 얘긴 다음에 잠깐 하도록 하자), 이때 마라톤은 무더위를 피하여 사상 최초로 횃불을 밝힌 채 레이스를 벌이게 되었다. 이 경기에서 아베베는 익숙치 않은 새 신발을 중도에 버리고 맨발로 달려 우승했던 것이다.

우승 후, 아베베가 아디스아바바 공항에 도착했을 때 아디오피아는 완전히 축제의 분위기였고 거리는 쏟아져 나온 환영인파로 들끓었다. 이디오피아 사상 최초의 금메달을, 그것도 이태리 로마에서 획득했다는 사실이 국민감정을 더욱 고조시켰다.

셀라시에 황제는 황제 친위대 사병이던 아베베를 중사로 특진시키고 주택을 상으로 내렸다.

그렇지만 아베베는 여기에 만족하지 않았고 그의 도전은 4년 뒤인 동경 올림픽으로 이어졌다. 그리고 이 대회에서 그는 다시 세계 신기록으로 우승하여, 올림픽 2연패라는 전인미답의 업적을 쌓았다. 황제는 그를 이번엔 육군 소위로 특진시켰다. 그가 성취한 장거는 이제 아무도 감히 넘볼 수 없는 높은 벽으로 보였다. 그 벽을 넘을 수 있는 사람은 오직 아베베 자신뿐이었다.

그러므로, 다시 4년 뒤인 멕시코 올림픽에 아베베가 모습을 나타낸 건 어쩌면 너무나 당연한 일일

이디오피아 이야기

지도 몰랐다. 그러나 이 대회에서부터 그는 시련의 조짐을 보이기 시작했다. 그는 레이스 도중에 부상으로 기권하여 올림픽 3연패의 꿈이 수포로 돌아갔던 것이다.

하지만 그것은 그가 인생의 후반기에 겪게 될 시련의 전주곡에 불과했다. 멕시코 올림픽이 끝난 일 년 뒤 그는 아디스아바바 교외를 드라이브 하던 중 교통사고를 입고 두 다리를 쓰지 못하게 되고 말았다. 그를 아낀 황제가 런던에까지 보내 치료케 했으나 이디오피아의 민족적 자존심을 되살린 국민적 영웅의 다리는 회복되지 않았다. 그것은 분명 신의 질투랄 수밖에 없었으며 단순한 시련이라기엔 마라토너에게 너무나 견디기 힘든 형벌이었다. 이후로 아베베는 휠체어에 의지한 채 생을 영위해야 했다.

그러나 누가 뭐래도 또는 신이 시기하든 말든, 아베베는 위대한 마라토너였다. 마라톤 자체가 인간의 한계를 시험하는 경기라면 비록 두 다리를 못 쓰게 되었다 하더라도 그는 마라토너로서의 의지를 버릴 수 없었다. 인간 한계에 도전하려는 그의 의지는 그 후에도 계속됐다. 휠체어를 타야만 거동이 가능한 아베베는 상반신만으로 할 수 있는 일이 없을까 궁리한 끝에 양궁선수로 변신했던 것이다.

양궁선수로서의 그의 성취가 어느 정도였는지는 잘 알려지지 않았지만, 중요한 것은 그의 의지였다. 그것은 신의 질투와 방해에 대항하는 나약한 인간의 역경에 굴하지 않는 투혼이었다. 왕년의 위대한 마라토너 아베베는 휠체어를 끌고 장애자 올림픽에 출전하는 등 옹졸한 신이 인간에게 허용한 최소의 능력으로 최대의 것을 만들어 보였다.

그 아베베는 1973년 10월 41세라는 그리 길지 않은 나이로 병사했다. 마라톤에서의 위업과 장애자로서의 마지막 불꽃 튀는 삶에 비한다면 병마에 의한 그의 죽음은 너무나 허무한 일이 아닐 수 없었다. 그렇지만 그 아베베로 인해 이디오피아는 민족적 자존심을 회복했고 세계는 아프리카 동북단에 있는 작고 초라한 나라를 경이의 눈으로 주시했던 것이다. 그러므로 아베베는 짧으나 짧지 않은 생애를 살았고 우리에게 삶과 생명의 고귀함을 일깨워 준 철인(哲人)이었다. 우리가 이디오피아를 떠올릴 때마다 그를 기억하게 되는 것도 그가 세계 신기록으로 올림픽을 2연패한 마라토너여서가 아니라 역경에 좌절치 않고 일어서는 불굴의 의지를 지닌 거인이었기 때문인 것이다.

그런데 참으로 공교로운 일이지만, 아베베를 지극히 총애하던 셀라시에 황제도 그의 죽음과 영욕을 같이 했다. 아베베가 죽은 지 일 년 뒤인 1974년 9월에 일어난 군사혁명으로 황제의 지위를 내놓아야 했던 것이다.

세계의 현대사에서 셀라시에 황제는 다소 특이한 존재였다. 20세기에 몇 명 남지 않은 황제 중의 한 사람이었던 그는 고대국가로부터 면면이 이어져 내려온 전통의 흔적 같은 것을 느끼게 해, 이디오피아의 경제 상황과는 별도로, 독특한 호기심을 불러 일으키기도 했다. 그리고 그는 격변하는 현대사의 와중에서 약소국의 황제가 겪을 수 있는 거의 모든 신고를 겪었다. 그런 그가 자국의 어려운 사정에도 불구하고 6.25 때 병력을 파견했던 것도 어쩌면 과거 식민지였던 나라 끼리의 동병상련의 감정이 많이 작용했을지도 모를 일이다. 1968년 5월에 우리 나라를 방문하기도 해서 우리에게 그다지 낯설지 않은 그는 소장파 군인들이 주축이 된 혁명정부에 의해 퇴위당하기까지 44년간을 황제의 자리에 있었다. 군사혁명으로 정부가 들어선 나라에 호의를 가지고 방문했던 그가 6년 뒤 군사혁명에 의해 퇴위하게 된 사실은 참으로 아이로니칼하지만 당시 이디오피아는 경제정책의 실패로 최악의 상태였다. 그리고 그 상황은 오늘날에도 전혀 개선의 기미가 보이지 않는다.

국민의 삼할 이상이 아사 상태로 허덕이는 오늘날의 이디오피아는 아프가니스탄과 함께 세계 최고의 빈국으로 손꼽힌다. 미국의 몇몇 가수와 배우들이 이디오피아 기아를 위해 모금운동을 벌이고 우리 정부도 약간의 액수를 국제연합 산하 기구를 통해 전달하기도 했지만 이디오피아를 생각하면 씁쓸한 마음이 되는 건 어쩔 수 없다. 우리에게 군대를 보내 주었던 나라, 이디오피아. 우리가 마시는 커피의 원산지인 이디오피아. 그리고 무엇보다 기억되어야 할 불멸의 마라토너 비킬라 아베베의 조국 이디오피아. 춘천의 찻집 「이디오피아」에서 한 잔의 커피를 마시며 한번쯤 아베베의 나라 이디오피아를 되새겨 보는 것도 이 가을엔 정말 괜찮은 일일 것이다.

아빠가 오늘 네게 이 이야기를 들려 주는 것은 두 가지 이유에서다.
첫째로, 개인의 삶도 민족과 국가와 연결되어 있다는 점을 깨달으라는 것이다. 비킬라 아베베에게도 마라톤은 처음엔 단순히 자신의 일에 불과했겠지만, 나중엔 민족과 국가의 긍지가 되지 않았던가 말이다. 그러므로 개인적인 일이라고 소홀히 하지 말고 그것이 항상 민족과 국가의 미래와 직결된다는 점을 명심해야 한다. 나의 작은 성취가 때로는 민족과 국가의 기쁨이 되고 나아가 인류에 공헌할 수도 있는 것이다.
둘째로, 우리는 어떤 사소한 곳에서도 교훈적인 것을 발견할 수 있으므로 항상 주위의 모든 것들로부터 배우는 데 게을리 하지 말라는 것이다. 열린 정신으로 사는 것은 우리의 삶을 더욱 알차게 하기 때문이다.

김기수・김일 이야기

  기왕 얘기가 나왔으니 김기수 아저씨에 대한 얘기도 좀 하자꾸나.
  아빠가 초등학교 4학년이던 1965년도의 일이다. 그때 아빠는 부산에서 살고 있었는데 하루는 소년잡지를 펼치다가 프로복싱 동양 미들급 챔피언 김기수 선수에 대한 화보를 보게 되었다. 그때 아빠 생각엔 김기수 선수가 동양 챔피언이니까 곧 세계 챔피언이 되겠구나 하고 생각하면서 그 이름을 기억해 두었다. 사실, 동양 챔피언과 세계 챔피언은 엄청난 차이가 있는데도 그때는 그런 걸 잘 몰라서 그저 그렇게만 생각했던 것이다.
  그런데 우연의 일치인지 몰라도 정말 김기수 선수는 동양 챔피언 중에서도 단연 뛰어난 선수여서 아빠가 대구로 이사한 이듬해에 WBA 세계 주니어 미들급 챔피언에 도전하게 되었다. 동양 챔피언이라고 해서 모두 세계 챔피언에 도전할 만한 실력을 갖고 있는 것은 아니지만 말이다.

그 날이 1966년 6월 25일. 상대는 이태리의 니노 벤베누티였다. 벤베누티는 1960년 로마 올림픽 금메달리스트 출신으로, 앞서 얘기했던 대로 그때 한번 김기수 선수를 이긴 적이 있는 인기 선수였다. 그래서인지 경기에 앞서 '타이틀을 뺏기기 위해 지구를 반 바퀴나 돌아서 한국에 오지 않았다'면서 상당한 자신감을 보였다.

그러나 장마비가 억수같이 퍼붓던 그날, 장충체육관에서 벌어진 타이틀 매치에서 김기수 선수는 재빠른 몸놀림으로 상대를 치고 빠지며 시종 우세한 경기를 펼친 끝에 판정승으로 우리나라 최초의 프로복싱 세계 챔피언이 되었다. 그 전까지 우리나라 선수로서 세계 챔피언에 도전했던 것은 서강일 선수가 유일했는데 김기수 선수가 마침내 성공을 거둔 것이다. 그런데 특기할 것은 김기수 선수가 제패한 체급이 중량급中量級이라는 사실이었다. 서강일 선수는 경량급이었지만, 동양인으로서 뛰기 힘든 중량급에서 세계를 제패했다는 점에서 그의 승리는 더욱 값진 것이었다. 아빠가 알기로 김기수 선수는 아시아인으로 중량급에서 세계를 제패한 최초의 사람일 것이다.

그러나, 아빠가 김기수 선수를 더욱 좋아했던 것은 그의 챔피언 등극이 인간승리의 결과이며 그의 생활이 평생에 걸쳐 다른 사람에게 모범이 될 만큼 건실했기 때문이다.

김기수 선수는 1938년 9월 함경도 북청에서 출생하여 6.25 때 피난 내려와 전남 여수에 정착했다. 그리고 서울로 올라와 어려운 시절을 보냈다. 그의 회고에 의하면, 사고무친의 피난민으로서 어릴 때부터 구두닦이 등 해 보지 않은 것이 없었다고 한다. 그러다가 우연히 복싱에 입문한 후로 승승장구했다. 복싱 특기생으로 경희대에 입학한 후 58년 아시안 게임에서 금메달을 획득하는 등 아마츄어 국가대표로 불패의 신화를 자랑했던 그가 프로로 전향한 것은 아까 말했던 대로 로마 올림픽에서 벤베누티에게 패하면서였다.

그러나 프로로 전향한 이래 한국의 이 안사노, 필리핀의 벤 알곤시로 등 아시아의 강자들을 차례로 꺾어나가는 동안 그에게는 상대가 없었다. 그리고 65년 일본으로 날아가 적지에서 후미오 가이즈를 6회에 KO로 쓰러뜨리고 동양 챔피언에 오르면서 명실상부한 동양의 최강자가 되었다.

은퇴 후에 그는 자주 어려웠던 젊은 시절을 회상하곤 했다. 일찍 결혼한 그가 새벽 로드웍을 나갈 때면 부인은 아이들 몰래 숨겨둔 날달걀 하나를 건

넀다고 한다. 날달걀 하나가 권투선수의 체력비축
에 얼마나 도움이 되었을지 모르지만 분명 그는 자
식들을 위해서도 그 순간마다 성공을 다짐하고 또
다짐했을 것이다. 사랑하는 자식들 몰래 날달걀을
먹어야 하는 어버이의 심정은 충분히 이해하고 남
는 일이다. 소설가 이문열씨가 젊은 시절, 글 쓸 수
있는 자그마한 공간 하나만 있다면 하고 희망했다
지만 김기수선수 역시 처음에는 가족의 생계를 위
해 마음 놓고 운동 연습을 할 수 있는 환경이 소원
이었던 모양이다. 그래서 나중에 성공해서 큰 집을
갖게 되었을 때, 셋방살이를 하는 동안 주인의 눈
치를 보느라 억눌렸던 아이들이 마음껏 뛰놀 수 있
게 된 게 무엇보다 기뻤다고 했다.

　세계 챔피언이 된 후 그는 헤링턴, 프레디 리틀
등과의 방어전에 성공하고 1968년 산드로 마징기
와 3차 방어전을 치르기 위해 이태리의 밀라노로
향했다. 그 경기에서 그는 근소하게 우세한 경기를
펼쳤음에도 불구하고 텃세로 판정패했다. 그 날,
중학교 1학년이던 아빠는 자정이 넘도록 라디오로
중계방송을 듣다가 마지막 15라운드가 시작될 때
졸음을 참지 못하고 결국 잠들고 말았는데 다음날
아침 아버님으로부터 김기수 선수가 판정패했다는
말씀을 듣고 몹시 서운해 했던 기억이 지금도 새
롭다.

이듬해 그는 일본의 미나미 히사오에게 빼앗겼던 동양 타이틀을 탈환한 후 반납하고 은퇴했다.

그 후로 그는 사업가로서도 성공하여 명동에서 챔피언 다방을 운영하는 등 활발한 활동을 하다가 작년 6월 10일 지병으로 사망했다.

본질적으로 프로복싱은 개인의 부(富)를 위한 운동이므로 거기에 국가나 민족을 결부시키는 것은 촌스런 발상이라고 말하는 사람들이 있다. 따라서, 김기수 선수의 세계 챔피언 등극에 지나치게 의미를 부여하는 것은 옳지 않다고도 한다.

그러나 아빠는 그렇게 생각하지 않는다. 지금처럼 삶의 폭이 다양화된 실정에선 프로복싱은 그야말로 많은 스포츠 중의 하나에 불과하며 세계 챔피언 역시 일개 운동선수에 지나지 않을 수도 있다. 그렇지만, 국민의 대부분이 가난하고 아무런 삶의 여유가 없었던 그때 김기수 같은 선수는 지친 생활에 즐거움과 감동을 선사하며 사람들로 하여금 용기백배하게 할 수 있었다. 그것은 2차 세계대전의 패전국으로서 일본 전체의 분위기가 극도로 침체해 있을 때 역도산이 가라데 춉으로 거구의 서양인들을 쓰러뜨리는 것을 봄으로써 일본인들이 패배감을 상당 부분 해소할 수 있었던 것과 비슷한 경우가 될 것이다.

어떤 시대이든 그 시대의 관점이 있는 것이다.

그럴 때 김기수 선수는 아직 국력이 약했던 시절의 우리에게 꿈과 그 실현 가능성을 보여 주었다고 할 수 있다. 권투로 세계를 정복한 것처럼 다른 것도 그렇게 할 수 있으리라는 그런 가능성 말이다. 언젠가 다가가야 할 세계 정상의 고지에 대한 희망과 자신감 같은 것을 김기수 선수를 통해 우리 모두가 갖게 되었다면 그의 챔피언 획득은 적지 않은 의미를 지니고 있는 것이다.

지금과 달리 모든 여건이 어려웠던 그때에 김기수 선수가 세계 챔피언이 되었다는 것은 그 자체로도 대단한 일이다. 국력이 강해진 지금엔 세계 챔피언도 흔하지만, 김기수 선수 이후 1974년 홍수환 선수가 남아프리카 공화국의 더반에서 아놀드 테일러를 물리치고 다시 세계 챔피언을 획득하기까진 무려 6년의 세월을 기다려야 했던 것이다.

그 시절의 얘기를 하다 보니까 또 한 사람 소개해야 할 인물이 있다.

70년대 말까지만 해도 거리를 걷다 보면 이따금 사진관 진열장에서 활짝 웃고 있는 한 잘생긴 남자의 얼굴을 볼 수가 있었다. 그 사람은 다름아닌 프로 레슬러 김일 선수였다.

아빠가 김일 선수에 대해 처음 알게 된 것 역시 초등학교 4학년 때인 1965년 경이다. 담벼락에 붙은 포스터에서 김일 선수의 얼굴이 우연히 눈에 띄었던 것인데, 그 무렵 그는 일본에서 돌아와 한국에 프로 레슬링 붐을 일으키고 있었다.

전라도가 고향으로, 일찍이 씨름판에서 수십 마리의 소를 상으로 따낸 장사였던 그는 일본으로 건너가 세계적인 프로 레슬러인 역도산의 제자가 된다. 앞서, 잠시 이름을 거론한 바 있는 역도산 역시 이북이 고향인 재일 한국인이었는데 일본에서 그는 가히 영웅적 존재였다. 역도산의 제자들 중엔 자이안트 바바, 안토니오 이노끼 등도 있었다. 그들의 맏형격이었던 역도산의 수제자 김일 선수는 스승 역도산이 불의의 사고로 세상을 뜨자 한국으로 돌아온 것이다.

한국의 프로 레슬링은 이때부터 대중화되기 시작했으며 곧바로 전성기를 구가했다. 즉, 김일 선수는 한국 프로 레슬링의 출발이자 정점이었다. 아니, 한국 프로레스링과 김일 선수는 거의 동격으로 등식이었다. 그만큼 한국 프로 레슬링에서 그의 비중은 절대적이었던 것이다.

아빠도 고등학교 2학년 때 대구 종합운동장에서 김일 선수의 시합을 한번 본 적이 있는데 정말 그의 경기는 탄복할 만했다. 그는 씨름판에서 적수를 찾지 못했던 엄청난 힘과 역도산의 문하에서 갈고닦은 다양한 기술로써 사람들을 매료시켰다. 풍차

돌리기, 코브라 트위스트, 수도手刀 등의 기술도 위력적이었지만 그의 주무기는 박치기였다.

 아직 TV가 널리 보급되지 못했던 시절, 그의 경기가 있는 날이면 시골에선 마을 사람들이 TV가 있는 이장집이나 마을회관에 모여서 그의 일거수 일투족을 지켜 보았다. 그리고 그가 박치기로 거구의 외국선수들을 물리치면 일제히 환호성을 올리곤 했다.

 그가 활동한 시기는 경제개발이 한창 진행중인 때였다. 따라서, 우리나라로선 역사상 가장 역동적인 시기였는데 어쩌면 그런 사회 분위기와 그의 폭발력 있는 박치기가 서로 맞아떨어졌을 수도 있을 것이다. 말하자면, 박치기를 앞세운 그의 다이나믹한 경기가 역동적인 그때의 사회분위기를 단적으로 상징하고 있었는지도 모르겠다. 아무튼 그 무렵엔 그의 박치기 한번에 우리는 잠시 시름을 잊고 힘겨운 기억들을 모두 날려 보낼 수 있었다. 그래서 한때 그의 업적을 기리어 전농동엔가 「김일 체육관」이 세워지기도 했다.

 그러나 70년대가 저물고 80년대가 시작되면서 레슬링이 사양길에 접어들고 그의 모습도 더 이상 볼 수 없게 되었다. 국민소득이 증대되고 삶의 질이 향상됨에 따라 프로 야구나 축구, 혹은 다양한 레저로 우리가 즐길 수 있는 생활의 폭이 확장되었고 더 이상 레슬링은 사람들의 이목을 집중시킬 수 없게 되었던 것이다.

하지만, 아빠 생각에 프로 레슬링의 입지가 축소된 것은 김일 선수의 퇴장에 더욱 직접적인 원인이 있지 않나 싶다. 계속 링에 오르기엔 김일 선수는 이미 나이가 든 상태였지만 이후로 그만한 스타 플레이어가 출현하지 못했던 것도 프로 레슬링의 사양을 재촉한 중요한 요인이 된 건 틀림없는 일이다. 그러므로 지나간 한 시절을 돌이켜 생각하다 보면 문득 그가 떠오르고 그리운 마음이 되는 것이다.

그런데 최근 예순이 넘은 그가 병마에 시달리고 있다는 사실을 보도를 통해 알게 되었다. 보도에 의하면, 어느 독지가의 도움으로 병원에 입원해 있다고 했다. 한때 건장한 체격으로 호랑이처럼 링을 휘저으며 우리에게 꿈과 용기를 주었던 그가 나이 들어 병든 몸으로 누워 있다니 아빠는 마음이 아팠다.

젊은 시절, 그는 해마다 여름이 되면 가뭄으로 논바닥이 갈라지는 호남지방에 수십 대의 양수기를 보내곤 했던 멋진 사내였다. 지금도 그는 다시 일어나 링에 올라 마지막으로 꼭 한번 은퇴시합을 하고 싶다고 한다. 그의 경기를 보면서 스스로 자신감을 일깨우며 거칠 게 없었던 우리는 반드시 그의

김기수·김일 이야기

소원을 들어 주어야 한다고 아빠는 생각한다. 왜냐하면, 김일 선수는 지난 날 우리 조국의 모습이자 아직도 우리에게 살아 있는 꿈이기 때문이다.

자기 生을 살아가는 길

내가 날마다 너에게 편지를 쓰면서 아빠도 또한
자꾸 성숙해진다. 너에게 직접하고 싶었던 말들, 그리고
하지 못했던 말들을 글로 옮기면서 가장 절실했던 것은 바로
너의 머리와 가슴을 푸른 하늘처럼 열어주고 싶은 마음이었다.

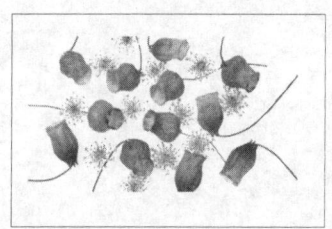

시간의 소중함에 대하여
— 아빠가 어렸을 때

한가한 때에 헛되이 세월을 보내지 아니하면
바쁜 때에 쓸모가 있게 되며,
고요한 때에 공적에 떨어지지 아니하면
활동할 때에 쓸모가 있게 된다.
「閑中不放過 忙處有受用 靜中不落空 動處有受用 : 채근담」

한가한 때에 그냥 놀고 지내면
정작 긴요한 때에 가서 속수무책이 된다.
그러므로 일없이 한가한 때에 놀지 않고
바쁜 때를 대비하면
나중에 요긴하게 쓸모가 있게 된다.
고요히 있으면서도 움직임이 있게 되면
나중에 활동하게 되는 때가 되어서는
크게 소용이 있게 된다.

아들아
  이제 아빠도 제법 나이가 들었나 보다. 가끔 아빠가 친구들을 만나게 되면 자연스럽게 대두되는 화제가 자식의 공부에 관해서이니까 말이다.

그래, 기왕 말이 났으니 아들아. 오늘부터 며칠 동안 공부에 관한 얘기를 좀 해 보자.

요즘 너희들 하루 일과가 무척 바쁜 것 같구나.

너도 그렇지만 아직 초등학교 일학년밖에 안 되는 네 동생만 해도 바쁘기가 여간이 아니더구나. 어느 날 아빠가 한번 살펴 보니까 네 동생의 일과가 만만찮더라. 우선 오후 한시 반에 학교를 파하고 곧장 수영장에 다녀온 후 집에서 영어 과외지도를 받고 피아노 교습을 다녀오면 또 재능수학 선생님이 기다리고 있더구나. 그러니 네 동생이 놀 시간이 없다고 투덜댈 만도 하겠다. 일학년인 네 동생이 그러니 너는 오죽하겠니. 너의 경우 학교서 플룻 레슨까지 받고 나면 세시가 넘고 아빠 연구실에 들렀다가 곧장 피아노 교습을 다녀와서 또 재능 선생님과 공부를 한다. 그리고 저녁에는 다시 학교에서 내 준 과제를 해야 하니 정말 힘들 것이다.

그러나 안타까운 것은 그렇게 하지 않아도 될 뾰족한 수가 별로 없다는 점이다. 다만 하나 위안이 되는 것은 너희들은 시간을 충분히 활용하고 있다는 점이다. 무슨 말이냐 하면 너희들이 바쁜 것은 학과공부뿐만 아니라 다른 것들까지 하기 때문이라는 얘기다. 즉, 플룻이나 피아노, 혹은 수영 같은 것은 학과공부가 아닌 만큼 그만둘 수도 있을 것이다. 그렇지만 앞서 내가 옛글 하나를 인용했듯이 가급적이면 시간을 허비하지 않고 효율적으로 쓰는 것은 참으로 바람직한 일이다. 따라서, 학과공부가 아닌 피아노나 플룻 혹은 수영 같은 것은 부담을 갖지 말고 즐긴다는 기분으로 배우면 좋을 것이다. 나중에라도 기본적으로 피아노나 플룻을 연주할 줄 아는 사람이 되는 게 낫지 않겠니. 사실 아빠가 어렸을 때는 특별한 경우가 아니고선 그런 것을 배울 수 있는 분위기가 못됐었다. 그래서 아빠는 지금도 피아노를 칠 줄 모르고 플룻도 연주하지 못한다. 그 점 너희들은 아빠보다 행복한 것이다.

그렇다고 아빠가 어렸을 적엔 놀 수 있는 시간이 많았느냐 하면 그것도 아니다. 아빠가 초등학생이었을 때엔 중학교 입학시험 제도가 있었다. 지금 생각하면 어떻게 열 두세살밖에 안 되는 어린이에게 입시를 치르게 하고 그에 대한 부담을 주게 했는지 모르겠지만 아무튼 그 당시에는 그게 당연하게 받아들여졌었다. 그랬던 만큼 아빠의 초등학교 상급반 시절은 단지 중학교에 진학하기 위한 준비기간이었다고 해도 과언이 아니다. 그래서 오늘은 아빠의 초등학교 육학년 시절의 하루 일과를 잠시 얘기해 볼까 한다.

아빠가 오학년을 마치고 삼월이 되어 육학년에 올라가자 분위기가 그 이전보다 훨씬 달라 보였다. 말하자면 육학년이 되자 새학기 시작부터 입시에 대비하려는 분위기가 강하게 느껴졌던 것이다. 그리고 당연히 나도 그 분위기 속에 휩쓸려 가게 되었다.

아빠의 아버님, 그러니까 네 할아버지께서는 새벽부터 아빠를 깨웠다. 새벽공부를 시키기 위해서였다. 아버님 말씀으론 새벽엔 머리가 맑아지니 공부가 잘될 거라는 것이었다. 하지만 졸린 눈을 부비며 일어나면 잠이 덜 깬 머리 속은 오히려 흐리멍텅할 뿐이었다. 물론 책 내용도 제대로 눈에 들어오지 않았다. 그래도 할 수 없이 책을 펴고 있어야 했다.

그러다가 아침을 먹고 학교를 가면 학과 수업은 오후 늦게까지 계속됐다. 그리고 학과수업이 끝나면 곧바로 체력장 연습이었다. 체력장은 입시에 20점이 배당되어 있었는데 달리기, 너비뛰기, 던지기, 턱걸이 등 네 종목이었다. 아빠는 평소 다른 종목은 다 만점 수준이었지만 턱걸이만큼은 힘이 들어서 단 한 번도 하지 못했다. 만점을 받자면 여섯 번이나 해야 하는데도 말이다. 그래서 학기초부터 집중적으로 턱걸이 연습만 했다.

체력장 연습을 마치면 집으로 돌아가 저녁을 먹고 과외수업을 받으러 다시 담임 선생님 댁으로 갔다. 거기서 그 날 배웠던 걸 복습하고 또 예습까지 마치면 밤 열시경이 되었다. 그러니까 새벽부터 밤 열시까지 거의 쉬는 시간이 없었다. 다행히 그 덕분에 당시 세칭 일류 중학교라는 델 합격하기는 했지만.

지금 생각하면 도대체 열세살 나이에 어떻게 그렇게 힘들게 강행군을 할 수 있었던가 싶지만 그러나 아빠는 그때의 기억들이 그다지 몸서리쳐지지는 않는다. 다시 말해, 그때와 똑같은 상황이 되면 또 그렇게 하겠다는 뜻이다. 그건 그때의 힘들었던 기억들이 좋아서가 아니다. 다만, 어린 나이였음에도 불구하고 힘든 시기를 체험했던 기억은 살아가는 데 여러모로 용기가 되고 위안이 되기 때문이다.

물론 아빠는 지금 네게 그때처럼 그렇게 공부하라고 하지는 않는다. 그때의 공부는 입시를 위한 그야말로 암기 위주의 공부였던 것이다. 그래서 교과서를 거의 외다시피 했지만 그런 공부가 별로 바람직한 것이었다고는 할 수 없다. 그보다는 조금 전에도 얘기했다시피 삶을 살아가는 데 있어 어떤 자세나 습관 같은 것을 배웠다는 의미로 그 때의 기억을 소중히 하는 것이다. 즉, 당시의 공부가 어떴는가 하는 것과는 별도로 공부에 몰두하는 자세나 노력 같은 것은 지금까지 의미 있는 체험으로 여겨진다는 뜻이다.

그에 비한다면 요즘 너희들이 하는 공부는 상당히 바람직해 보인다. 아빠가 어렸을 때처럼 무조건 교과서를 암기하는 것이 아니라 박물관이나 자연학습장 같은 데를 견학가서 스스로 관찰하고 연구해서 원리를 터득하는 방식으로 공부하고 있으니 말이다. 그러다 보면 마구잡이로 교과서를 암기하는 것보다는 훨씬 쉽게 공부에 재미를 붙일 수도 있을 것이다. 사실 우리가 배운다는 것은 꼭 수업시간에 책을 통해서만 가능한 것은 아니다. 그리고 교과서적인 지식만이 삶에 유용한 것도 아니다. 일상생활 속에서 배우고 깨우치는 바도 적지 않으며 그런 것들이 어쩜 더 오래토록 삶의 질을 윤택하게 하기도 하는 것이다. 그러므로 지금 당장은 쉴 새 없이 바쁠지라도 피아노나 바이올린 혹은 수영이나 태권도 같은 것도 개인적인 소양의 폭을 넓힌다는 의미로 배워 두는 것이 낫지 않을까 싶다. 사실 배우는 데 있어 여가가 나지 않는다고 말하는 사람은 비록 여가가 나더라도 배울 수 없는 것이다(謂學不暇者 雖暇 亦不能學矣(筍子)).

그러니까 결국 문제는 소중할 수밖에 없는 시간

을 어떻게 활용하느냐 하는 것이다. 즉, 무엇을 하든 의미 있는 시간을 보내야 한다는 말이다. 학과 공부와 더불어 피아노와 플룻 혹은 수영이나 태권도 같은 취미생활을 하고 또 친구들과 공을 차며 놀기도 하려면 시간을 적절히 사용할 줄 알아야 한다. 그러기 위해선 무엇보다 규칙적인 생활을 해야 할 거라고 아빠는 생각한다. 규칙적인 생활을 통해 효율적으로 시간을 윤용하는 것이야말로 지금 네게 가장 필요한 생활 자세가 아닐까 싶다.

마지막으로, 배움을 위해 시간을 아껴쓰라는 충고의 뜻으로 옛사람들이 지은 시 두 편을 소개 하마.

勿謂今日不學而有來日　勿謂今年不學而有來年
日月逝矣 歲不我延　　嗚呼老矣 是誰之愆
少年易老 學難成　　　一寸光陰不可輕
未覺池塘春草夢　　　階前梧葉已秋聲
　　　　　　　　　　　　　　　— 朱熹

오늘 배우지 아니하고 그리고 내일이 있다고 말하지 말고
　금년에 배우지 아니하고 그리고 내년이 있다고 말하지 말아라
　해와 달은 가는 것이요, 세월은 나에게 늦추지 않는 것이니
　아하, 늙었구나! 이 누구의 잘못인고
　소년은 쉬이 늙고 학문은 이루기 어려우니
　잠깐의 시간인들 가히 가벼이 할 수 없는 것이니라

연못가 방축은 봄날 풀의 꿈을 미처 깨지 못했는데
섬돌 앞 오동잎은 벌써 가을 소리를 내는구나
— 주희

成年不重來　　一日難再晨
及時當勉勵　　歲月不待人
— 陶淵明

성년은 다시 오지 않고
하루에 새벽은 다시 없으니
때를 따라 열심히 공부하여라
세월은 사람을 기다리지 않는다.
— 도연명

규칙적인 생활에 대하여

　아빠가 고등학생이었을 때의 일이다. 친구 집에 놀러갔다가 그 친구의 책상 앞에 붙여 놓은 일일 생활계획표에 「시밥」이라고 적혀 있는 걸 본 적이 있다. 그게 무어냐고 물었더니 「시계 밥 주는 시간」이라는 것이었다. 그때는 지금처럼 자동시계가 많지 않아 하루에 한두 번씩 시계의 태엽을 감아주어야 했는데 그걸 시계 밥준다고 흔히 우리는 표현하곤 했다. 말하자면 그 친구는 하루 일과 중에 손목시계의 태엽을 감는 시간까지 정해 놓고 생활했던 것이다.

　물론 그렇게까지 기계적으로 살 필요는 없을 것이다. 그렇지만 규칙적인 생활은 우리가 살아가는

데 필수적이다. 우선 규칙적인 생활은 건강에도 좋을 뿐더러 그날 그날 해야 할 일을 제 시간에 해 놓고 쉴 수 있게 하기 때문이다. 특히 요즘 너희들처럼 학과공부뿐만 아니라 다른 여러 가지를 배우는 경우에는 더욱 더 그렇다.

아빠가 중학교 이학년 때 있었던 얘기를 하나 하마.

아빠가 중학교 이학년 때 아빠의 할아버님께서 돌아가셨다. 그래서 장례를 치르느라 아빠는 삼일 동안 학교에 가질 못했다. 그런데 그 삼일이 공교롭게도 바로 시험 직전이었다. 그 바람에 시험 범위에 해당되는 내용을 배우지 못했던 것이다.

시험은 임박했고 학교에서 배우지 못한 부분을 혼자서 공부하자니 시간이 많이 모자라서 아빠는 자연 초조해질 수밖에 없었다. 그때 한 친구가 아빠에게 이상한 약에 대해 알려 주었다. 그 이상한 약이란 먹으면 잠이 안 온다는 약이었다. 요즘도 그런 약들을 팔고 수험생들이 적잖게 복용하기도 하는 모양이지만 아무튼 급한 김에 아빠는 그 약을 이용할 수밖에 없었다.

과연 친구의 말대로 그 약을 복용하고 나니 졸음이 가셔 아빠는 밤을 꼬박 새우며 시험공부를 할 수 있었다. 그런데 정작 문제가 생긴 것은 시험날이었다.

 분명 잠은 오지 않았지만 시험지를 받고 문제를 풀려고 했을 때 머리가 몹시 어지럽고 어디선가 이상한 노래소리가 계속해서 들려오는 듯했다. 말하자면 시험 시간 내내 환청에 시달렸던 것이다. 결국 아빠는 그 달 시험을 잡치고 말았다.

 그런데 더 큰 문제는 그 다음부터였다. 그 달 시험을 잡쳤음에도 불구하고 아빠는 그 다음부터 이른바 '밤샘공부'의 버릇을 버리지 못하게 되었던 것이다. '밤샘공부'란 평소엔 놀다가 시험이 임박해서야 이삼일 밤을 새며 한꺼번에 공부를 하는 것을 말한다. 그러나 그게 절대로 효율적이지 못한 것은 성적이 그 전만 못했던 사실로써 증명이 되기도 했지만 우선 생활 자체가 엉망이 되고 말았다. 다시 말해, 밤샘공부를 믿게 되면서 평소 노는 시간이 많아졌고 무엇보다 수업시간에 집중력이 떨어졌던 것이다. 그런 방식이 썩 유용하지 못하다는 건 너무도 분명한 사실이다. 왜냐하면, 사람의 기억은 반복해서 익힐 때 훨씬 효율적이기 때문이다. 즉, 한번에 두 시간 공부하는 것보다 시간적으로는 그보다 짧지만 삼십분씩 두 번에 걸쳐 하는 것이 훨씬 효과가 있다는 말이다.

 그렇지만, 성적이 떨어졌음에도 불구하고 한동안

아빠는 밤샘공부의 습관에서 벗어나지 못했다. 그러다가 문득 일 년 전인 일학년 때 한반이었던 한 친구에 대한 기억을 떠올리게 되었다.

아빠가 중학교에 입학했을 때 바로 앞자리에 앉은 S라는 친구가 있었다. 아빠의 고향인 영천 출신이어서 퍽 친근하게 느껴지던 친구였는데 입학 후 첫달 시험에서 그 친구가 전교 일등을 했던 것이다. 그리고 그 친구는 그 해 내내 전교 일등을 한번도 놓치지 않았다. 초등학교때 반에서 1, 2등을 해야 입학할 수 있는 세칭 일류 중학교에서 전교 일등을 했다면 그 친구는 천재에 가깝다고 봐야 할 것이다. 그러나 뭔가 특별한 학습 방법이 있지나 않을까 해서 다른 친구들이 그 친구와 같이 하숙하는 친구에게 물었었다. 그런데 자기가 보기엔 특별한 게 없고 다만 학교에서 수업을 듣고 하숙집으로 돌아오면 반드시 그 날 배운 걸 복습한다는 것이었다.

물론 S라는 친구는 남다른 비상한 두뇌의 소유자인지도 모른다. 그렇지만 S의 학습 방법은 일견 평범해 보이긴 해도 가장 바람직한 것이다. 수업 시간에 확실하게 듣고 나서 잊어 버리기 전에 한번 더 그 내용을 익혀 두는 것보다 더 좋은 방법은 없으니까 말이다.

오히려 문제는 우리가 그 쉬운 방법조차 제대로

실천하지 못하는 데 있다. 사람은 본시 편한 것을 좋아해서 방금 배웠던 거라면 대충 알고 있으니까 웬만하면 새삼스럽게 복습을 하려 하지 않는다. 조금 전에 배웠던 거라서 다시 한번 반복해서 익히는 데 그다지 시간이 많이 걸리지 않는데도 말이다. 그러다가 시간이 지나면 완전히 잊어버리고 새로 그 내용을 익히려면 힘이 들고 시간도 더 많이 걸리는 것이다.

아무튼, 아빠는 S라는 친구를 생각하며 그 후로부터는 가급적이면 '밤샘공부'를 하지 않았다. 물론 성적도 그 전보다 올라갔고 시간적인 여유도 더 많아졌다.

그런데 아들아. 아빠가 지금 네게 규칙적인 생활의 중요성을 강조하고 있지만 그러기 위해선 스스로 꼭 지켜야 할 게 있다.

첫째로, 자기가 하는 일에 최대한 집중력을 높여야 한다.

그러니까, 너의 경우엔 수업시간에 주의를 기울여 수업을 들어야 한다는 말이다. 이와 관련하여 아빠가 고등학교 이학년 때 담임 선생님께서 하신 말씀이 있다. 그 담임 선생님은 당시 아빠의 학교 선생님 중에서 유일하게 우리나라에서 제일 좋은 대학을 졸업하신 분이었다. 그 분 말씀이 당신은 학교 다닐 때 수업 시간에 필기를 하지 않았다고 했다. 똑바로 정신을 차려 수업을 들으면 굳이 필기를 할 필요가 없다는 것이었다. 물론 그 분 말씀은 일리가 있지만 사람마다 능력이 같지 않으므로 꼭 그렇게 할 필요는 없을 것이다. 다만, 그 분은 그만큼 정신을 집중하여 공부하면 효과가 크다는 걸 강조하기 위해 그런 말씀을 하신 거라고 아빠는 생각하지만 사실이 그렇다. 건성으로 열 시간을 책을 잡고 앉아 있은들 무슨 소용이 있겠느냐 말이다. 정말이지 공부할 때 정신을 집중하는 습관은 당장의 학과성적 향상과 시간적 여유의 확보는 물론이거니와 성인이 되어서 삶에 대한 진지한 태도를 갖게 하는 것이다.

둘째로, 철저히 자기 관리를 하는 습관을 길러야 한다.

규칙적인 생활을 하기 위해선 무엇보다 그것을 방해하려는 주위로부터의 유혹들을 이겨내야 한다. 즉, 공부를 해야 할 시간인데도 계속 TV 만화를 보고 싶거나 컴퓨터 게임을 하고 싶을 때가 있을 것이다. 그리고 마냥 놀이터에서 놀고 싶기도 할 것이다. 그러나 모든 게 지나치면 좋지 않기도 하거니와, 어렵게 생각할 것도 없이 공부할 시간에 공부를 하고 나서 다시 다른 것을 하면 된다. 같은 공부라도 제 시간에 하지 않고 나중으로 미루면 결과적으로 규칙적인 생활 패턴을 깨게 되고 마는 것이다.

아빠와 함께 근무하는 교수 한 분은 자기 아들에게 일주일에 하루만 TV 만화를 보게 한다고 한다. 그렇게 하지 않으면 매일같이 장시간 만화를 보기 때문이라는 것이었다. 또 어떤 교수는 항상 컴퓨터 게임에 매달려 있는 아들 때문에 아예 컴퓨터를 없애 버렸다고 했다.

아빠는 그렇게까지 하고 싶지는 않다. 그렇지만 몇 시간씩 TV 만화를 본다거나 컴퓨터 게임만으로 한나절을 보내는 것은 결코 바람직하지 못하다고 생각한다. 사람에겐 자기 절제가 필요하다. 자기 자신을 스스로 통제하지 못하면 결국 그 사람은 어른이 되어서도 남의 통제를 받게 되는 것이다. 그것은 그 사람의 불행이다.

우리는 흔히 놀 때 놀고 공부할 때 공부하라고 말하지만 그건 평범하나마 명언이다. 공부할 때 정신을 차려서 공부를 하고 놀 때 즐겁게 노는 것은 삶을 활력 있게 하기 때문이다. 의사들은 건강을 위해서 규칙적인 생활을 하라고 권하지만 우리의 삶 자체를 위해서도 정말 그건 너무 중요한 것이다.

왜 공부를 해야 하는가
— 엽전 열닷냥

> 공자 말씀하시되, 배우고 때로 익히면 또한 기쁘지 아니한가
> 자왈 학이시습지 불역열호아子曰 學而時習之不亦說乎
> —「논어(論語)」

> 사람이 이 세상에 나서 학문을 닦지 아니하면
> 그런 상태로써는 사람됨이 없는 것이니라.
> 이른바 학문을 닦는다고 하는 것은
> 또한 특이하고 보통과 다른 특별한 일이나 사물이 아니다.
> 인생사세人生斯世하여 비학문非學問이면 무의위인無以爲人이니라.
> 소위학문자 비역이상별건물사야
> 所謂學問者 亦非異常別件物事也
> — 이율곡의「격몽요결(擊蒙要訣)」

우리는 왜 공부를 해야 하는가.

이런 질문은 오래 전부터 있어 왔지만 이는 우문愚問에 가깝다. 왜냐하면 이것은 우리는 왜 먹는가, 라는 질문과 별반 다르지 않기 때문이다. 우리가

매일 음식을 먹는 것은 당연히 살기 위해서일 것이다. 마찬가지로 우리가 매일 공부를 해야 하는 것도 역시 살기 위해서이다. 물론 살기 위해 먹는다고 할 때의 삶이 육체적 삶을 의미하듯이 살기 위해서 공부한다고 할 때의 삶은 정신적인 삶을 의미한다.

우리가 한끼라도 걸르면 육체적으로 제대로 성장할 수 없듯이 공부도 한순간 쉬면 정신적으로 정상적인 성장을 할 수 없는 것이다. 우리가 꾸준히 공부해야 하는 이유도 바로 여기에 있다. 분명히 육체와 마찬가지로 정신도 일정한 속도로 성장을 한다. 다만 육체와 달리 정신적인 성장은 겉으로 잘 드러나지 않을 뿐이다. 그래서 그 정신적인 성장엔 다소 소홀해질 수도 있다. 그렇지만 정신적인 성장은 육체적인 성장 못지 않게 아니, 그 이상으로 몇 갑절 소중한 것이며 그래서 우리는 공부를 하는 것이다.

그렇다면 정신적인 성장은 왜 해야 하는가. 이 질문은 처음으로 돌아와 우리는 왜 공부를 해야 하는가 물음이 된다. 그럼 우리는 왜 공부를 하는가.

결론부터 말해, 공부란 한 인간의 완성을 위해서 하는 것이라고 아빠는 생각한다. 그럼 지금부터 '한 인간의 완성이란 무엇인가'에 대해 조금 이야기해 보자.

출장입상出將入相이란 말이 있다. 글자 그대로 해석하면 '나가서는 장수가 되고 들어와선 정승이 된다'는 뜻이다. 이를 좀더 자세히 설명하면 나라에 전쟁이 일어났을 땐 장수가 되어서 전장으로 나아가 적과 싸우고, 적을 물리친 후엔 다시 조정에 들어와 정승으로서 임금을 모신다는 내용이 된다. 말하자면, 공히 문무文武를 갖추어 장상將相의 벼슬을 모두 지낸다는 것인데 이는 임금을 정점으로 하는 전제군주국가의 유교전통사회에서 가장 이상적인 엘리트의 전형이었다.

이와 관련하여 아빠가 좋아하는 노래 하나를 소개할까 한다.

> 대장군 잘 있거라 다시 보마 고향산천
> 과거 보러 한양 땅에 떠나가는 나그네여
> 내 낭군 알성급제 천번만번 빌고 빌어
> 청노새 안장 위에 실어 주는 아아아아 엽전 열닷 냥
> ― 한복남의 「엽전 열닷 냥」

네가 들으면 무지하게 구닥다리 노래라고 하겠지만 아빠도 처음부터 이 노래를 좋아했던 것은 아니다. 왜냐하면 이 노래는, 어쩜 아빠가 태어나기도 전에 만들어졌을지도 모르며, 그래서 아빠가 어렸을 때 이미 흘러간 옛가요였던 것이다. 그런 만큼

요즘 네가 에이치 오 티(H. O.T)나 클론 등의 노래를 즐겨 부르면서 조금 더 나이가 든 가수들의 노래에 대해선 관심을 가지지 않듯 아빠 역시 어렸을 적엔 그때 유행했던 노래만을 불렀다. 따라서 아빠도 어렸을 땐 이 노래를 알지 못했다.

아빠가 이 노래를 알게 된 게 아마도 중고등학생 시절이었을 것 같은데 그때도 지금 너의 심정과 마찬가지로 구닥다리라는 느낌밖에 없었다. 그러므로 아빠가 이 노래를 좋아하게 된 건 그보다 훨씬 뒤의 일이다. 어느 날 라디오에서 흘러나오는 이 노래를 우연히 듣게 되었는데 불현듯 노랫말 속에 담긴 어떤 정서가 가슴에 와 닿았던 것이다. 그때쯤 이미 아빠도 나이가 들어가고 있었기 때문인지도 모른다.

그렇지만 아빠가 이 노래를 좋아하는 데엔 그만한 이유가 있다. 이 노래엔 아빠가 기억하고 있는 우리가 살아온 한 시대의 정서가 고스란히 담겨 있기 때문이다.

이 노래는 혹시 너도 기억할지 모르겠지만 '양복 입은 신사가 요리집 문 앞에서 매를 맞는데……'로 시작되는 「빈대떡 신사」를 작곡해서 직접 불렀던 한복남 선생님의 곡이다. 한복남 선생님은 당시로는 드문 싱어 송 라이터로 직접 노래를 만들어 부르는 사람으로 미국에선 엘비스 프레슬리 이후의 비틀즈가, 그리고 우리나라에선 남진·나훈아 이후의 70년대 포크송 세대, 즉, 김민기·한대수·송창식 등이 이에 속하였다.

자, 그럼 우선 이 노래에 담긴 우리의 정서가 어떤 것인지부터 살펴 보자. 이 노래의 노랫말 내용을 좀더 자세하게 설명하면 대략 다음과 같다.

옛날에 어떤 부부가 있었다. 그들은 아마 양반의 자손이었던 것 같은데 가세는 무척 빈한했던 것으로 보이며 생계는 아내가 어렵게 꾸려가고 있었을 것으로 짐작된다. 옛날에는 양반만이 과거에 응시할 수 있었지만 오랫동안 집안에서 과거에 급제하여 벼슬을 하는 사람이 없으면 가난할 수밖에 없었다. 왜냐하면, 양반 신분에 생업에 종사하기가 어려웠을 뿐더러 공부를 하여 과거에 급제하는 것이 인생의 목표였기 때문에 거기에 몰두하자니 자연 살림은 아내가 책임질 수밖에 없었던 것이다.

아무튼 오랜 공부 끝에 남편이 과거를 보러 떠나게 되었다. 생업까지 아내에게 떠맡겨 두고 공부를 했던 만큼 남편의 각오는 대단했을 것이다. 기필코 과거에 급제하여 아내의 고생에 보답하고 조상에 대해서도 면목을 세워야 했기 때문이다. 그래서 마을 어귀를 지키고 있는 장승 천하대장군에게 다짐

한다. 천하대장군이시여, 그 동안 부디 우리 마을과 아내를 굽어 살펴 주옵소서. 이 몸은 한양 땅에 과거를 보러 가거니와 반드시 장원급제하여 자랑스런 모습으로 다시 돌아와 뵈리다, 하면서 말이다.

또 아내는 어떤가. 그 동안 서방님의 글공부 뒷바라지를 위해 농삿일부터 삯바느질까지 손발이 부르트도록 일하면서도 하나 힘든 줄을 몰랐다. 그런데 드디어 임금님께서 친히 납시는 알성시(謁聖試: 조선시대에 임금이 문묘에 참배한 뒤 성균관에서 보이던 과거, 3년에 한번씩 열림)를 보러 사랑하는 지아비께서 떠나시는 것이다. 하여, 오랫동안 갈고 닦은 글공부로 부디 장원급제하시기를 맘 속으로 천번만번 간절히 빌어 본다. 그러면서 행여 한양 가시는 먼 길이 힘드실까 넉넉찮으나마 그 동안 애써 모아 두었던 엽전 열닷냥을 청노새 안장 위의 행낭 속에 가만히 넣어 주는 것이다.

참으로 눈물겹고 아름다운 정경이 아닐 수 없다. 이 노래엔 가난한 부부의 사랑이 있고 남자의 청운 靑雲의 꿈이 있기 때문이다.

청운의 꿈이란 무엇인가. 청운은 글자 그대로는 푸른 빛깔의 구름이지만 높은 벼슬이나 지위를 의미한다. 따라서 청운의 꿈은 입신출세 立身出世의 꿈이다.

오랜 세월 동안 우리는 그런 식으로 살아왔다. 오로지 열심히 글공부를 하여 과거에 급제하는 게 유학을 숭상하던 당시엔 최고의 삶이었다. 그래서 젊어서부터 한시도 쉬지 말고 공부를 해야 했던 것이다.

말하사년 결국, 옛날의 공부는 남보다 훌륭한 사람이 되기 위해서 즉, 입신출세를 하기 위해서였다. 그런데 그런 삶의 방식은 그 옛날 뿐만 아니라 아빠가 중고등학생 시절을 보낸 6, 70년대까지도 여전했다. 다시 말해, 지난 날 우리 어머니들도 이 노래 속의 아내와 추호도 다르지 않았던 것이다.

아빠가 중학교 때 일 하나를 소개하마.

앞서 얘기했던 대로 아빠는 중학교에 시험을 봐서 들어갔다. 초등학교에서 일이등 하던 학생들이 모인 그 중학교에 자식을 보내게 되었으니 자식에 대한 부모님들의 기대 또한 당연히 컸을 것이다.

중학교 삼학년 때였던가. 하루는 한 친구 집에 놀러 가게 되었다. 그 친구는 집안이 부유한 편이 아니어서 단칸 셋방에서 살고 있었다. 그 친구가 그다지 넉넉하지 않았다는 것은 이미 알고 있었지만 막상 가 보니 아빠가 생각했던 것보다 형편은 훨씬 더 어려워 보였다. 아마 그 날이 토요일이었던 것으로 기억되는데 친구의 어머니는 우리에게 점심을 차려 주셨다. 그런데 평소 편식을 하는 편이었던 아빠에게 반찬이 입에 맞지 않았다. 반찬이라곤 신 김치 하나밖에 없었던 것이다. 그렇지만 아빠는 친구와 친구 어머니가 눈치 채지 않게 밥 한 그릇을 비웠다. 식사 후 친구 어머니는 그 동안 무슨 일이 있었는지 애절한 표정으로 친구에게 타이르는 말씀을 하셨다. '네가 열심히 공부해서 성공하면 그땐 저네들도 함부로 대하지 못할 거다'라는 요지의 말씀이었다. 아빠가 짐작하기에 아마 친구네가 무슨 이유론지 친척들로부터 업신여김 비슷한 걸 당했던 것 같았다. 아들의 친구가 있는 자리임에도 불구하고 그런 말씀을 하시는 친구 어머니의 눈엔 가볍게 눈물이 비쳤다. 말하자면, 친구 어머니에겐 일류 중학교에 다니는 아들이 오로지 삶의 희망이었던 것이다. 돌이켜 보면 모두가 가난했던 그 시절, 우리 주변엔 그 친구의 어머니 같은 분이 참 많았다. 자식의 성공에 모든 것을 걸고 몸이 부서지도록 일하며 당신의 고생은 아랑곳않으시던 그런 분들 말이다.

그런 사정은 그 사이 많이 달라졌지만, 그렇다고 지금도 전혀 없는 것은 아니다. 이를테면 네가 다니고 있는 초등학교 학생들만 해도 집안 형편이 모두 다르다. 사립학교인 만큼 부잣집 아이들도 많겠지만 집안 형편이 어려운 학생도 없진 않을 것이다. 아빠가 아는 네 친구들 중에도 살림이 넉넉지 못한 아이가 있다. 굳이 이름을 밝히진 않겠지만, 아빠가 보기에 그 아이는 어려운 환경에서도 남달리 열심히 공부를 하는 것 같았다. 그렇게 그 아이가 열심히 공부하는 것은 그 아이의 어머니에게 큰 위로와 희망이 될 것이다. 어려운 형편임에도 자식을 사립 초등학교로 보내고 있는 그 애 어머니의 마음도 앞서 얘기한 아빠 친구의 어머니와 별반 다르지 않을 테니까 말이다. 그리고, 남의 일처럼 이런 얘기를 하고 있지만 실은 아빠의 어머니, 그러니까 돌아 가신 네 할머니께서 아빠에게 걸었던 기대 또한 그와 크게 다르지 않았으리라고 생각된다.

아빠의 친구는 지금 대기업의 부장으로 일하고 있다. 아마도 그 친구의 어머니는 그보다 더 훌륭한 사람, 이를테면 자식이 법관 같은 사람이 되길 바라셨을지도 모른다. 그 소망에 비하면 그 친구의 지금의 성취는 조금 미흡하게 여겨질 수도 있을 것이다.

그러나 아빠는 그렇게 생각하지 않는다. 대기업의 부장에 이르도록 아마도 그 친구는 열심히 공부했을 것이고, 그 과정에서 국가와 사회 발전에 이

바지한 바가 법관보다 결코 작지 않으리라고 믿는 때문이다.

아빠가 왜 이런 이야기를 하는가 하면 옛날에는 공부의 목적이 오로지 입신출세에 있었지만 지금은 그렇지 않다는 걸 말하기 위해서이다. 그리고 그 입신출세란 것조차 옛날처럼 과거시험에 급제해서 높은 벼슬에 오르는 것만이 아니라는 사실도.

앞서 「엽전 열닷냥」이란 노래를 소개하기도 했지만 과거제도가 시행되던 조선조는 엄격한 유교사회로서 사농공상士農工商에 대한 편견이 엄존하던 시대였다. 다시말해, 옛날엔 글공부를 하는 선비를 으뜸으로 쳤고 그 다음이 농사를 짓는 농민, 그리고 농기구 등 도구를 만드는 공인이 그 뒤였고 장사하는 사람을 가장 천하게 여겼던 것이다. 그리고 그런 인식이 계속 이어져 내려와 한 세대 전까지만 해도 옛날에 과거시험에 급제하듯이 고등고시에 합격하여 법관이 되는 것을 유일한 출세로 생각했던 것이다. 그러나 그 생각이 결코 옳은 것이 아닌 것이 오늘날엔 사농공상 중 가장 나중인 상업, 즉, 무역에 그 나라의 미래가 달려 있지 않은가.

실제로 요즘 너희들이 좋아하는 그룹 에이치 오티도 당시로선 광대에 해당되는 천민이었다. 말하자면 오늘의 입신출세의 길은 그 옛날 과거급제로 한정되어 있던 것과 달리 상당히 다양화되었다는 뜻이다. 따라서 오늘날엔 어떤 방면에서든 높은 성취를 하면 되는 것이다. 한 통계에 의하면, 지금 우리나라에는 만 2천 종류의 직업이 있다고 한다. 선진국의 2만 종류에는 아직 못미치지만 그래도 상당한 진전으로 생각된다. 직업이 다양하다는 것은 그만큼 사회가 전문화되었다는 증거이며 어느 한 부분만 열심히 해도 잘 살 수 있다는 얘기가 되기 때문이다. 특히 오늘날엔 창의력을 바탕으로 한 벤처사업이 유망한 모양이다. 지금 세계에서 가장 부자가 누구인가. 바로 마이크로소프트사 회장인 빌 케이츠이다. 그는 약관 30대에 이미 세계 최고의 부자가 되었다. 그 사람은 단순한 부자가 아니라 가히 인류의 신문명을 열어가는 사람 중의 한 명이라 할 수 있다. 누가 그를 두고 고상한 학문을 하는 사람이 아니라는 이유로 업신여길 수 있겠는가 말이다.

그러므로 중요한 것은 무엇을 공부해도 좋으되 그 방면의 전문가가 되라는 것이다. 아빠가 말하는 '한 인간의 완성'도 그런 것이다. 자기가 속한 분야에서 전문적 지식을 쌓아 우리 사회가 필요로 하는 사람이 되는 것, 더 구체적으로 이야기하자면 '인격을 갖춘 전문인'이 되는 것, 바로 그것이 인간의 완성인 것이다. 그 개인마다의 '인간의 완성'은 곧 부강한 나라를 만든다.

그래, 우리는 왜 공부하는가. 그것은 개인의 출세를 위해서가 아니라 사회의 한 구성원으로서 '인간의 완성'을 통해 우리 모두가 함께 보다 나은 삶으로 가기 위함이다. 그래서 우리는 시간을 허비하지 않고 젊어서부터 공부를 하는 것이다.

인내에 대하여

> 격분지시激憤之時는 필사인자必思忍字할지니라
> 과격하게 분이 났을때에는
> 반드시 참을 '인'자를생각할지니라

아들아, 오늘은 아빠가 네게 인내에 대해 잠시 얘기해 볼까 한다.

'인내는 쓰다. 그러나 그 열매는 달다'는 영국속담이나 '고생 끝에 낙이 온다(苦盡甘來)'는 말을 굳이 예로 들지 않더라도 우리는 인내의 중요성에 대해 잘 알고 있다.

아빠는 네게 공부란 한 인간의 완성을 위한 것이고, 그러기 위해선 세상의 일시적인 추세와 관계없이 무엇이든 자기의 능력과 소질에 맞는 분야를 선택하라는 말을 했었다. 왜냐하면 공부의 목적이 세속적인 출세보다 궁극적으로는 자기 완성에 있기 때문이다.

　그러나 말을 그렇게 했지만 그것도 실상은 쉬운 일이 아니다. 우리가 별 탈없이 성장하여 이 세상에서 한 인간으로서 제대로 살아가자면 그 과정에서 적지 않은 시련을 겪고 곤경에 처하게 되기 때문이다. 가령 음악에 재능이 있는데 악기를 사고 렛슨을 받을 돈이 없을 수도 있고 스포츠에 관심은 많은데 몸이 약할 수도 있는 것이다. 또, 학생으로서 일정량의 공부는 해야 하는데 밖에 나가 마냥 놀고 싶거나 컴퓨터 게임을 하고 싶은 생각에 괴로울 수도 있을 것이다. 정말이지 우리가 살아가는 과정엔 이루 말할 수 없는 난관들이 많다. 오죽했으면 불경에선 인생을 고통의 바다(苦海)라고까지 했겠는가.

　그러므로 우리가 살아가는데 가장 중요한 것 중의 하나는 역경과 시련에 인내하며 자기자신을 이겨내는(克己) 일이다. 그런데 안타깝게도 요즘 너희세대는 그 인내심이 많이 약해진 것처럼 보인다.

　오늘 저녁 뉴스에 또 한 여학생이 아파트에서 투신자살을 했다는 보도가 있었다. 바로 어제 실시된 수학능력 시험을 잘못 본 데 대해 비관한 때문인 듯했다. 그런 뉴스는 얼마 전에도 있었다. 갑자기 성적이 떨어진 한 여중생이 고층 아파트에서 뛰어

내렸다는 뉴스였는데 충격적인 것은 그 여학생이 평소 성적이 우수한 모범생이었다는 사실이었다.

 그런 보도들을 접하게 되면 아빠의 마음은 무겁고 걱정스럽다. 요즘 아이들이 이렇게 나약해졌나 하는 생각이 들기 때문이다.

 옛말에 '미운 자식 떡 한 개 더 주고 귀한 자식은 매로 다스리라'고 했다. 그렇지만 사실 부모 입장에서 그게 쉬운 일은 아니다. 특히, 자식을 많이 낳던 과거와 달리 아들이건 딸이건 한둘 밖에 없는 요즘 부모들의 자식에 대한 사랑은 각별하여 가급적 잘 먹이고 잘 입히려고 한다. 그리고 자식이 원하는 것은 무엇이든 들어 주는 편이다. 말하자면, 요즘 부모들은 그것이 잘못 되었다는 것을 모르지 않으면서도 자식에 대한 익애(溺愛:지나치게 사랑함)와 과보호에 빠져 있는 것이다. 그러나, 그러다 보니 아이들은 전 시대에 비해 참을성이 많이 없어져 버렸다. 그 결과 사소한 일에도 상심하거나 비관하고 더러는 성급하게 무모하고 극단적인 행동까지 저지르게 된 것이다.

 그러나 자식을 엄하게 키우는 일은 매우 중요하다. 엄부자모(嚴父慈母:엄한 아버지와 자애로운 어머니)란 말도 있지만, 자식을 위해서 특히 아버지는 엄해야 한다. 제 자식 귀엽지 않은 사람이 어딨겠는가. 그러므로 요즘 아빠들이 자식들에게 엄하지 못한 것은 결국 오늘의 아버지들이 자기자신을 극복해 내지 못한 때문인 것이다. 사자는 새끼들을 구렁텅이로 떨어뜨리고 기어올라오는 녀석만을 키운다고 한다. 그런가 하면 옛날 징기스칸은 원정길에 올랐을 때 그가 정복한 나라에 아들을 버리고 떠났다고 했다. 그 모두가 강한 자식을 만들기 위함이 아니겠는가.

  물론 그렇다고 부모로서 자식을 곤경스런 지경에까지 내몰면서 강하게 키워야 한다는 뜻은 아니다. 그렇지만 한 사람의 사회구성원으로서 삶을 살아가는 데 필요한 만큼의 강한 정신력은 길러 주어야 할 것이다. 적어도 성적 때문에 죽음을 택하는 그런 나약한 사람은 되지 않도록 말이다. 비슷한 얘기를 누차 했지만, 학과성적이 그 사람의 미래를 전적으로 보장하는 것은 아니기 때문이다. 실제로 우리는 대학을 나오지 않고서도 사회적으로 성공한 사람들을 경우를 많이 보고 있지 않은가. 그들이 만약 성적이 나빠 대학에 진학하지 못했다는 그 이유만으로 삶을 포기했다면 오늘과 같은 성공이 있었겠는지 한번 생각해 보라.

  확실히 오늘날 너희세대가 연약하게 된 데엔 좀 더 건실한 상식을 갖고 자라게 하지 못한 우리 아빠들의 책임이 크다. 외국의 경우, 부모가 아무리 부자라 하더라도 자식들은 아르바이트를 하며 학비를 버는 게 일반화되어 있다고 들었다. 그런 사회야말로 건강한 사회겠거니와 그 속에서 젊은이들은 삶에 대한 강한 적응력을 체득하게 되는 것이다. 그리고 그 경험을 통해, 앞서 얘기한 대로, 성적 문제 뿐만 아니라 성인이 되어서 살아가는 동안 봉착하게 되는 여러 가지 난관에서 용기와 자신감을 얻게 되는 것이다.

우리는 일시적인 분노를 참고 미래를 기약하거나 역경을 극복하고 승리한 예를 많이 알고있다. 백번 참으면 살인을 면한다는 말도 있지만, 동네 건달의 가랭이 사이를 기는 치욕과 수모를 겪으면서도 후일을 도모해 나중에 나라 한漢나라 승상이 된 한신韓信의 고사나 생후 19개월만에 눈과 귀, 입의 기능을 잃는 3중고三重苦의 악조건 속에서도 하버드대를 우등으로 졸업한 사회복지운동가 헬렌 켈러 여사의 일생 등은 우리에게 인간 승리의 귀감이 되고 있다. 그런 예는 우리 주위의 도처에서도 쉽게 찾아 볼 수 있다. 일제 치하에서도 발군의 실력을 발휘하여 베를린 올림픽 마라톤에서 우승한 손기정옹이나 가난을 딛고 한국 최초의 세계챔피언이 된 김기수 선수, 건국 초창기에 외국 유학길에 올라서 고

학으로 박사가 된 후 돌아와 국가발전에 이바지하신 많은 분들이 그 예가 될 것이다.

아들아. 아빠는 네가 슈퍼맨처럼 지나치게 강한 사람이 되길 원하지는 않는다. 그러나 절제해야 할 때 절제하고 참아야 할 때 참으며 어려움을 이겨내는 의지력은 길러 줬으면 좋겠다. 와신상담(臥薪嘗膽 : 불편한 섶에서 자고 쓴 쓸개를 맛본다는 뜻, 즉 마음 먹은 일을 이루기 위하여 온갖 괴로움을 무릅씀을 이르는 말)이란 말도 있지만 길고 긴 앞날을 위해 혹독한 자기단련은 필요한 것이다.

앞서 열거한 인물들 외에도 역경을 극복하고 성공한 많은 사람들이 있다. 가령, 궁형宮刑의 치욕을 참고 동양 최대의 사서史書인 「사기史記」를 저술한 사마천 같은 경우도 우리로 하여금 숙연함을 금치 못하게 한다. 그러나 그 얘긴 다음으로 미루고 우리가 잘 아는 박찬호 아저씨에 대해 얘기해 보도록 하자.

박찬호 이야기

네가 알다시피, 최근 일시 귀국하여 우리를 흐뭇하게 해 주고 있는 박찬호 아저씨는 미국 메이저리그에서 14승을 올린 자랑스런 한국인이다. 조금 과장해서 말하는 사람들에 의하면 한국인이 메이저리그에서 승리투수가 되는 것은 국가대표 축구팀이 월드컵에서 1승 올리는 것에 비견할 만한 일이라는데 박찬호 아저씨는 무려 14승을 올렸으니 정말 대단한 위업을 달성한 게 아닐 수 없다. 그러나 그 박찬호 아저씨도 처음부터 그렇게 잘했던 건 아니다. 오히려 국내에 있을 때엔 그다지 주목을 받지 못하던 편이었다. 빠른 강속구로 91년도 미국 LA에서 있었던 한, 미 ,일 고교 야구대회에서 가장 좋은 성적을 냈었음에도 불구하고 컨트롤이 나빠 국가대표 동기생들 중 3인자 위치에 머물러 있었다니까 말이다. 그렇지만 볼의 빠르기만은 최고였고 미국 메이저리그 사람들도 그 점을 높이 샀던 모양이다. 그래서 120만 달러라는 거액을 받고 한국인 최초로 메이저리그로 진출하게 되었던 것이다.

그러나 박찬호 아저씨는 메이저리그 생활 17일만에 마이너리그로 떨어지고 만다. 역시 볼 빠르기에 비해 상대적으로 취약점이 많은 볼 컨트롤 때문이었다. 그리고 2년간의 마이너리그 생활 끝에 작년에 다시 메이저리그로 복귀했다.

그런데 아빠가 박찬호 아저씨를 높이 평가하는 것은 올해 그가 이룩한 14승보다 그것을 가능케 했던 끈질긴 집념과 불굴의 정신 때문이다. 91년 한, 미, 일 고교야구대회 이후 한국인으로선 감히 상상조차 할 수 없는 메이저리그 진출을 집요하게 꿈꾸었던 것부터가 그의 남다른 집념의 일단을 엿보게 되는 사례지만 마이너리그에서 좌절하지 않고 다시 메이저리그로 복귀할 수 있었던 것은 그의 불굴의 정신으로밖에 달리는 설명이 되지 않는다.

아빠도 잘은 모르지만 미국에서 메이저리그와 마이너리그는 비교할 수 없을 정도로 여건과 대우가 다른 모양이다. 하루 식대에서부터 숙소와 경기장 이동을 위한 교통수단에 이르기까지 그 차이가 엄청나다고 한다. 한국 프로야구보다도 훨씬 열악한 그 마이너리그에서 햄버거로 끼니를 떼우며 한국의 한 젊은이가 겪어야 했을 외로움과 고통스러움은 짐작하고도 남는 일이다. 그러나 박찬호 아저씨는 마이너리그에서의 고달픔을 의연하게 이겨내고 당당히 메이저리그로 복귀했다. 도대체 어떻게 그게 가능했을까.

 대학교 때 박찬호 아저씨는 일요일 같은 날 다른 학교 소속인 동료 국가대표 친구들에게 전화를 걸어서 놀러가고 없는 사실을 확인한 후 개인연습을 했다고 한다. 비록 현재는 3인자에 머물고 있지만 언젠가 1인자가 되겠다는 투지를 불태우면서 말이다. 말하자면 그런 강한 의지가 마이너리그에서 살아남아 다시 메이저 리그로의 복귀를 가능하게 했을 것이라고 생각된다. 그렇게 포기하지 않고 일어서려는 정신력이 없었다면 박찬호 아저씨도 아빠 연구실 앞을 지나다니는 평범한 야구선수에 지나지 않았았을지도 모른다(한양대 야구부 기숙사가 아빠 연구실 근처에 있는 관계로 박찬호 아저씨도 다른 야구선수들처럼 대학 1,2학년 때에는 아빠 연구실 앞을 지나다녔을 것이다).

 사실 박찬호 아저씨의 장래에 대해선 아빠도 미심쩍은 바가 적지 않았다. 그것은 메이저리그란 벽이 동양인으로선 넘기가 워낙 견고하고 높은 것이기 때문이다. 그래서 박찬호 아저씨가 미국 프로야구 사상 17번째이자 동양인으로선 처음 마이너리그를 거치지 않고 메이저리그로 직행했을 때에도 행여 잘못되지나 않을까 가슴을 졸였고 아니나 다를까, 17일만에 마이너리그로 떨어지자 결국 그렇게 끝나게 되는 것이나 아닐까 불안했었다. 다만 계산에 철저한 미국인들이 박찬호 아저씨에게 실없이 120만 달러란 거액을 투자하지는 않았으리라는 점을 유일한 위안으로 삼으며 계속 지켜볼 뿐이었다.

마이너 리그에서의 2년 동안을 박찬호 아저씨는 실력을 쌓으며 잘 견뎌냈지만, 그러나 메이저리그에로의 복귀는 쉽지 않은 듯이 보였다. 왜냐하면 박찬호 아저씨가 마이너리그로 내려간 지 일 년 뒤 노모 히데오란 일본의 유명한 선수가 LA다저스에 입단했던 것이다. 그 바람에 박찬호 아저씨가 들어갈 수 있는 투수 자리가 하나 없어져 버린 셈이었고, 그래서 메이저리그에로의 복귀에 대한 전망은 더욱 불투명해져 버렸다. 그와 더불어 한동안 박찬호 아저씨에게 집중되었던 언론의 관심도 일본인 투수 노모 히데오 쪽으로 옮겨졌다.

실제로 노모 히데오는 대단한 선수였다. 이미 일

본 프로야구에서 최고의 투수였지만 미국 프로야구에 데뷔한 첫해 13승을 올리며 신인상을 따낼 정도로 노모는 메이저리그 17일만에 마이너리그로 강등된 박찬호 아저씨와는 출발부터가 달랐다. 물론 노모는 일본 프로야구에서 1천 이닝 이상 공을 던진 최고 수준의 선수였던 반면 박찬호 아저씨는 대학시절 2년 동안 고작 몇 게임 던져 본 게 고작이어서 서로 비교한다는 것 자체가 무리이긴 하지만.

그러나 아빠가 정말 대견하게 생각되는 것은 노모가 메이저리그에서 황색돌풍을 일으키며 승승장구하고 있을 때 마이너리그에서 고달픈 생활을 하면서도 박찬호 아저씨는 전혀 주눅이 들지 않았다는 사실이다. 아니, 오히려 언젠가 따라잡으리라는 오기를 발동시키고 있었을지도 모르겠다. 아마, 박찬호 아저씨로선 노모를 반드시 넘어야 할 산으로 생각했을 게 틀림없을 것이다. 하지만, 그렇다고 하더라도 시즌이 끝나고 스프링 캠프에서 연습을 할 때 언론의 관심이 노모에게만 집중되는 분위기 속에서 박찬호 아저씨도 속으로는 어쩔 수 없이 많이 상심했던 것 같다. 외국언론은 물론 한국언론조차도 처음 메이저리그에 데뷔할 때와 달리 마이너리그 생활이 계속되자 박찬호 아저씨에 대한 취재 열기가 많이 식은 상태였는데, 그래서인지 LA다저스 스프링 캠프를 방문했던 야구해설가 허구연씨가 떠나려고 하자 "벌써 가십니까?"하며 매우 서운했다고 한다. 그 기사를 읽으며 아빠는 아직 스물 셋밖에 안 된 젊은 청년의 힘들어 하는 모습이 저절로 상기되면서 마음이 아팠다.

  그러나 그로부터 일 년 후, 힘겹게 다시 메이저리그로 입성한 박찬호 아저씨는 놀라운 투혼을 발휘하여 14승으로 노모와 더불어 팀내 최다승을 올리며 제 5선발투수에서 에이스로 당당하게 자리잡았다. 그리고 올해에는 15승을 거뒀다. 정말 아빠로서도 쉽게 믿기지 않는 것이 어떻게 그렇게 짧은 기간에 박찬호 아저씨가 노모를 능가하게 되었는가 하는 점이다. 정말이지, 지금의 박찬호 아저씨는 노모와 비교할 바가 아니다. 같은 14승을 기록했지만 노모는 박찬호 아저씨보다 두드러지게 나쁜 방어율이 말해 주듯이 타선의 지원을 받아 운좋게 승리한 경우가 대부분이었고, 게다가 패한 게임도 훨씬 많았다. 냉정하게 말해, 이제 박찬호 아저씨의 경쟁 상대는 노모도 다른 어떤 투수도 아닌 바로 그 자신이다. 왜냐하면 앞으로 박찬호 아저씨에겐 얼마나 좋은 컨디션을 유지하느냐 하는 게 가장 큰 과제가 될 것이기 때문이다. 금년에 TV로 방영된 경기들을 통해 우리 모두가 지켜보았듯이 정상적인 컨디션을 유지할 경우 박찬호 아저씨는 그야말로 난공불락의 성城이자 서방불패西方不敗였으니까 말이다.

금년에 박찬호 아저씨는 여러 차례 우리에게 감동적인 모습을 보여 주었다. 첫 완투승이자 시즌 10승을 달성하던 시카고 커브스와의 경기에서 두팔을 번쩍 치켜들던 모습이나 샌디에고 파드레스와의 경기에서 무려 140개의 공을 던지며 두번째 완투승으로 14승을 올리는 순간 포효하던 모습 등은 두고 두고 생각해도 감격스럽기 짝이 없다. 그러나 아빠는 지난 7월 21일에 있었던 대 애틀란타 브레이브스전이 가장 인상에 남는다. 그것은 이 날 박찬호 아저씨는 그 어느 때보다 도전적인 모습으로 활력 있고 자신감에 넘치는 피칭을 했기 때문이다. 사실, 그 전까지 2연승을 포함한 7승을 기록하고 있었지만 이 날 게임은 승산이 별로 없을 것으로 예상되었다. 왜냐하면 애틀랜타 브레이브스가 메이저리그 최강팀인 데다가 이 날 상대투수가 지난 해 24승을 올려 그해 가장 뛰어난 투수에게 주는 사이영 상을 수상한 존 스몰츠였던 것이다.

그러나 이 날 박찬호 아저씨는 7회 원아웃을 잡을 때까지 6안타로 3실점 하긴 했지만 그야말로 신들린 듯한 투구로 11개의 삼진을 기록하며 상대

타자를 압도했다. 아빠는 메이저리그 최강팀을 상대로 박찬호 아저씨가 놀라울 정도로 파이팅 넘치는 투구를 하는 것을 보며 이제 그가 완전히 일정한 궤도에 올라섰구나 하는 느낌을 받았다. LA 다저스가 8대 3으로 승리한 이 날 박찬호 아저씨는 승리투수가 되었다. 게임이 끝나자 지난 해 최고의 투수와 맞대결을 벌여 승리한 박찬호 아저씨에 대해 전 매스컴은 물론 상대팀에서조차 칭찬일색이었다.

따라서, 이 날 게임은 박찬호 아저씨에겐 금년 시즌 14승을 올리는 데에 하나의 분수령이 되었을 것이다. 아빠로선 이 날 박찬호 아저씨가 경기에서 보여준 그 자신감이 더욱 값지게 여겨졌던 게 바로 2년간 마이너리그에서 생활하는 동안 실의에 빠져 좌절하지 않고 인내한 결과라고 생각되어서였다.

지금 우리가 박찬호 아저씨에 대해 환호하며 고맙게 생각하는 것은 그가 한국인으로서 메이저리그에서 14승을 올리며 우리의 자존심을 세워주었다는 점도 있지만 그보다는 어려운 과정을 용기를 잃지 않고 극복해 내면서 훌륭한 결과를 얻을 수 있었다는 사실이 날로 연약해지기만 하는 우리 청소년들에게 좋은 교훈이 되기 때문일 것이다.

우리 모두가 박찬호 아저씨에게서 야구 기술을

배울 수는 없다. 그러나 박찬호 아저씨가 보여준 그 인내의 과정은 정말 우리에게 소중한 것이다.

건강에 대하여

아들아.

며칠 전, 문갑을 정리하다가 우연히 아빠의 초등학교 시절 생활기록표(통신표)를 보게 되었다. 아직 그런 걸 보관하고 있다는 사실이 조금 새삼스러웠지만 덕분에 다시금 어린 시절의 내 모습을 되돌아 보게 되어 마음이 야릇했다. 그런데 그 생활기록표를 통해 초등학생 시절의 성적을 다시 살펴 보는 것도 흥미로웠거니와 특히 눈길을 끌었던 건 당시의 내 신체발달 사항이었다. 요즘 아이들은 과거보다 월등하게 나아진 식생활로 신체가 많이 충실해졌다고들 하는데 정말 그런지 직접 확인할 수가 있었기 때문이었다.

그런데 사실이었다. 아빠의 초등학교 시절 신체

발달 사항을 보고 나니 정말 그때 아이들이 얼마나 허약했었나 하는 것을 한 눈에 알 수 있었던 것이다. 그러나 정작 큰 일은 오늘날 너희들에게도 문제점이 없지 않다는 점이었다.

그래서 오늘은 아빠가 네게 건강에 대해 잠시 얘기할까 한다.

우선 윤후 네가 지난 번에 가지고 온 신체검사표와 아빠의 초등학교 4학년 신체검사표를 비교해 보자.

너와 아빠의 신체검사표를 비교해 보면 몇 가지 공통점이 있다. 먼저 키가 비슷하다는 점이다. 같은 나이에 너는 134.2Cm이고 아빠는 133Cm였으니 별 차이가 없는 셈이다. 하지만 134Cm인 너의 키

	윤 후(1997년)	아 빠(1965년)
번호	12번(가나다 순)	71번(키 큰 사람이 뒷번호)
키	134.2cm	133cm(E)
몸무게	46.5kg(표준체중 29.1)	27.5kg(D)
가슴둘레	78.0cm	61.2cm(B)
앉은키	78.0cm	72.3cm(B)
신체균형		대
신체충실도		건강
체능급수		상급
비교체중	고도비만	

가 너희 반에서 아주 큰 편은 아닌데 비해 당시 133Cm인 아빠는 꽤 큰편이었을 것으로 생각된다. 그때는 키가 작은 순서 대로 번호를 정했으므로 71번인 아빠는 상당히 큰 편이었음에 틀림없다. 그러니 134.2Cm인 네 키가 아주 큰 편이 아니라면 요즘 아이들이 아빠가 어렸을 때보다 얼마나 큰가 하는 것을 알 수 있다. 그것은 지금 173Cm인 아빠의 키가 아빠 나이의 사람들로선 큰 편이지만 요즘 젊은층에 비해선 별로 그렇지 못하다는 사실과 같은 이치다.

아빠와 너의 키가 비슷하다 보니 앉은키도 크게 차이가 나지 않는다. 그러므로 문제는 몸무게이다. 당시 아빠는 134Cm의 키에 몸무게가 27.5Kg이었으므로 표준체중에 약간 미달하긴 했어도 비교적 정상적이었다. 그런데 지금 너의 몸무게는 무려 46.5Kg나 된다. 물론 요즘 아이들은 영양상태가 좋아서 네 정도의 키면 몸무게가 꽤 될 것이다. 그렇다고 하더라도 너는 지나친 편이다. 그러므로 너의 몸무게를 두고 너보다 훨씬 무거운 너희반의 몇몇 친구들에게서 위안을 구할 생각은 하지 말도록 해라. 그 아이들은 너 이상으로 살빼기를 해야 하기 때문이다.

오늘날 너희들이 이렇게 극도로 영양상태가 좋아

진 건 무조건 잘 먹이고 잘 입히려는 부모들의 자식에 대한 과잉사랑이 하나의 원인이 되지 않았나 싶다. '흉년에 어른은 배 곯아 죽고 아이들은 배 터져 죽는다'는 옛말이 있다. 먹을 것이 없는 흉년을 당해서조차 어른들은 자기 자신은 굶주리면서도 아이들은 어떻게 해서든지 먹이려 할 만큼 우리의 자식에 대한 사랑은 무조건적이고 맹목적인 데가 있다는 얘기다. 그런 무조건적이고 맹목적인 사랑에 의한 식생활이 오늘날 너희들을 비만상태로 만들어 놓았다고 해도 과히 틀린 말은 아닐 것이다. 따라서 자식을 죽여 부모를 봉양한 옛이야기는 비정할지언정 지금 시점에서 한 번 그 깊은 뜻을 새겨볼 필요가 있다고 생각된다. 자식에 대한 지나친 사랑이 여러모로 자식을 이롭게 하는 것이 결코 아니기 때문에 더욱 그렇다.

건강의 중요성에 대해선 오래 전부터 많은 사람들이 언급한 바가 있으므로 새삼스럽게 입에 담는다는 것 자체가 불필요한 일일지도 모르겠지만 노파심에서 몇 가지만 얘기하마.

아빠가 생각하기에 왜 우리가 건강을 지켜야 하느냐 하면 무엇보다 자기 일을 정상적으로 할 수 있기 때문이다. 너도 경험이 있겠지만, 예를 들어 감기라도 한 번 걸려 봐라. 그 날 학교 공부는 물론 집에 돌아 와서 숙제조차 하기 힘들잖니. 평범한 이야기이긴 해도 우리 몸이 건강해야 공부든 다른 일이든 다 잘 할 수가 있는 것이다. '건강보다 나은 부는 없다'나 '건강할 때 병을 생각해서 예비하라' 같은 영국속담도 그런 뜻에서 생긴 말일 것이다.

또 하나 아빠가 건강의 중요성을 강조하는 것은 몸이 건강해야 마음도 정신도 건강해지기 때문이다. '건강한 신체에 건전한 정신이 깃든다'는 유베날리스의 말이나 '건강과 쾌활은 공존공영이다'는 영국속담도 육체적 건강을 통한 정신적 건강을 강조한 충고라고 여겨진다. 정말이지 사람은 몸이 불편하면 우울해지거나 짜증을 내기 쉽다. 그러다 보면 자연 모든 게 귀찮아져서 의욕이 떨어지고 무기력하게 될 수밖에 없다. 따라서, 몸이 건강해야 사람은 생각도 건전해지고 성격도 활달하며 진취적이 되는 것이다.

물론 건강이 모든 것을 가능케 하는 것은 아니다. 건강의 중요성을 유독 강조하면서 '머리는 빌릴 수 있지만 건강은 빌릴 수 없다'는 유명한 말을 하신 분이 있다. 하지만 수십 년간 하루도 빠지지 않고 새벽 조깅을 했던 그 분은 확실히 남다른 건강을 유지하고 있었음에도 불구하고 머리를 제대로 빌리지 못했다. 그러나, 그렇다고 해서 그 사실로 건강의 중요성이 부정되는 것은 절대로 아니다. 그 분의 불행은 다만 건강하면서도 머리를 빌리지 못 했던 것뿐이다. 다시 말해, 건강하면서도 머리를 빌릴 수 없는 경우가 더러 있긴 하지만 건강하지 않으면 아예 아무것도 빌틸 수가 없다는 얘기다. 그만큼 건강은 우리에게 중요한 것이다.

그래서 예로부터 재산을 잃으면 조금 잃는 것이고 명예를 잃으면 많이 잃는 것이며 건강을 잃으면 모든 것을 다 잃는 것이라고 했고, 프랑스인들도 건강한 사람은 모든 것을 가졌고 건강하지 않은 사람은 가진 것이 하나도 없다고 생각했던 것이다.

그럼 건강을 유지하기 위해선 어떻게 해야 하는가.

여기에 대해 아빠는 전문가가 아니므로 자세한 얘기는 할 수 없지만 일반적이고 상식적인 몇 가지는 말할 수 있을 것 같다.

첫째, 규칙적인 생활을 하라.

이미 앞서 아빠가 네게 규칙적인 생활에 대해 얘기한 바 있지만 실은 그것은 공부보다 건강에 더욱 더 적용되는 말이다. 일례로, 남자들은 군대에 가면 집에 있을 때보다 훨씬 건강하고 튼튼해진다고 하는데 그것은 다른 이유가 있는 것이 아니라 바로 규칙적인 생활을 하기 때문이다. 군대에서의 식사가 집에서보다 나을 것이며 잠자리가 집보다 편하겠는가. 그렇지만 거친 식사와 험한 잠자리에도 불구하고 군대에서의 규칙적인 생활은 집에서보다 훨씬 사람을 건강하게 하는 것이다.

그러므로 평소 규칙적인 생활을 습관화하는 것은 참으로 중요한 일이다. 의사들은 건강의 제 1조건으로 바로 이 규칙적인 생활을 들기도 하지만 우리가 살아가는 과정의 모든 면에서 이 습관은 도움이 될 것이다. 어리석은 일 중에서 가장 어리석은 일은 어떤 이익을 위하여 건강을 희생하는 것이라고 쇼펜하우어도 말했듯이 한꺼번에 혹은 단시일 내에 무슨 일을 하려는 것은 가급적 삼가는 게 좋다. 앞서 아빠가 잠 안 오는 약을 먹으며 공부하는 것은 지극히 위험한 일이라고 한 것도 비슷한 얘기다.

둘째, 낙천적인 사고방식을 가져라
옛날에「웃으면 복이 와요」란 코미디 프로도 있었지만 실제로 소문만복래笑門萬福來란 말처럼 항상 웃으면서 즐거운 마음으로 살아가는 것은 우리에게 정신적으로는 말할 것도 없고 육체적으로도 매우 좋은 일이다.

물론, 이것을 실행에 옮긴다는 게 그다지 쉬운 일이 아닐지도 모른다. 너의 경우, 학교에서 오후 4시 가까이 수업을 받고 왔는데 또 예습과 복습을 위해 공부하라고 하면 우선 질릴 것이고 당연히 마음이 유쾌하지 못할 것이다. 그리고 토요일이나 일요일에도 공부를 하라고 하면 그냥 가슴이 답답하게 될 것이다. 그렇지만 공부는 해야 하고, 그래서 요즘 학생들은 스트레스를 많이 받는 것 같지만 아빠 생각으로는 어차피 해야 할 일이라면 기분 좋게 하는 게 현명하지 않나 싶다. 그러므로 중요한 것은 기분 좋게 공부하는 방법을 찾는 일이다.

어린 나이에도 불구하고 적지 않은 시간을 공부에 매달려야 하는 너희들을 보면 안쓰럽기 짝이 없지만 그런 중에도 아빠가 네게 늘 고맙게 생각하는 것은 너의 그 밝은 성격이다. 가령, 너는 아빠가 심하게 야단을 쳐도 기분 상한 것을 오래 간직하지 않고 곧 명랑해진다. 어쩔 수 없이 야단을 쳐 놓고도 괜히 그랬구나 싶어 아빠는 마음이 무거운데 오히려 네가 언제 야단 맞았느냐는 듯이 곧 허허거리곤 하니 그저 고맙고 다행일 수밖에 없다. 너의 그런 점은 아빠도 갖고 있지 않으므로 네게 배워야 할 것이다.

아들아. 세상에 자식 걱정 하지 않는 부모가 어

디 있겠느냐. 아빠도 늘 너의 장래에 대해 걱정을 하고 어떻게 키울까 궁리를 한다. 물론 그것은 네가 아빠의 첫아들인 만큼 아빠로서는 경험이 없어서일지도 모르지만. 아무튼, 그럴 때마다 주위 사람들이 아빠에게 충고를 하곤 한다. 사람은 자기 밥그릇은 갖고 태어나니까 너무 신경 쓰지 말라고. 맞는 말이다. 아빠 역시 다른 사람들이 자식 문제로 걱정을 하면 비슷한 충고를 할 것이다.

아직 그다지 오래 산 것은 아니지만, 아빠 경험으로도 확실히 낙천적으로 사는 것이 지혜로운 삶이라는 생각이 든다. 왜냐하면, 어차피 어떤 식으로든 정해질 수밖에 없는 결과에 대해 미리 비관해서 기분을 상하게 할 필요는 없기 때문이다. 한 예를 소개하마.

아빠가 대학교 이학년 때의 일이다. 그 해 봄에 학교 신문에서 소설을 공모했었다. 그 공모를 보고 아빠는 하루 밤을 새워 난생 처음 소설을 썼다. 처음 쓰는 소설인 만큼 당선된다는 보장이 없었다. 아니, 떨어질 확률이 훨씬 더 높았다. 그리고 아빠 자신도 꼭 당선된다는 생각은 하지 않았다. 다만 운 좋게 장려상이나 가작에라도 입선되어 약간의 용돈이나마 생겼으면 좋겠다는 정도였다. 그러면서도 아빠는 미리 당선소감을 써 두었다. 그것은 우리가 영화나 소설을 읽는 동안엔 마치 주인공이 된 듯한 느낌이 드는 것처럼 당선소감을 쓰는 동안은 기분이 괜찮았기 때문이다. 그러나 우리 자신이 영화나 소설의 주인공이 아닌 것을 잘 알듯이 당선소감을 썼다고 해서 당선이 되는 것은 아니라는 사실도 잘 알고 있었으므로 떨어져도 전혀 무방했다. 그런데 아빠는 그 소설 공모에서 최우수상으로 당선이 되었다. 우리 삶은 그런 것이다. 굳이 욕심 부리지 않더라도 될 것은 되고 어차피 안 될 것은 안되는 것이다. 그리고 그 때 만약 당선이 되지 않았더라도 별로 섭섭하지 않았을 것이 그 덕분에 한번 소설을 써 보면서 글 쓰는 연습을 할 기회를 가지게 되었던 것이다.

비슷한 경험을 너도 얼마 전에 해서 아빠의 생각을 조금은 이해할 수 있으리라 믿는다. 지난 번 네가 구청에서 주최하는 백일장에 참가하여 준장원을 했잖니. 그때 너 역시 아빠가 대학생 때 그랬던 것처럼 별 기대를 하지 않았을 것이다. 그리고 다행히 입상하긴 했지만 떨어져도 그만이었다. 설령 떨어졌더라도 그 날 어린이대공원에서 하루를 잘 보낼 수 있었으니 말이다.

또, 이런 일도 얘기하고 싶구나. 아빠가 입대하여 부산 병참학교에서 후반기 교육을 받을 때였다. 6

주간의 후반기 교육이 끝나면 자대 배치를 받게 되어 있었다. 그런데 아빠는 다른 사람들과 달리 전방, 그러니까 휴전선 부근의 부대로 가고 싶었다. 그 이유는 나중에 또 자세히 얘기할 기회가 있겠지만 아빠는 입대 전부터 휴전선에서 근무하는 군인을 몹시 소망했던 것이다. 그렇지만 당시 병참학교의 관례로 아빠가 교육을 마치고 휴전선 쪽의 부대로 배치받을 수 있는 확률은 1/3에 불과했다. 그러나 아빠는 '모든 일은 원하는 쪽으로 이루어진다' 혹은 '안 되면 되게 하라' 따위의 구호들을 입에 담으며 반드시 전방 부대로 가게 될 것이라고 주위에 호언장담했다.

하지만 아빠는 원했던 전방부대로 가지 못하고 서울 근교의 부대로 배속되었다. 많이 아쉬운 대로 그때 아빠는 하나 얻은 게 있었다. 어차피 아빠의 군대생활은 서울 근교에서 하기로 결정되어 있었다 해도 그 결과를 기다리는 동안이나마 전방부대를 꿈꾸며 기분 좋게 지낼 수 있었던 것이다. 그리고 그 결정이 아빠의 힘으로 어찌할 수 없는 운명 같은 것이라면 알 수 없는 결과에 미리 비관하면서 우울해 하는 것은 현명치 못하다는 사실을 깨달았던 것이다. 나중의 일이지만, 서울 근교의 부대에서 근무하는 동안 일주일간 전방부대 파견

건강에 대하여

을 자원하여 아빠는 입대 전의 소원을 다소나마 풀었다.

　우리는 흔히 중국을 일컬어 대륙이라고 하고 그들의 기질을 '대륙기질'이라고 한다. 우리가 알고 있는 '대륙기질'이란 대체로 사소한 일에 얽매이지 않고 먼 미래를 생각하며 사는 선이 굵은 성격을 의미하는데 정말 중국사람들은 느긋하고 낙천적인 성격인 것 같다. 중국인의 그런 성격은 사물의 이름을 짓는 데서도 나타난다. 예를 들어, 펩시콜라를 중국에선 영어식 발음을 한문으로 옮겨 백사가락百事可樂이라고 하는데 이 말을 한문 그대로 풀이하면 '이 음료를 마시면 만사가 즐겁다'라는 뜻이 된다. 또, 지난 70년대 초반 중국은 미국 닉슨 행정부와 수교를 했는데 그 때 양국을 오간 미국 국무장관 키신저 씨를 길신자吉信子로 표기했다. 그 말 역시 한문으로는 '좋은 소식을 전하는 사람'이라는 뜻이 된다.

　이 얼마나 재미있고 유쾌한 사고방식인가. 그렇듯 중국사람들은 밝고 여유로운 성격을 갖고 있어서 장수하는 사람들이 많지만 이는 우리의 건강과도 직결되는 문제다. 낙천적인 삶. 그것은 건강을 위해서 반드시 필요한 삶의 방식이기 때문이다.

셋째, 적은 양의 식사를 하라

우리말에 '뭐든지 지나치면 아니 한만 못하다'는 속언俗言이 있다. 무슨 일이든 정도껏 하라는 뜻의 이 말은 건강에도 당연히 적용된다. 그리고 그런 생각은 다른 나라 사람들도 다르지 않은 듯 포르투칼 같은 나라에도 '다식多食과 건강은 동행하지 못한다'는 비슷한 뜻의 말이 있다.

우리 인간에게 있어 먹는다는 것은 과연 무엇일까. 어떤 사람들은 식욕食慾은 인간의 3대 욕구 중의 하나며 인간은 먹기 위해 산다고 말한다. '금강산도 식후경食後景'이란 말도 그런 사람들의 생각을 대변한 것일 터이다. 그런가 하면 우리 선조들은 또 '동가식 서가숙東家食 西家宿'하며 나물먹고 물마시며 마음 편하게 사는 것을 낙으로 삼기도 했다.

그러므로 글쎄, 어떤 게 바람직한 식생활인지 단정하기는 힘들지만 아빠 생각으로는 그 두 생각의 중간쯤이었으면 좋지 않을까 싶다. 특별한 기호嗜好의 음식만 골라서 먹는 미식가美食家나 여러 음식을 두루 맛보는 것을 즐거움으로 삼는 식도락가食道樂家도 있지만 지나치게 먹는 것을 밝히는 것은 조금 천해 보인다. 또, 그렇다고 해서 너무 거친 식생활도 인간의 품위를 떨어 뜨린다. 말하자면, 먹는 것만을 위해 살지 않되 절도 있는 식생활을 영위하는 게 바람직할 거라는 말이다.

　그러나 어떤 식생활을 하건, 무엇보다 중요한 것은 적당한 양의 식사, 좀 더 정확하게는 다소 적은 양의 식사를 하는 것이다.

　우리가 정통 일식집에 가 보면 음식이 상당히 소량인 것을 알게 된다. 그것은 소량의 식사를 하는 일본 사람들의 관습에 의한 결과일 것이다. 그에 비한다면 우리의 음식은 푸짐한 것을 미덕으로 여겨서인지 상다리가 부러지게 차리는 경우가 허다하다. 그러나 명심할 것은 일본은 국민의 평균수명 세계 1위의 국가란 사실이다. 그렇다면 소식小食은 결국 우리의 건강과 수명을 직접적으로 보장하는 방법인 셈이다.

　한때 우리는 입에 풀칠하는 일이 삶의 전적인 고민이었던 적이 있었다. 그러나 적어도 호구지책(糊口之策:겨우 먹고 살아갈 수 있는 방책)에 대한 근심에서 놓여난 지금까지도 먹는 일에 집착한다면 조금 우습지 않을까. 그보다 소량의 식사는 우리 삶에서 절제의 도를 배우는 길이기도 할 것이다. 그러므로, 특히 윤후 너처럼 과식으로 인한 비만인 초등학생들이 소식을 하면 건강 유지와 더불어 자연스럽게 자기 절제를 체득하게 되리라 믿는다.

　건강을 위해선 더 많은 이야기를 할 수 있을 것

이다. 그렇지만 어떤 경우에건, 기본적으로 규칙적인 생활태도와 낙천적인 사고방식, 그리고 소량의 식사습관, 이 세 가지만은 꼭 지켜 줬으면 한다.

식성食性에 대하여

아들아.
오늘은 아빠가 조금 체면 구기는 얘길 하나 할까 한다.
그 이야기를 하기에 앞서 약간 우스운 다른 얘기부터 하나 하자.

옛날에 서당에서 훈장이 아이들을 가르치고 있었다. 그런데 하루는 훈장이 한 아이를 계속해서 야단을 쳤다. 그 아이가 '바람 풍風'이라는 한문을 자꾸만 '바담 풍'으로 읽었기 때문이다.
— 이 녀석아. 바담 풍이 아니라 바담 풍이라니까. 자, 다시 읽어 봐. 바담 풍!
— 바담 풍.

— 허어 참. 바담 풍이 아니고 바담 풍!

훈장은 화가 나서 소리를 질렀다. 말하자면, 훈장은 자신도 '바람 풍'을 '바담 풍'으로 발음하고 있는 줄을 모르고 있었던 것이다.

이 이야기는 아빠가 하려는 이야기와 크게 관계는 없지만 서당의 훈장이라고 해서 꼭 모든 것을 잘 할 수 없다는 것을 가르쳐주는 교훈이다. 이처럼 아빠도 어릴때 야단을 맞을 때가 있었다.

아빠가 초등학교 3학년 때쯤의 일이다. 학교수업을 마치고 과외수업까지 받고 집에 돌아오니 어느덧 저녁 무렵이었다. 잠시 후 저녁상이 들어왔다. 그런데 내 밥그릇 바로 앞에 된장이 놓여 있었다. 순간 나는 얼굴을 찡그렸다. 그리고 '또 된장이야' 하면서 된장 그릇을 다른 쪽으로 치웠다. 나는 된장을 싫어했던 것이다. 그러자 아버님께서 몹시 화를 내시며 된장을 한 숟갈 떠서 내 밥 위에 끼얹고는 먹으라고 했다.

그런 아버님의 모습이 그땐 몹시 무서웠지만 나중에 생각하니 이해가 되었다. 무슨 말이냐 하면, 된장을 먹지 않는 것은 아빠의 식성일 수는 있다. 그러나 그것이 결코 자랑일 수는 없는 것이다. 그런

식성에 대하여

데 그것을 너무 당연하다는 듯이 아빠가 냅다 된장을 치우는 걸 보자 네 할아버지께선 순간적으로 화가 나셨던 모양이었다. 먹는 음식을 그런 식으로 대하는 아빠에게 할아버지께선 화를 내실 법도 했다.

그러나 그 날 나는 졸졸 눈물을 짜면서도 밥을 먹지 않았다. 아니, 밥 위의 된장을 먹지 않았다. 곁에 있던 어머니가 아버님께 '늦게까지 공부하고 온 아이한테 너무 그러지 마시라'면서 자식을 감쌌다. 그러자 아버님께서는 할 수 없다는 듯 화를 푸셨고 결국 나는 어머니가 새로 퍼 준 밥을 먹었다.

지금도 아빠가 네게 미안하게 생각하고 있는 여러 가지 것들 중의 하나가 된장에 관한 것이다. 아빠가 싫어하는 탓에 네 엄마도 자연 된장을 밥상에 올려 놓지 않는다. 그러다 보니 너와 네 동생이 된장을 먹을 기회가 별로 없게 되고 말았다. 아빠의 기호와 별도로, 된장은 그야말로 세계적으로 그 효능을 인정받고 있는 참으로 좋은 음식인데도 말이다. 그래서, 네 엄마더러 내가 없을 때라도 너희들에게 된장을 끓여서 먹이라고 했지만 그게 쉽지 않은 모양이었다.

아빠더러 왜 된장을 싫어하느냐고 물으면 대답은 간단하다. 아빠가 술을 마시지 않는 것이 맛이 써서 마시기 힘든 데다가, 애써 한두 잔 마셔도 골치만 아프기 때문인 것처럼 된장도 그렇다. 아빠에게 된장은 그 빛깔부터 거부감이 느껴질 뿐더러 냄새가 몹시 역겹다. 특히 청국장 같은 경우는 냄새가 심해 머리가 아플 정도로 견디기 힘들다. 그러니 아무리 마음을 먹어도 된장은 차마 먹기가 어렵다. 그래서 아빠는 어릴 때부터 지금까지 제대로 된장을 먹어 본 적이 없다. 그런 내게 오래 전에 사람들이 군대에 가면 된장을 먹어야 하는데 어떡할래, 하고 묻기도 했다. 그렇지만 군대의 된장국은 묽어서 그 냄새가 훨씬 덜했고 그나마도 다른 반찬이 있어 거의 먹지 않았다.

  그러나 되풀이해서 말하지만, 아빠가 된장을 먹지 않는 건 부끄러운 일이지 결코 자랑할 만한 일은 못 된다. 그래서 앞서 얘기했던 서당 훈장이 자신은 '바담 풍' 하면서도 제자들에겐 '바람 풍' 하기를 바랐던 것처럼 아빠는 네가 된장을 즐겨 먹었으면, 아니 편식하지 않고 모든 음식을 골고루 먹었으면 한다. 제자에 대한 선생의 마음이 그렇듯 부모의 마음도 마찬가지다. 내 비록 나쁜 버릇을 아직 버리지 못하고 있다 하더라도 그것을 네게까지 답습시킬 수는 없잖은가.

  음식을 골고루 먹어라는 말은, 어떤 면에서 험한

음식까지도 마다하지 말고 먹어라는 얘기가 될 것이다. 우리가 편식을 하는 것은 대개 맛있는 것만을 먹으려 하는 데서 비롯되는데, 그러나 경우에 따라 인간에게 음식이란 더없이 하찮은 것일 때도 있다. '시장이 반찬'이란 말은 미각味覺을 존중하는 인간의 품위를 깡그리 무시한 독재자적 발언일지도 모르지만 실제로 전쟁터에서의 굶주린 병사에겐 주먹밥 하나면 족한 것이다.

아빠가 군대에 갔을 때의 일이다. 논산에서 훈련을 받던 중 트럭으로 이동하다가 길가에서 라면을 끓이고 있는 두 명의 병사를 보게 되었다. 그런데 그 광경이 너무 처량했다. 부서진 벽돌을 양쪽으로 세워 놓고 그 사이를 연결한 나뭇가지에 까맣게 그을은 반합을 매단 채 라면을 끓이고 있는 그 병사들은 마치 동냥 깡통에 꿀꿀이죽을 끓이고 있는 거지들의 모습과도 흡사했다. 입대한 지 얼마 안 된 아빠는 그 모습을 보며 심한 충격을 받았다. 아무리 배가 고프기로 어떻게 저런 식으로 식사를 할 수 있을까. 그렇지만 나중에 자대에 배치를 받고 나서는 아빠도 그 병사들과 똑 같은 방식으로 식사를 할 때가 있었다. 가령, 야외 훈련을 나갔다가 배가 고프면 삭정이를 모아 불을 지피고 허리에 차고 있던 반합을 꺼내 라면을 끓인 후 나뭇가지를 꺾어

껍질을 벗겨 젓가락 대용으로 해서 식사를 했던 것이다. 그런데 그때의 라면맛은 그 이전의 어떤 음식보다 좋았다. 말하자면, 굳이 시장이 반찬이라는 말을 할 필요도 없이 라면 하나로도 우리의 입이 충족될 수 있다면 음식을 가리는 일은 어떤 면에서 호사스런 일일 것이다.

물론 군대 훈련시와 같은 일종의 비상시非常時의 식사를 가지고 평소의 식사에 빗대어 말할 순 없는 일이다. 하지만 그런 사실을 다소나마 감안한다면 우리가 먹는 문제에 있어서 지나치게 까탈을 부리는 것은 옳지 않다는 점을 아빠는 말하고 싶은 것이다.

그런데 아빠가 네게 음식을 골고루 먹는 습관을 가져 줬으면 하고 바라는 것은 비단 건강 문제 때문만은 아니다. 음식을 먹는 습관은 바로 그 사람의 성격형성과 밀접한 관계가 있다. 무슨 말이냐 하면, 음식을 골고루 먹지 않는 사람, 즉 편식을 하는 사람은 성격이 외골수가 되기 쉽고 인간관계의 폭도 넓지 못하게 되는 경우가 많다는 것이다. 왜냐하면, 무엇이든 자기가 좋아하는 것만을 취하려 하다 보면 생각의 범위가 좁게 되고 사람도 두루 사귀기보다 마음에 맞는 소수의 사람들과만 어울리려 하게 되기 때문이다. 그것은 살아가는 데 있어서 결코 바람직한 일이 못 된다. 그러므로, 옛말에

식성에 대하여

도 잠은 가려서 자되 음식은 가리지 말라고 했지만, 앞으로 살아갈 삶을 위해서도 절대로 편식은 하지 말도록 하라.

하긴 음식 문제를 가지고 너에 대해 아빠는 별로 걱정을 하지 않는 편이다. 너는 워낙 아무 거나 잘 먹기 때문이다. 오히려 너무 먹어 탈일 정도로 말이다. 그리고 동네의 모든 아이들이 네 친구일 만큼 교우관계도 썩 괜찮은 편이다. 다만 네겐 오히려 이런 말을 하고 싶다. 즐겁게 먹는 것은 좋지만 먹는 것을 제 1의 즐거움으로 삼지는 말라는 말을.

식사습관에 대해서 보다 전문적인 말을 더 많이 할 수 있겠지만·아빠는 두 가지만 당부하도록 하자.

첫째, 인스턴드 식품을 지나치게 즐기지 말자.

앞서 라면 얘기를 했지만, 아마 대한민국에서 아빠만큼 라면을 많이 먹은 사람도 드물 것이다. 우리나라에서 라면이 보급되기 시작하던 60년대 중반부터 하루에 한 개 이상 거의 삼십 년간을 매일 먹었으니 그 수자가 얼마이겠는가. 물론 오래 전부터 주위에선 아빠에게 라면은 몸에 그다지 좋은 음식이 아니니 너무 많이 먹지 말라는 충고를 했었다. 그럼에도 불구하고 아빠가 그렇게 라면을 즐기게 됐던 건 무엇보다 입맛에 맞아서였다. 그런 아빠도 두어 해 전부터 라면을 가급적 삼가하고 있다. 그 이유는 언론의 기사를 보고서였다. 그 기사에 의하면, 어떤 연구기관에서 실험을 했는데 쥐에게 라면만 먹였더니 한 달만에 죽더라는 것이었다. 다른 것을 먹인 쥐는 전혀 멀쩡했는데 말이다.

그러므로 그 연구 결과를 백 프로 믿지는 않는다 하더라도, 또 라면회사가 어떤 식으로 선전을 하건, 결국 라면은 우리에게 배를 부르게 할지언정 인체에 그다지 유익한 식품은 못되는 것이다. 그리고 이는 비단 라면에 국한된 문제가 아니라 인스턴트 식품의 거의가 그렇다고 아빠는 생각한다. 그래서 아빠는 될 수 있는 한 너처럼 성장과정에 있는 초등학생만큼은 인스턴트 식품을 자제해 줬으면 한다.

인스턴트 식품은 건강과 직결되는 직접적인 영향 외에도 우리에게 주는 폐해가 의외로 적지 않다.

첫째로, 인스턴트 식품의 사용은 편리함과 시간 절약의 긍정적인 측면이 있긴 하지만 그보다는 근본적으로 부정적인 측면이 더욱 많다. 우선 그 편리함에 익숙해지다 보면 쉬운 것을 택하며 쉽게만 살려는 습성이 생기게 되고, 또 시간 절약이란 것도 우리를 성급하게 하면서 참고 기다리는 법을 배울 기회를 앗아가 버린다. 그렇지만 우리 인생엔 분명히 결과보다 과정을 중시하며 참고 기다려야 할 부분이 있다고 아빠는 생각한다. 요즘 아이들이

식성에 대하여

즉흥적이고 의지력이 약한 것도 인스턴트 식품의 상용과 전혀 무관하지는 않을 것이다. 그래서 아빠는 네게 권한다. 나중에 네가 커서 커피를 마시게 될 때, 인스턴트 커피보다는 원두커피를 선택하기를. 그것이 불가능하면 최소한 봉지에 설탕과 프림까지 한꺼번에 섞어 놓은 커피만은 피했으며 한다. 그리고 가능하다면 커피보다는 차茶를 상용했으면 한다. 물론 이때도 봉지에 넣어 놓은 인스턴트 차는 제외된다.

아빠가 커피보다는 차를 상용하라고 하는 것은 커피와 달리 차는 과정이 중요시되는 기호품이기 때문이다. 다도茶道라는 말도 있지만 커피와 달리 차는 한 잔을 끓일 때에도 사람의 지극한 정성과 경건한 기다림이 요구되니까 말이다.

둘째로, 인스턴트 식품의 과용은 우리의 주체적 사고방식을 마비시켜 버릴 우려가 있다. 얼마 전에 아빠는 요즘 초등학생들이 우리의 전통음식, 이를테면 김치나 된장 따위를 잘 먹지 않는다는 보도를 본 적이 있다. 대신 핫도그나 햄버거 등의 미국식 패스트 푸드를 즐긴다고 한다. 물론 핫도그나 햄버거도 먹는 음식의 일종이니까 굳이 기피할 이유는 없다. 그렇지만 그런 음식들의 상용은, 외화 낭비 문제는 차치하고서라도, 우리 체질에 맞지 않을 뿐더러 우리의 의식상태마저도 알게 모르게 미국식으로 바꿔 버린다. 그러므로, 실제로 그런 패스트 푸드의 상용이 어린이 비만의 주원인의 하나로 밝혀진 바 있지만, 김치나 된장 등의 효용성이 세계적으로 입증되고 있는 지금 우리 것을 버리고 외국 것을 선호한다는 것은 한심한 사대주의적 발상이자 어리석고 위험한 일이 아닐 수 없다.

둘째, 지나친 육식 위주의 식생활을 피하자.
과거 우리가 많이 못살았을 때에 사람들은 뚱뚱한 아이를 보면 부잣집 아들 같다고 했다. 그러나 대부분 아이들의 체격조건이 양호한 지금엔 그것이 비만현상이라는 것을 우리는 잘 알고 있다. 그리고 그 원인이 인스턴트 식품의 상용과 더불어 육식 위주의 식생활을 해 온 데 있다는 사실도.
오랫동안 농경사회를 살아오면서 우리는 쌀을 주식으로 한 채식문화를 이루어 왔지만 문제는 그 동안의 절대빈곤이었지 식생활 형태 자체는 아니었다. 그런데 국민소득이 높아지고 생활수준이 향상되면서 식생활 문화가 채식에서 육식 위주로 바뀜에 따라 각종 성인병이 생겨나고 비만인 어린이들도 늘어나게 되었던 것이다. 다시 말해, 육식은 비만뿐만 아니라 만병의 근원이라는 얘기다. 최근 들어 우리 사회에서 다시 채식의 중요성이 강조되는 이유도 바로 여기에 있다.

그러므로 건강에 관련된 너무도 지당한 말씀들은 생략하고 아빠는 오늘 조금 다른 각도에서 네게 채식의 중요성을 짧막하게나마 얘기할까 한다.

대체로 우리는 서양사람들은 육식 위주이고 동양사람들은 채식을 주로 하면서 살고 있다고 생각하는데 비교적 맞는 말이다. 그렇다면 서양사람과 동양사람들의 식사하는 모습을 한번 상상해 보자. 동양사람들은 숟가락과 젓가락을 사용하며 음식을 대개 집어먹거나 떠서 먹는다. 그렇지만 서양사람들은 날카로운 칼로 썰고 뾰족한 포크로 '찔러서' 찍어 먹는다. 아빠가 생각하는 동양역사와 서양역사의 차이는 바로 이 식생활 문화의 차이라고 생각한다. 즉, 식사에서부터 칼과 창을 사용한 문화가 평화와 얼마나 근접할 수 있겠느냐 하는 뜻이다. 동양의 농경문화가 집 가까운 일정한 장소에 씨를 뿌린 후 여름날에 물을 대고 거름을 주며 정성을 기울여 가을에 수확하는 평화로운 모습이라면 서양문화는 계절에 관계없이 말을 타고 멀리 들판으로 나가 짐승을 잡아오곤 하는 '사냥과 노획'의 문화였다. 그러니 결국 그들의 역사는 정복의 역사가 될 수밖에 없지 않았겠는가. 즉, 다소 비약적인 데가 있는 얘기일지도 모르겠지만 칼과 창을 사용해서 식사를 하는 서양문화는 처음부터 생명에 대한 외경심 대신 침략과 정복의 역사의 길로 나서게 돼 있었던 셈이다. 게다가 고기로 인한 노린내를 없애야 했기에 그들은 자극적인 위스키를 마시지 않을 수 없었으며 독한 술에 취한 눈으로 세상을 바라보고 마비된 가슴으로 다른 사람들을 대하는 동안 자연 난폭해지고 말았던 것이다.

기왕 칼 얘기가 나왔으니 하나만 더 하자.

일본인(세계 최고 수준의 문화를 자랑한다는 지금도 그런지 모르지만)은 지구상에서 가장 야만적이고 잔인한 민족이다. 그런데 그 야만성과 잔인함의 배경엔 바로 그들의 음식문화가 있다. 생선회로 대변되는 그들의 음식문화는 결국 '칼刀의 문화'이기 때문이다. 그들은 생선의 살을 얼마나 얇게 발라내느냐 하는 것을 기술의 척도로 삼는다. 그러나 그 기술의 척도는 비단 음식문화에만 적용되는 것은 아니다. 그들이 스스로 남자다움을 내세울 때 즐겨 사용하는 '사무라이 정신' 역시 '칼의 문화'의 한 예라 할 수 있다. 돌이킬 수 없는 곤란한 국면에 처했을 때 그들은 할복자살을 택한다. 아니, 택하는 걸 자랑으로 삼으려 한다. 그리고 스스로 배를 가른 사람의 목을 단칼에 얼마나 잘 쳐 주느냐 하는 것을 검술의 척도로 여긴다. 말하자면, 칼은 그들에게 음식문화뿐만 아니라 생활의 중요한 부분을 차지하는 것이다.

그들은 스스로 배를 가르면서 '앗싸리'하게 죽는다고 하지만, 그러나 할복자살은 인간으로선 가장 야만적인 행위일 뿐이다. 그런데 문제는 그들이 자신의 목숨은 물론 남의 생명까지도 그렇게 값없이 생각한다는 점이다. 결코 다시는 재현되어선 안 될 인류 최고 수준의 야만성과 잔인함으로 그들은 일국의 국모인 명성황후를 난자했으며 인간을 동물처럼 생체실험의 도구로 삼았는가 하면 수십만 명의 사람들을 땅에 파묻어 죽이는 남경대학살 같은 만행을 서슴없이 저질렀다. 그 모든 게 그들의 칼의 문화에서 비롯되었던 것이다.

일본은 인류역사에 씻지 못할 대죄를 지었고 그들은 자신들의 역사가 끝나는 날까지 두고두고 반성을 해야겠지만, 다른 민족에 대한 혐오를 어린 네게 심어주는 것은 바람직한 일이 아니므로 이런 얘긴 이쯤에서 그만 두자. 대신 육식과 달리 채식은 건강은 물론 인간사랑과 평화의 한 단초가 된다는 점을 상기시키며 오늘 얘길 끝내자. ✻

무하마드 알리 이야기

아들아. 혹시 너도 이름 정도는 들어 보았는지 모르겠지만, 무하마드 알리란 권투선수가 있었다. 그는 아빠가 중고등학생과 대학생이던 시절인 6, 70년대를 풍미한 스포츠 사상 가장 인기 있는 선수였다. 아마, 그 앞으로도 그만한 인기 선수는 결코 다시 나오지 못할 것으로 생각될 만큼.

그런데 그 선수는 권투도 잘했지만 자기자랑도 그에 못지 않았다. 그는 스스로 자신을 시인이자 예언자이며 이 세상에서 '가장 위대한 사람 The greatest'라고 떠벌이곤 했다. 말하자면 겸손이라곤 통 모르는 듯했다. 그럼에도 불구하고 사람들은 그를 나무라기는커녕 오히려 열광적으로 좋아했다.

참 이상한 얘기지? 어떻게 사람들은 그런 그를 그토록 좋아했을까.

그러나 사정을 알고 나면 웬만큼 수긍이 갈 것이다. 그가 사람들의 인기를 한몸에 모을 수 있었던 것은 첫째로 그럴 만한 실력이 있었기 때문이다. 우리 삶이 대개 그렇지만, 아무리 그 사람에게 다른 부가적 요소가 보태져서 작용한다 하더라도 기본적인 요소 자체가 출중하지 못하면 다른 사람들로부터의 오랜 주목과 진정한 사랑을 받기 힘들다. 따라서, 무하마드 알리가 장기간에 걸쳐 스포츠 사상 최고의 인기 선수가 될 수 있었던 건 무엇보다 그의 실력이 탁월했기 때문이다. 그는 아마츄어 시절에 올림픽 금메달리스트였으며 프로로 데뷔하여 역대 최강이라는 평가를 받던 소니 리스턴을 물리치고 세계 챔피언이 되었다. 그리고 헤비급 최초로 3번이나 챔피언을 획득하기도 했다. 그러니 그의 실력이 출중하다는 데 다른 의견이 있을 수 없다.

그러나 조금 얄궂지만, 세상 일이라는 게 실력만 갖고 모든 게 다 해결되는 건 아니다. 그것은 좋은 상품을 만들었다고 해서 다 잘 팔리지 않는 것과 같은 이치다. 실제로 실력만 가지고 말하자면 무하마드 알리만한 선수가 전혀 없었던 것도 아니고, 그 역시 다른 선수에게 패하기도 했으므로 결코 천하무적은 아니었다. 가령, 무하마드 알리에게 한번씩 패배를 안겨 준 조 프레이져나 캔 노턴 같은 선수들도 그와 비슷한 실력의 소유자였다. 그리고 비록 알리에게 패했지만 전성기의 조지 포먼은 누가 봐도 최강자이었다.

그러나 그들은 알리보다 인기가 없었다. 다시 말해, 무하마드 알리의 경우 대중의 열광적인 사랑을 받게 된 데엔 실력 외의 다른 요소도 많이 작용을 했던 것이다. 우선 그는 흑인으로선 용모도 준수한 편이었지만 무엇보다 가장 무거운 체급인 헤비급으로선 믿기지 않을 정도의 경쾌함 몸놀림을 선보였던 것이다. 그러면서 자신의 복싱스타일을 대변하는 '나비처럼 날아서 벌처럼 쏜다'는 유명한 말을 남겼다. 그 일로 자칭 시인이라고도 했지만 그만큼 그는 재치가 있었다. 게다가 '떠벌이'라는 별명에 걸맞게 그는 쉴 새 없이 떠벌였다. 그래도 별로 밉지 않았다. 아니, 밉기는커녕 사람들은 재미있어하기만 했다. 그는 자신을 세상에서 '가장 위대한 사람The greastest'인 동시에 예언자라고 하고 상대를 몇회에 녁아웃K.O 시키겠다는 예언을 곧잘 했는데 그게 더러는 들어 맞기도 했던 것이다.

자, 이 얘긴 여기서 잠시 멈추고 다음 얘기를 또 하자.

무하마드 알리 이야기

게리 쿠퍼 이야기

 게리 쿠퍼란 배우가 있었다. 그는 미국 영화 사상 가장 뛰어난 연기자로 기억되는 전설적인 스타이다. 전성시대의 미국 허리우드가 배출해 낸 대형 스타는 상당수가 된다. 그 속에서도 그는 자신의 힘으로 배우로서의 실력과 경력을 쌓아올려 위대한 이름을 남긴 단 한 사람이라고 할 수 있다.
 「하이눈」,「누구를 위하여 종은 울리나」 등의 영화들로 우리에게도 친숙한 그는 두번씩이나 아카데미 남우주연상을 수상해서 두터운 인기에 걸맞는 연기력도 인정 받았다.
 그는 평소 성실하고 예의 바르며 겸손했고 조용했다. 그리고 그런 그의 겸손과 성실은 39년간 출연한 92편의 작품에서 대부분 승리를 안겨 주었다.

그리하여 모든 미국인들의 연인이었던 그가 1961년 세상을 떠났을 때 많은 사람들이 그를 진심으로 애도했다.

그런데 하나의 불가사의는 그 스스로는 자신을 잘 몰랐다는 점이다. 그에 대해, 너도 즐겁게 본 「벤허」를 연출한 바 있는 '윌리암 와일러 감독'의 얘기는 생각해 봄직한 것이다.

― 그는 죽을 때까지 한번도 자신이 우수한 배우라고 생각을 가져본 적이 없는 사람이다. 그렇지만 나는 죽을 때까지 그보다 더 위대한 배우를 만나지 못할 것이다. 그는 항상 사람들이 자기를 왜 좋아하는지 궁금해 하다가 죽었다.

아빠가 알고 있는 게리 쿠퍼는 「바람과 함께 사라지다」란 영화로 유명한 크라크 게이블이란 배우와 함께 전성기의 허리우드에서 양대산맥으로 군림했던 위대한 연기자이다. 그는 미국사람들이 가장 이상적으로 생각하는 용모를 가진 데다가 그런 인물을 주로 연기해서 오래도록 많은 사랑을 받았다. 스크린 속의 그는 항상 정중하고 사려 깊은 모습이었으며 그런 이미지를 통해 미국인의 용기와 신사도와 양심을 가장 위대하게 승화시켰다. 그리고 실제 생활도 무척 깨끗했던 것으로 알려져 있다. 말하자면 그는 미국인의 자존심과도 같은 존재가 아니었을까 싶다. 그래서 그는 죽기 직전인 1961년에는 영화인 최고의 영예인 「아카데미상 특별명예상」을 수상하기도 했다.

그런데 그런 그가 정작 자신의 탁월함을 인식하지 못하고 있었다니 참으로 놀라운 사실이 아닐 수 없다.

자, 아들아. 그러면 본격적으로 이야기를 시작하자.

오늘 아빠가 네게 얘기하고자 하는 것은 겸손에 대해서다.

그러나 이미 겸손의 중요성에 대해선 네가 다니는 학교의 모체인 한양학원의 교훈이 '사랑의 실천'이고 그 실천덕목이 근면·정직·겸손·봉사이니만큼 충분히 배웠으리라 믿고 아빠는 그와 관련된 조금 다른 얘기를 할까 한다.

자, 앞서 아빠가 한 첫번째 이야기부터 한번 생각해 보자.

우리는 언제 어디서든 항상 겸손하라고 배웠다. 성서에도 누구든지 자기를 높이는 사람은 낮아지고 자기를 낮추는 사람은 높아진다고 했고, 테니슨이란 사람도 참다운 겸손은 모든 미덕의 어머니라고 했다.

 그러므로 매사에 겸손해야 한다는 것은 누구에게든 공히 적용되는 말이다. 더욱이, 재상위 불릉하(在上位 不陵下 : 위의 자리에 있어서 아랫사람을 업신여기지 않음)란 말도 있듯이 신분이 높아질수록 사람은 특히 겸손해야 한다. '빈 깡통 혹은 빈 수레가 요란하다'는 말처럼 별로 잘나지 않은 사람이 잘난 척하는 것도 보기에 딱하지만 나름대로 잘 났다는 사람이 잘난 행세를 하는 것은 더욱 볼성사납다. '벼는 익을수록 고개를 숙인다'고 했고 로마의 사상가 키케로도 '신분이 높아짐에 따라 겸허하게 행동하지 않으면 안 된다'고 했다.

 그렇다면 이미 세계 챔피언에 오른 신분에서 자기가 최고라는 식으로 극구 떠벌인 무하마드 알리는 어떻게 이해해야 하는가.

 그러나 무하마드 알리의 경우는 조금 다르게 생각해야 한다. 즉, 아빠는 그가 절대로 교만하거나 거만한 사람이 아니라고 생각한다. 그는 자신이 제일 위대한 사람이라고 혹은 상대방을 몇라운드에 눕혀 버리겠다고 쉴새없이 떠들었지만 그것은 오히려 불안했기 때문이고 일종의 자기최면을 위해 그렇게 행동했던 게 아닌가 싶다. 앞서도 얘기했다시피 당시 그는 최강자이긴 했지만 천하무적의 절대

게리 쿠퍼 이야기

강자는 아니었다. 그러므로, 비록 그가 챔피언이긴 해도 비슷한 실력을 가진 도전자들이 많아서 언제든지 반드시 이긴다는 보장이 없었던 것이다. 그래서 그는 미리 경기의 결과에 대해 호언장담하면서 '나는 이긴다, 이길 수 있다' 라는 신념을 끊임없이 자기 자신에게 주입시키려 했던 게 아닌가 싶은 것이다.

사람들이 무하마드 알리를 열광적으로 좋아했던 것도 어쩜 그의 그런 인간적인 나약함에서 동류의식을 느꼈기 때문인지도 모르겠다. 사람들은 누구나 겉으로 드러내지 않지만 일정량의 불안과 나약함을 가지고 있다. 따라서, 자신과 비슷한 성향의 무하마드 알리가 상대방을 이겼을 때 사람들은 얼마나 통쾌했겠느냐 말이다.

그러나 아무나 무하마드 알리처럼 해서는 안 된다는 데 삶의 어려움이 있다. 즉, 똑 같은 말도 무하마드 알리가 했을 땐 오히려 사람들을 즐겁게 해 주었지만 다른 사람이 그러면 시건방지고 안하무인이라는 소리를 들을 수도 있다.

한 예로, 고등학교 교사를 하다가 막 대학교 교수가 된 사람이 있었다. 오랫동안 고등학교 교사를 하다가 꿈에도 소원이던 대학교수가 되었으니 그 사람으로선 세상의 모든 것을 다 얻은 기분이었을

지도 모른다. 그래서인지 함께 공부를 했으면서도 아직 대학교수가 되지 못한 동료교사에게 이렇게 말했다.

— 대학교수가 되려면 첫째 실력이 있어야 하고 둘째, 천운天運이 있어야 하며 셋째, 빽이 있어야 한다

 그 소리를 전해 들으며 아빠는 심한 구토증을 느꼈다. 그것은 경멸의 차원을 넘어 혐오감마저 불러일으키는 얘기였던 것이다. 고등학교 교사를 하다가 대학교수가 되었으니 그 사람 나름으로는 자신을 퍽 대단한 사람으로 생각했을 수는 있다. 그러나 그건 전적으로 그 사람 혼자만의 생각이지 아빠를 포함한 많은 사람들은 그렇게 생각하지 않았다. 그리고 설령, 백번 양보해서 그 사람이 조금은 대단한 사람이라고 치자. 벼는 익을수록 고개를 숙인댔다고, 적어도 아직 대학교수가 되지 못한 사람에게 그런 식으로 말해선 안 된다.

 더구나 실력으로 말하자면 그 사람은 고등학교 교사를 하는 틈틈이 공부를 했으니 오로지 학문 연구만 한 사람에 비해 월등하다고 하기는 쉽지 않을 것이다. 그러니 그 사람의 실력은 전혀 검증된 바 없는 셈이다. 그리고 천운이 그에게 작용했다면 그것은 하늘이 정말 무심하고 무분별한 거라고 아빠

는 생각한다. 게다가 우리 주위에서 흔히 들먹이는 빽이라는 것도 시정잡배나 소인배들이 입에 담을 소리지 대학에서 학생들을 가르치는 사람으로서 할 말은 아닌 것이다. 그러므로 그런 사람이 대학교수가 되었다는 것은 슬픈 일이 아닐 수 없다.

그리고 하나 더 덧붙이자면, 그 사람이 아직 잘 모르고 있었던 것은 사실 대학교수도 결국은 일개 선생에 지나지 않으며 별로 대단한 존재가 못 된다는 것을.

그러니 교수가 되었다고 해서 검증되지 않은 실력에다가 천운까지 들먹이는 건 얼마나 가소로운 일이냐. 자고로, 사람은 지위가 높아질수록 겸손하고 또 겸손해야 하는 것이다.

그러나 아들아. 사람이 제대로 겸손하기가 생각보다 쉽지 않은 것이, 그렇다고, 무조건 자기를 낮춘다고 해서 다 되는 것도 아니다. '과공過恭은 비례非禮 : 지나치게 공손한 것도 도리어 예의가 아니라는 뜻'란 말도 있지만 파스칼이 지적한 대로 겸손한 논의도 뻐기는 사람에겐 거만의 씨가 되고 겸양한 사람에겐 겸손의 씨가 되기 때문이다. 즉, 평소 겸손을 생활화하지 않는다면 모처럼 겸양의 모습을 보여도 그게 진실로 받아들여지지 않아 오히려 오해를 살 수가 있다는 뜻이다. 아빠가 앞서 게리 쿠퍼란 배우에 대해 얘기한 것도 그래서이다. 즉, 그 사람이 자신의 탁월함에 대해 몰랐다는 사실은 바꿔 말하면, 그만큼 다른 사람들을 존중했다는 뜻이 된다. 죽는 날까지 그가 한번도 자신이 위대한 배우라는 생각을 해 보지도 않았고 왜 사람들이 자신을 좋아했는지 궁금해 했다는 것은 그의 눈엔 자신이 가진 것 이상의 장점이 다른사람들에게서도 보였기 때문이다. 그렇게 남의 장점을 볼 수 있다는 것은 자신만 알고 남을 존중하지 않는 사람으로선 불가능한 것이다. 그런데 그는 늘 성실하고 진지한 품성을 지녔기에 그것이 가능했고, 그래서 그의 겸손은 더욱 빛나는 것이다.

그러므로 결국 겸손이란 그 사람의 진정이 담겨 있어야 하며 남을 존중하는 데서 시작된다고 할 수가 있다. 그래서 아빠는 다음과 같은 얘기를 하나 더 할까 한다.

이순신과 원균 이야기

　어떤 마을에서 육상 대회가 열렸다. 사람들이 1등으로 들어온 선수에게 물었다. 어렵지 않았느냐고. 그러자 그 선수가 대답했다.
　― 그까짓, 식은 죽 먹기죠. 상대가 되야지, 뭐.
　또 다른 어떤 마을에서 육상대회가 열렸다. 사람들이 1등으로 들어온 선수에게 물었다. 어렵지 않았느냐고. 그 선수가 대답했다.
　― 어려웠어요. 간신히 1등은 했지만 전부 너무 잘 뛰어서 힘들었어요.

　아들아.
　위의 두 사람에 대해 한번 생각해 봐라. 어느 사람이 정말 잘 달리는 사람인가를.

언뜻 생각하면 다른 선수들을 일방적으로 제낀 첫번째 사람이 잘 달리는 사람처럼 생각될 것이다. 그러나 자세히 생각해 보면 그렇지 않다는 것을 알게 된다. 가령, 초등학생들과 달리기 시합을 하는 대학생은 쉽게 우승할 수 있다. 하지만 아무도 그 대학생을 잘 달리는 사람이라고 말하지는 않을 것이다. 반면, 실력이 비슷한 대학생끼리 달리기를 한다면 초등학생들과 달릴 때처럼 쉽게 이기기 어려울 것이고 설령 이겨도 힘겹게 이길 것이다. 그러나 초등학생과 달려서 이긴 것보다 비록 아슬아슬하게 승리했다 하더라도 같은 대학생들과 경주했을 때가 훨씬 값진 승리이고 진정 잘 달리는 사람이라는 소리를 들을 수 있는 것이다.

아빠가 왜 이런 예를 드느냐 하면, 어떤 사실을 드높이기 위해 흔히 우리는 첫번째 선수처럼 이야기하기 때문이다. 그 구체적인 예를 이순신 장군과 원균 장군의 경우에서 한번 찾아 보자.

너도 잘 알다시피, 이순신 장군은 우리 역사상 최고의 위인일 뿐만 아니라 세계 전사戰史에서도 그 유례가 없는 위대한 장군이다. 이순신 장군은 백전백승百戰百勝한 패배를 모르는 쾌승장군이었다. 이순신 장군의 위대함에 대해선 너무 많이 알려졌기 때문에 세세한 언급은 생략하고 외국인이 평가한 대목만 소개하마.

영국의 해전사연구가(海戰史硏究家) 발라드(Ballard, G. A)는 '이순신 장군은 전략적 상황을 널리 파악하고 해군전술의 비상한 기술을 가지고 전쟁의 유일한 참정신인 불굴의 공격원칙에 의하여 항상 고무된 통솔정신을 겸비하고 있었다. 어떠한 전투에서도 그가 참가하면 승리는 항상 결정된 것과 같았다. 그의 물불을 가리지 않는 맹렬한 공격은 절대로 맹목적인 모험이 아니었다. 그는 싸움이 벌어지면 강타하기를 주저하지 않았으나, 승리를 확보하기 위하여 신중을 기하는 점에 있어서는 넬슨(Nelson)과 공통점이 있었다…… 영국사람으로서 넬슨과 어깨를 견줄 사람이 있다는 것을 시인하기란 참으로 괴로운 일이지만 진정 이순신 장군은 한번도 패배한 적이 없는 위대한 해군 사령관이었다'라면서 이순신 장군을 나폴레옹 함대를 물리친 영국의 넬슨 제독과 동렬에 올려 놓았다. 영국인 학자로선 그보다 더한 극찬이 없을 것이다. 그러나 그 극찬도 일본의 노기 제독의 술회에 비하면 아무 것도 아니다.

러일전쟁 당시 세계 최강으로 일컬어지던 러시아 함대를 물리치고 승리의 발판을 마련한 일본의 노기제독에게 당신이야말로 역대 최고의 해군사령관이 아니겠느냐고 사람들이 물었다. 그러자 노기 제

보리밥과 쌀밥

독이 고개를 가로저으며 대답했다.
 ― 나는 적어도 영국의 넬슨 제독과는 견줄 수 있다. 다시 말해, 넬슨과 싸우면 경우에 따라 이길 수도 있고 질 수도 있다. 그러나 조선의 이순신은 나로선 견줄 바가 못 된다. 그는 백번 싸워 백번 이긴 출중한 장수일 뿐만 아니라 그 탁월함이 나나 넬슨에 비할 바가 아니기 때문이다. 나나 영국의 넬슨은 정부의 막강한 지원을 등에 업고 싸웠다. 그러나 조선의 이순신은 다르다. 그의 승리는 피폐한 조선정부로부터 아무런 지원을 받을 수 없었을 뿐더러 자신을 향한 온갖 모함과 시기 등으로 힘든 최악의 조건 속에서 싸워 얻은 것이어서 훨씬 값진 것이다. 따라서, 나나 넬슨의 승리와 이순신의 승리를 동격으로 놓을 순 없다. 이순신은 역사상 단연 위대한 장수다.

 임진왜란의 당사국인 일본의 노기 제독인 만큼 그의 이 말은 절대로 거짓이 아닐 것이다. 그만큼 이순신 장군의 위대함엔 이론이 있을 수 없다. 그러므로 문제는 바로 원균 장군과의 관계 설정에 있다. 아빠가 평소 조금 못마땅하게 생각하는 것은 우리가 이순신 장군의 위대함을 얘기하면서 왜 원균 장군을 깎아내리는가 하는 점이다.

우리는 흔히 이순신 장군에 대해 이야기하면서 원균 장군의 무능력함과 무도함에 대해 덧붙이기를 잊지 않는다. 즉, 원균 장군은 능력이 한참 모자라는 장수임에도 불구하고 높은 지위에 올랐고 전술도 시원찮은 데다가 탐욕스럽기 짝이 없으며 전쟁 중에도 싸울 준비를 하기는커녕 주지육림에만 빠져 있다가 나라를 망쳤다는 식의 내용을 말이다. 하지만 이는 앞서 예로 든 것처럼, 달리기 대회에서 일등한 사람을 돋보이게 하기 위해 나머지 선수들은 제대로 뛰지 못하는 엉터리로 만드는 것과 뭐가 다른가.

정말 그랬을까. 정말 원균 장군은 탐욕스럽고 무능하며 전쟁을 당해서도 술이나 퍼마신 그런 사람이었을까.

아닐 것이다. 아빠는 절대로 그렇지 않다고 생각한다. 원균 장군도 조선의 백성이고 조선의 고위장성이다. 그런 사람이 전쟁을 당해서 흔히 우리가 이야기하고 있는 것처럼 싸움 준비는 하지 않고 기생들과 어울려 술이나 퍼마시고 있었다고는 도저히 믿기지가 않는다. 아무리 조선 정계가 썩었다 하더라도, 정도의 차이는 있을지언정 모두들 외적을 물리치려고 노력했지 전쟁을 당한 국가 위기상황에서 그럴 관리는 없었을 것이다.

보리밥과 쌀밥

실제로 임진왜란이 원균 장군은 이순신 장군과 행주대첩으로 유명한 권율 장군에 이어 세 번째로 일등공신에 봉해졌다. 그때 일등공신에 봉해진 것은 이 세 사람뿐이었다.

우리가 알고 있는 그런 인물이었다면 어떻게 원균 장군이 일등공신에 봉해졌을까. 어떤 사람들은 당시의 당파적 역학 관계 때문에 별로 공도 없는 원균 장군이 일등공신에 오르게 되었다고 하기도 한다. 그렇지만 원균 장군이 정말 우리가 알고 있는 그런 인물이었다면 아무리 당시 당파간의 정치적 관계가 고려되었다 하더라도 단 세 사람뿐인 일등공신에 봉해지긴 어려웠을 것이며 따라서, 그 견해는 그다지 설득력이 있어 보이지 않는다.

아빠가 알기로는 임진왜란 이후 꽤 오랫 동안 원균 장군도 훌륭한 장수로 기억되어져 왔다고 한다. 그러다가 훨씬 나중에 조선실록을 정비하는 과정에서 이순신 장군의 위업을 부각시키면서 어떤 이유에서인지 오히려 졸장으로 폄하되어 버렸던 것이다.

그렇지만 분명히 그는 임진왜란 초기 이순신 장군과 함께 옥포玉浦와 당포唐浦에서 공을 세웠고 나중에 칠천량해전漆川梁海戰에서 왜군에게 대패하면서 최후를 마칠 때까지 우리가 일반적으로 알고 있는 것

이순신과 원균 이야기

과 달리 용감하게 싸웠다. 그리고 하나 더 얘기하자면, 그가 최후를 마친 칠천량해전은 조정의 무리한 명령에 따라 출전하였던 것이다. 다시 말해, 이순신 장군이 조정의 명령에도 불구하고 적의 속임수를 간파하고 곧바로 출전하지 않고 신중하게 대처하다가 오해를 사서 중앙으로 압송된 데 비해 그는 조정의 명령을 그대로 따랐다가 적의 함정에 빠져 죽은 셈이다. 그러므로 잘못은 당시의 전황을 제대로 파악하지 못한 채 무조건 출전을 강요한 조정에 있지 명령에 따라 나가 싸우다 죽은 원균 장군은 절대로 졸장도 비겁자도 아닌 것이다.

물론, 임진왜란 초기부터 이순신 장군과 원균 장군의 사이는 썩 좋지 못했던 것 같다. 처음부터 두 사람은 공을 다투었고 불화가 심했다. 그러나 그건 두 사람 중 어느 한 사람이 무능하다거나 비겁하다거나 해서가 아니라 서로 다른 성격 스타일에서 그 이유를 찾을 수 있을 듯하다. 즉, 이순신 장군은 앞서 소개한 영국 해전사연구가 발라드나 일본의 노기 제독이 이야기한 것처럼 작전과 전략에 있어 유례를 찾을 수 없을 정도로 비범한 전술가적 장수 혹은 지혜로운 장수(智將)였다면 원균 장군은 용맹을 앞세워 적을 압도해 나가는 용장(勇將)이었을 것으로 생각된다. 그 과정에서 이순신 장군은 적의 잔꾀를 간파하고 유리한 형세를 조성하기 위해 기다리다가 성급한 조정의 노여움을 사서 압송되기도 했지만 대신 싸울 때는 그 신중함으로써 항상 이겼고, 반면 원균 장군은 어차피 질 수밖에 없는 불리한 싸움마저 명령에 따라 지체하지 않고 무조건 출전하다가 패하기도 했던 것이다.

그렇지만 이순신 장군이 전황을 유리한 쪽으로 유도하며 탁월한 전술로 승리한 것처럼 원균 장군도 불리한 싸움조차 마다하지 않고 기꺼이 나아가 용감하게 싸웠다면 두 사람 다 훌륭한 장수임에 틀림없는 것이다. 전쟁에서 뛰어난 전술은 당연히 중요한 거지만 임전무퇴臨戰無退의 용맹도 그 못지 않은 것이기 때문이다.

그러므로 아쉬운 것은 원균 장군에 대한 그릇된 인식을 바로잡는 일이다. 우리는 왜 한 사람을 높이기 위해서 다른 사람을 깎아내려야 하는가. 분명 이순신 장군은 우리 역사에서 둘도 없는 성웅이다. 그러나 이순신 장군의 위대함이 원균 장군을 실제 이상으로 깎아내리게 되어서는 안된다. 이순신 장군은 초등학생들과 달리기를 해서 일등한 대학생이 아니다. 다시 말해, 이순신 장군은 졸장 혹은 비겁자 원균 장군에 비해 나은 장수가 아니라 용장 원균을 뛰어넘는 위대한 장수라는 말이다. 따라서,

원균 장군을 제대로 평가하는 것이야말로 이순신 장군의 위대함에 그 빛을 더하는 일인 것이다.

이제부터라도 제발 우리는 남을 끄집어 내려서 자신이 올라서려는 생각을 버리자. 흔히 사람들은 자기 눈의 대들보는 보지 못하면서 남의 눈의 티끌은 쉽게 보게 되지만, 정말이지 남의 단점은 눈감아 주는 대신 장점을 세워 주는 것은 여러모로 좋은 일이다. 그럴 때 자신은 겸허하고 성실한 품성을 쌓게 되고 상대방은 그 격려에 힘입어 용기백배하게 되니까 말이다. 다른 사람의 장점을 볼 수 있었기에 게리 쿠퍼의 겸손이 한층 빛났듯이 나를 낮추고 상대방을 높이는 일은 참으로 아름답지 않은가.

마지막으로, 남의 단점을 말하는 것은 가급적 삼가하자는 의미의 고사 하나를 소개하마. 지금 인기리에 방영되고 있는 드라마「용의 눈물」에서 태종의 도승지로 나오고 나중 세종 임금 때 청빈재상으로 이름이 난 황희 정승이 아직 관직에 출사하기 전의 얘기다.

젊은 시절, 황희 정승이 멀리 여행을 하다가 길 위에서 쉬고 있던 중 농부가 두 마리 소에다가 멍에를 씌우고 밭을 갈고 있는 것을 보게 되었다. 황희가 그 농부에게 물었다.
― 두 마리 소 중에서 어느 소가 나은가?
그러나 농부는 곧바로 대답하지 아니하고 밭 갈던 것을 거두어 치우고 나서야 가까이 다가와 황희의 귀에다 대고 작은 소리로 속삭이는 것이었다.
― 이쪽 소가 낫습니다.
황희는 농부의 태도가 이상해서 다시 물었다.
― 어찌 그 말을 굳이 여기까지 와서 귀에다 대고 하는가?
그러자 농부가 대답했다.
― 저 소는 비록 가축이지만 그 마음은 사람과 다를 바 없는지라 이쪽이 나으면 저쪽이 모자란다는 뜻이 되니 그 말을 들으면 어찌 평온한 마음이 되겠습니까.
그 말을 듣고 황희는 크게 깨닫는 바가 있어 다시는 남의 단점에 대해 말하지 않았다.
― 「지봉유설芝峰類說」

아들아. 아빠 얘기가 너무 지루하니?
그럼, 오늘 얘기 끝!

근검절약에 대하여

아빠가 아버님으로부터 들은 얘기다.

옛날에 경주에 최부자라는 돈 많은 사람이 살고 있었다. 구체적으로 그 사람이 얼마나 많은 재산을 가지고 있었는지는 알 수 없지만, 하여튼 인근에서 가장 부자란 소문이 나 있었다. 그런데 이 최부자란 사람이 유명했던 건 돈이 많아서이기도 했지만 그보다는 엄청난 노랭이이기 때문이었다. 얼마나 노랭이인지 그는 한번 들어온 돈은 절대로 다시 꺼내는 법이 없었다.
 그 무렵 최부자가 사는 동네에 생선장수가 수시로 생선을 팔러 왔다. 그러나 살림이 넉넉지 못한 사람들도 가끔은 생선을 사는데 그 최부자만큼은

대문조차 열지 않았다. 그래서 생각다 못한 생선장수는
— 제 아무리 노랭이기로서니 저도 사람일진대 공짜로 주면야 안 먹을까. 어디 한번 두고 보자.
하고는 생선 한 마리를 최부잣집 담장 안으로 집어 던졌다.
그런데
— 어이쿠, 밥 도둑놈 왔구나!
하는 소리와 함께 그 생선이 곧바로 집 안에서 담장 밖으로 던져졌다.
천하의 노랭이 최부자에겐 공짜로 주는 생선조차도 밥만 더 먹게 하는 물건에 지나지 않았던 것이다.

아들아. 오늘은 아빠가 조금 슬프고 심각한 얘길 해야겠구나.
이 글을 쓰는 동안 우리나라는 국제통화기금(IMF)의 지원을 받는 나라로 전락하고 말았다. 여기에 대해선 자세한 설명이 있어야겠지만, 간단히 말하자면 우리나라가 진 빚이 많아서 외국으로부터 거액의 돈을 빌려 그 빚을 갚는 대신 경제활동의 전반에 걸쳐 상당한 간섭을 받게 되었다는 얘기다. 즉, 경제주권의 많은 부분이 외국으로 넘어간 셈인데 실제로 상황이 매우 심각하다. 돈의 가치가 떨어지는 한편 물가는 오르고, 많은 사람들이 직장을 잃은 실업자가 되어 심각한 사회문제가 되고 있다.

오늘의 이런 사태는 경제운용을 제대로 하지 못한 정부에 일차적인 책임이 있겠지만, 아빠는 보다 근본적인 원인이 바로 우리들 자신에게서 비롯된 것이라고 생각한다. 전에도 비슷한 얘기를 한번 했듯이 그동안 우리는 너무 분수에 맞지 않은 삶을 살았던 것이다. 얼마 전 우리의 국민소득이 만불을 넘어서서 곧 선진국으로 진입한다는 보도도 있었지만 실제로는 그 이상, 즉 그동안 우리는 삼만불 소득의 국민처럼 살았다는 얘기다.

적게 벌어서 많이 쓰면 망한다는 건 가정이나 국가나 마찬가지다. 지금 우리는 국가도 가정도 다 빚더미에 올라 있다. 실로 참담하고 슬픈 일이 아닐 수 없다.

도대체 언제부터 우리가 그렇게 호화롭게 살았던가. 근면하고 검소한 가운데 절약하는 것은 우리의 오래된 생활정신이었는데 어느 새 우리가 마치 선진국 국민이라도 된 양 소비가 미덕이라는 식의 얘기를 겁없이 해대는 분위기가 되었으니 참 통탄할 일이다. 알고 보면 선진국 국민일수록 더 알뜰하고 절약이 생활화되어 있는데 말이다.
　앞서 얘기했듯이, 그 이전은 새삼스럽게 말할 것도 없고 60년대만 해도 우리는 절대빈곤에 허덕이고 있었다. 아빠가 알기로 우리가 미국으로부터의 원조를 마감한 건 70년대 들어서일 것이다. 그게 얼마나 되었다고 흥청거리다가 결국 또다시 이꼴이 되었는지……. 부끄럽고 허망한 심정이다.
　우선 옛날 이야기를 하나 하자.

　너도 기억할 것이다. 아빠의 외가댁에 들렀던 일을.
　지금도 아빠의 외가집은 비록 낡긴 했지만, 그 동네에서 가장 큰 집이다. 그러니 아빠가 태어날 무렵, 아니 아빠의 부모님이신 네 할아버지와 네 할머니께서 결혼하시던 무렵인 사십여 년 전쯤엔 얼마나 근사한 집이었겠니.
　아빠가 어렸을 때 고향에 가게 되면 조금 야릇한 기분이 드는 것이 아빠의 네겐 증조 할아버지인 아빠의 할아버지 집은 조그만 초가집이었는데 십리 떨어진 외가집은 흔히 말하는 고래등 같은 기와집이었던 것이다. 방도 할아버지 집은 단 두 칸뿐이었던 데 비해 외가집은 여러 개나 됐고 방앗간과 곡간에다가 마당도 꽤 넓어 그야말로 고대광실 같왔다. 그 마당에 하늘처럼 높이 쌓아 올린 볏가리 위에 올라가 놀던 기억이 지금도 생생하다. 아무튼, 아빠의 부모님께서 결혼하시던 무렵에 외가집은 그 동네에서 가장 부잣집이 아니었나 싶다.

그런데 동네 제일가는 부자인 외할아버지께선 몹시 무서운 분이셨다. 아빠의 외할아버님은 영천 이씨永川李氏로 당시는 물론 지금까지도 정계와 학계에서 활동하는 사람이 많은 명문가에서 자라 자수성가를 하셨다고 들었다. 그래서인지 평소 생활이 빈틈없고 몸가짐도 흐트러짐을 보이지 않으셨다. 외할아버지의 맏따님이신 큰이모님의 말씀으론, 마당에 곡식 낱알이 떨어져 있는 게 눈에 띄기만 하면 외할아버지께선 머슴들에게 불호령을 내리셨다고 한다. 그리고 당신의 손자들이 밥그릇에 밥알을 붙여 놓은 채 식사를 끝내도 역시 호통을 치셨다고 한다. 밥 한 알, 쌀 한 톨일지언정 함부로 버리는 것은 하늘에 죄를 짓는 일이라는 게 외할아버지의 생각이었다. 아빠가 가끔 너와 네 동생에게 밥을 남기지 말고 깨끗이 비우라고 하는 것도 외할아버지의 그 가르침을 기억하고 있기 때문이다.

동네 제일가는 부자임에도, 어떻게 생각하면 앞서 예를 든 최부자처럼 지독한 노랭이가 아니셨을까 싶을 정도로 외할아버지께서는 그렇게 모든 걸 아끼고 절약하셨다. 어릴 적 아빠가 외가집에 놀러가면 괴로운 게 있었다. 밤잠이 적은 편인 아빠에게 외할아버지께서 일찍 자라고 하셨던 것이다. 쓸데없이 기름을 없앤다는 이유에서였다. 당시 시골에선 전기가 들어오지 않아 호롱불을 켜고 지냈다. 그런데 호롱불을 대신 촛불을 켜면 눈부신 느낌이 들 정도로 호롱불은 별로 밝지 않았다. 따라서 실제로 호롱불은 오래 켜 두어도 기름이 별로 들지 않았다. 그런데도 그렇게 적게 드는 기름조차 아껴야 한다고 평소 외할아버지께선 생각하셨던 것이다.

아빠가 외할아버지 얘기를 네게 하는 것은 있을 때 아끼는 것이 얼마나 중요한가 하는 점을 일깨우기 위해서다. 명심보감明心寶鑑에도 복을 소유하고 있을 때 겸허하고 조심하여 다 누리지를 말아라. 복이 다하고 나면 몸이 가난해지고 궁하게 된다(有福莫享盡 福盡 身貧窮)고 했다. 이 말은 항상 여유가 있고 형편이 나을 때 저축해야지 어려울 때를 대비하지 않고 있는 대로 다 소모해 버리면 곧 어려움이 닥친다는 뜻이다. 실제로 오늘의 IMF 사태도 이런 가르침에 충실하지 않았기 때문에 맞게 된 것이다. 아직 선진국도 아니고 갚아야 할 외채가 많은데도 불구하고 갑자기 부자나라가 된 것처럼 뒷일을 생각하지 않고 '삶의 질'을 따지며 넓은 평수의

근검절약에 대하여

아파트에다가 외제 브랜드만 찾는가 하면, 주 5일 근무니 해외여행이니 하면서 마구 써제꼈으니 어찌 나라가 절딴나지 않을 수 있었겠는가. 정말이지, 없는 사람이 절약한다는 것은 물론 힘든 일이겠지만 있는 사람이 아끼는 것은 더욱 어려우면서도 중요한 일인 것이다. 지난 번 네가 스키 캠프에 가서 용돈을 한 푼도 남기지 않고 모두 쓰고 왔을 때 아빠가 실망스러웠던 것도 있을 때 절약하는 네 모습을 보고 싶었기 때문이다.

  아빠의 외할아버지께서는 평소엔 노랭이다 싶을 정도로 모든 것을 아끼셨지만, 그러나 정작 돈을 써야 할 땐 쓸 줄 아는 분이셨다. 지금으로부터 사십여 년 전에 시골에서 대학을 간다는 것은 퍽 드물고 또 어려운 일이었다. 그런데 외할아버지께선 친척 중에 부모가 일찍 세상을 버려 고아가 되다시피 한 사람을 거두어 대학을 졸업할 때까지 뒷바라지를 해 주셨다. 그 사람은 나중에 경찰의 높은 지위에 올랐다. 그런가 하면 흉년이 들었을 때엔 마을의 어려운 사람들을 적잖게 도와 주기도 하셨다. 아빠가 들은 바론, 외할아버지뿐만 아니라 부자 소리를 듣던 많은 사람들이 평소엔 구두쇠처럼 살다가도 정작 뜻있는 일엔 기꺼이 돈을 내 놓곤 하는 경우가 많았다고 한다. 왜, 너도 요즘 TV나 신문

보도로 가끔 보지 않니. 시장에서 장사하던 할머니가 평생 모은 수억 혹은 그 이상의 많은 재산을 사회에 기부했다는 그런 일 말이다. 그런데 그런 사람일수록 알고 보면, 평소 인색하다 싶을 정도로 사치와 담을 쌓은 채 근검절약했던 것이다.

아들아.

앞서도 얘기를 했지만 우리 삶이란 물질적인 것만을 가지고 가치를 평가해선 안 된다. 물질적으로 모자라는 것보다야 풍족한 게 좋겠지만 가난하다고 해서 다 불행한 것은 아니기 때문이다. 아니, 물질적으로는 다소 어려워도 행복한 삶을 살아가는 사람들도 많다. 그들은 물질보다 더 고귀한 정신적인 면에 삶의 가치를 두고 있는 것이다. 말하자면, 정신적으로 모자라는 사람들이 그 열등감을 만회해 보려고 돈을 써제끼는 것이다.

절대로 선진국 사람들은 우리처럼 계획없이 즉흥적으로 돈을 쓰지 않는다. 그것은 그들에게 가진자로서의 철학이 있고 문화가 형성되어 있기 때문이다. 우리는 그들처럼 부자도 아니었지만 그런 철학과 문화에 대해 조금의 인식만 있었더라도 오늘의 이런 어려움을 겪진 않았을 것이다. 즉, 삶의 가치에 대한 잘못된 의식과 관행이 오늘의 화를 불러들였다는 말이다. 복은 청렴한 데서 생기고 근심은 욕심이 많은 데서 생긴다(福生於淸儉 憂生於多慾)는 옛말도 있지만 결국 근검절약은 우리의 미래를 보다 안전하고 튼튼하게 하는 것이다. 그래서 아빠는 이제라도 초심(初心)으로 돌아가자고 말하고 싶다.

작년 말까지 너희들이 누렸던 풍요는 우리나라 오천 년 역사 초유의 것이었다. 그러나 그것은 너희들 스스로 일군 것이 아니라 너희들의 앞세대, 그러니까 60년대와 70년대를 밤잠 안 자며 뼈빠지게 일했던 분들의 피와 땀의 결과였을 뿐이다. 그런데도 너희들은 스스로 일구지도 않은 풍요를 별로 감사하는 마음도 없이 오로지 누리기만 했던 것이다.

하지만 이젠 더이상 너희들이 누릴 수 있는 풍요는 어디에도 없다. 따라서 너희들이 원하든 원치 않든, 아무 것도 가진 것 없이 번영된 국가건설을 위해 우리가 출발하던 그 시절의 그 정신으로 돌아가야 하는 것이다.

우리나라가 경제개발에 착수한 60년대 초는 절대빈곤의 시대였다. 국민소득은 세계에서 가장 낮은 편에 속했으며 직장은 귀하고 미국으로부터 잉여농산물을 원조 받으면서도 보리고개엔 수많은 사람들이 굶주림에 허덕여야 했다. 그 시기엔 물자가 귀해 모든 걸 아끼지 않고선 살 수도 없었지만 절약 이야말로 삶의 최고 미덕이자 시대 정신이었다.

그 시절 우리가 가진 것이 없는 중에도 아끼고 또 아끼며 험하고 거칠게 살았던 사례는 일일이 열거하지 않겠다. 요즘 방영되고 있는 TV 드라마 「육남매」나 전에 재밌게 보았던 「형제의 강」등을 통해서도 어느 정도 짐작할 수 있을 테니 말이다.

다행히 이제 우리나라 사람들도 좀 철이 드는 것 같다. 그 동안 길을 쓸데없이 메우던 자동차도 줄어들고 학교에선 교복을 물려서 입자는 운동도 벌어지고 있는 모양이다. 그런가 하면 금모으기 운동도 호응이 대단하다. 무척 고무적인 일이다.

그런 마음가짐이면 틀림없이 우리나라는 다시 일어설 수 있을 것이다. 외국에서도 우리나라의 경제를 전망하면서 결코 비관하지 않는 것은 우리의 교육열과 더불어 성실함과 근면함을 높이 평가하기 때문이다.

그러므로 이제부터라도 우리 근검하면서 절약하자. 부지런하고 검소하게 사는 것은 가정을 꾸려가는 근본(勤儉 治家之本 '明心寶鑑')인 것이다.

오늘 얘긴 여기서 끝내자.

남의 아픔에 대하여

 무심코 던진 돌이 연못에 사는 개구리의 머리를 깬다는 말이 있지?
 그렇게 우리는 살아가면서 자신도 모르게 남에게 피해를 주는 수가 있다. 그럴 경우, 고의는 아니지만 그렇다고 책임을 면하기는 힘들다. 그렇잖다면 자동차 사고를 낸 사람들도 모두 다 풀어 주야 되니까 말이다. 자동차 사고를 낸 사람 중에 고의로 그런 사람이 얼마나 되겠니. 즉, 고의가 아니더라도 조금만 더 주의를 기울였다면 개구리의 머리를 다치게 하지도, 그리고 자동차 사고를 내지 않았을 수도 있다는 말이다.
 그처럼 고의가 아닐 경우에도 남에게 피해를 준다는 것은 책임이 따르는 일이거늘 하물며 일부러 그랬다면 그건 용서받기 어려울 것이다.

아들아.
오늘은 아빠가 네게 조금 부끄러운 얘기를 좀 할까 한다.
무슨 얘기냐 하면, 평소 가끔 아빠가 네게 야단도 치고 또는 훌륭한 사람이 되라고 타이르기도 하지만 실은 나 역시 지금까지 살아오는 동안 자주 잘못을 저질렀고 그래서 부모님으로부터 꾸중을 들은 적도 많다는 말이다. 물론 아빠가 저지른 잘못 중엔 어려서 그랬던 것도 있고 또 생각이 짧아서 그랬던 것도 있다. 그러나, 비록 고의가 아니었다고 하더라도 후회가 되기는 마찬가지다. 그러므로 몇 가지 예를 얘기하면 네게 도움이 되지 않을까 싶다.

아빠가 초등학교를 졸업하고 중학교에 들어갔을 때의 일이다. 앞서 얘기했듯이, 아빠가 초등학교에 다니던 시절엔 시험을 쳐서 중학교에 진학했었다. 그때 아빠는 열심히 공부했고 다행히 일류 중학교에 입학할 수 있었다.
아빠가 일류 중학교에 합격했을 때 아버님께서 무척 기뻐하셨다. 그리고 선물을 하나 사 주겠노라고 말씀하시기에 아빠는 자전거를 사 달라고 했다. 67년 12월 1일에 필기시험과 2일에 체력장 시험을 치렀고 5일에 합격자 발표가 있은 후 68년 3월에 입학할 때까지 삼 개월 가량 쉬는 사이에 자전거 타는 법을 배워 두었던 것이다.

그때 삼천리표 자전거 한 대 값이 13,000원 정도 했는데 보통 사람 한 달치 월급에 가까운 금액이었다. 아빠가 초등학교 5학년 때 우리학교 선생님들 중에서 두번째로 월급이 많은 담임선생님 월급이 11,117원이었다.(아빠가 다니던 학교 선생님들의 월급 계산은 담임선생님이 맡고 있었고 담임선생님은 우리에게 주산으로 계산을 시키셨다) 그러므로 이 년이 지난 시점에서도 13,000원이라는 돈은 결코 적은 액수가 아니었다.

참고로 우리가 옛날보다 잘 산다는 것은 우리돈의 구매력이 어느 정도인가 하는 것으로도 가늠할 수 있다. 이를테면, 전번에 IMF에 대한 얘기도 했지만, 작년에 우리돈 8백원 정도면 미국돈 1달러와 바꿀 수 있었는데 지금은 1,400원 가량이 있어야 그게 가능하다. 다시 말해, 작년엔 800원이면 살 수 있던 미국물건을 이젠 그 배 가까이 되는 1,400원을 주어야 살 수 있다는 뜻이다. 그래서 지금은 수입은 줄이고 수출은 늘려야 한다는 하는 것이다.

결국 우리돈의 가치가 떨어지면서 우리의 소득도 10,000달러에서 그 절반 수준으로 떨어진 셈이 된다. 아빠의 기억으로는, 아빠가 중학교에 입학할 때 학생용 오리엔트 시계가 5,000원 정도 했다. 그러니까 보통사람 월급으로선 학생용 시계 서너 개 정도밖에 구입하지 못했을 것이다. 그리고 19인치 흑백 TV는 10만원 정도 했으니 대여섯달치 월급을 모아야 살 수 있었을 것이다. 그러나 요즘엔 보통사람 한 달 월급이면 그때 학생용 시계보다 훨씬 좋은 시계를 수십 개 살 수 있고 흑백 아닌 칼라 TV도 여러 대 구입이 가능하다. 우리가 과거보다 잘 산다는 것은 그런 측면으로도 생각해 볼 수 있을 것이다.

아무튼, 자전거를 사자마자 아빠는 신나게 타고 다녔다. 솔직히 말해, 당시 자전거 없는 애들이 대부분이었으므로 우쭐대는 마음도 있었을 것이다. 조금 비약하자면, 요즘 자가용을 모는 대학생들과 비슷한 기분이 아니었을까 싶다. 너도 이제 자전거를 타니까 경험을 했겠지만 자전거란 참 묘한 데가 있었다. 마치 생명을 가지고 있는 동물처럼 어쩜 내 생각을 그대로 따라 주는지. 그래서 자전거가 몸에 익자 아빠는 핸들에서 두 손을 놓고 달리는 자동차들 사이를 유유하게 빠져 나오는 묘기를 연출해 보이기도 했다. 만약 부모님께서 보셨다면 그 모습은 위태롭기 짝이 없는 아찔한 장면이었겠지만 아빠로선 너무 신나는 일이었다.

중학교에 입학하고부터 아빠는 자전거 통학을 했다. 물론 친구집에 갈 때도 그리고 다른 데 놀러갈 때에도 자전거를 타고 다녔다. 그런데 자전거를 타다 보면 가끔 타이어가 펑크나기도 하고 더러는 체인이 끊어지기도 했다. 그럴 때엔, 요즘 자동차에 사소한 고장이 나면 흔히 우리가 밧데리가게라고 하는 곳에 가는 것처럼 자전거 수리점에 갔다. 당시엔 자전거 수리점이 지금의 밧데리 가게만큼이나 많았다.

그런데 아빠가 가는 집 근처의 자전거수리점(그 땐 그냥 자전거빵이라고 했다)에는 초등학교 6학년 때 같은 반이었던 아빠의 친구가 있었다. 당시엔 초등학교를 졸업하고 가정형편이 어려워 중학교에 진학하지 않는 학생들이 꽤 있었는데 그 친구도 그런 경우였다. 아빠가 가면 그 친구는 반갑게 맞으면서 체인도 수리해 주고 펑크난 타이어를 때워 주기도 했다.

그때뿐만 아니라 자전거를 타고 동네를 돌다가 그 가게 앞을 지나칠 때면 늘 그 친구의 모습을 볼 수 있었다. 아빠가 지나가면 기름때가 절은 작업복을 입은 그 친구는 역시 시커먼 기름때를 얼굴에 잔뜩 묻힌 채 손을 흔들어 주곤 했다. 아마도 그렇게 이삼 년 아빠는 그 가게를 다녔을 것이다.

그런데 오랜 세월이 지났을 때, 그리하여 아빠가 웬만큼 나이가 들었을 때 문득 그 친구 생각이 났다. 그리고 아빠는 심한 자책과 함께 깨닫기는 게 있었다. 아, 정말 그 친구에게 몹쓸 짓을 했구나, 하는 깨달음이었다.

아들아. 생각해 봐라.

그때 값비싼 새 자전거를 사서 신나게 타고 다니던 아빠는 열네살이었다. 그리고 초등학교만 마친 채 자전거빵에서 일을 하며 중학교에 진학한 친구의 자전거를 수리해 주던 그 친구 역시 열네살이었다. 그때 말은 안 했지만 그 친구는 아빠가 얼마나 부러웠을까. 가끔 아빠가 네게 배고픈 사람 앞에서 이빨을 쑤셔선 안 된다고 얘기하기도 했지만, 그러므로 그 친구에게 아빠는 몹쓸 짓을 한 것이다. 물론, 그렇다면 그 친구가 일하는 가게가 아닌 다른 가게에 가야 하느냐고 물을 수도 있을 것이다. 그건 꼭 그렇지는 않다. 다만, 그 친구의 처지와 심정을 헤아려 조심하고 또 조심했어야 했다는 말은 할 수 있을 것이다. 그러나, 만약에 아빠가 행여 그 친구 앞에서 으시대는 모습을 보였다면 그것은 정말 잘못한 일이다. 어렸기에 미처 그런 저런 생각들을 못했다고 변명할 수도 있겠지만, 어리기로 말하자면 그 친구도 마찬가지였다. 따라서, 그 친구에게 가되 조금은 더 사려 깊게 행동했어야 했던 게 아닌가 하는 생각이 드는 것이다. 돌이켜 보면 그 어린 나이에 아빠에게 스스럼없는 태도를 보여 주었던 그 친구는 아빠보다 훨씬 철이 들고 어른스러웠지 않나 하는 느낌이 든다.

지금 그 친구는 어떻게 되었을까. 어쩜 그때 아빠에게 보여준 그 의연함으로 훌륭한 사람이 되었으리라 생각되지만 한때 철없던 아빠로 하여금 각성覺醒하는 계기를 마련해 준 그 친구가 성공해 있기를 간절히 비는 마음이다.

아마 아빠가 고등학교 이학년이던 1972년경이 아니었나 싶다.

그해 여름 우리나라는 장마권에 들어 있었다. 그런데 그해 따라 비가 엄청나게 왔다. 어쩜 아빠가 태어난 후로 가장 많이 온 것 같은데 전국적으로 심한 물난리를 겪게 되었다. 그때 대구에서 살던 아빠는 TV로 서울 한강의 상황을 보고 있었다. TV는 한강의 홍수 상황을 낮부터 밤늦게까지 계속 중계했다. 불어난 물이 위험수위를 넘어 교각을 1미터도 채 못 남긴 채 거의 다리 위까지 차오를 정도로 상황은 아슬아슬했다. 그런데 그 아슬아슬함이 아빠는 너무 재미가 있었다. 그래서 '조금만 더, 조금만 더' 수위가 오르기를 바라며 TV를 지켜 봤다. 그때 옆에서 함께 TV를 보고 계시던 아버님께서 버럭 화를 내셨다.

— 이 놈아! 남들은 홍수로 집을 잃고 생명을 잃을 판인데 그게 뭐 재밌다고 그딴 소리냐. 고얀놈 같으니라구!

순간 아빠는 가슴이 덜컥했다. 아버님으로부터 꾸중을 들어 비로소 깨닫게 된 거지만 정말 아빠의 행동은 경망했던 것이다.

그때 아빠는 아버님께서 몇 달 전에 새로 지은 2층집에 살고 있었다. 그런데 약간 고지대에 튼튼하게 지어진 그 집은 홍수와는 전혀 무관해서 다른 사람들의 형편은 생각하지 않고 그 상황을 그저 재미로만 보고 있었던 것이다.

그렇지만 아빠가 조금만 덜 경망스럽고 남의 아픔을 생각하는 습관이 있었더라면 그런 소리는 안 했을 것이다. 아빠는 아버님의 그 꾸지람이 절대로 섭섭하지 않았고 경박함이 스스로 부끄러웠다.

아빠가 대학교 일학년 때였다.

입학하고 얼마 안 되어 부모님께서 서울에 올라오셨다.

이모님댁에 들르기 위해 우리는 마포로 향했다. 버스가 마포에 도착해서 내리는데 뒤에 내리시던 어머니와 차장 아가씨와 가벼운 마찰이 있었다. 아마 거스름돈에 착오가 있었던 게 아닌가 싶다. 그런데 뒷사람 때문에 버스에서 내린 어머니에게 차장 아가씨가 거스름돈을 던졌다. 당연히 그 돈은 쇳소리를 내며 땅바닥에 떨어졌다.

그 순간 아빠는 떠나는 버스를 두드려 멈춰 세우고 올라가 차장의 뺨을 냅다 갈겼다. 차장의 버르장머리없는 행동에 분노가 치밀어 올랐던 것이다. 결국 차장 아가씨가 잘못했다고 하고 운전수까지 와서 사과하면서 그 일은 끝났다.

그런데 버스가 떠난 후 어머니께서 심하게 아빠를 나무라셨다. 평소 부모님으로부터 별로 꾸중을 들어본 적이 없는 아빠는 어머니께서 그렇게 야단을 치시자 몹시 당황했다. 어머니 말씀은 이랬다. 하루 종일 버스에 서서 시달리는 그 애들이 얼마나 피곤하겠느냐. 그러다 보면 계산 착오로 거스름돈을 잘못줄 수도 있지 않겠느냐. 그리고 그 돈도 차장 아가씨가 일부러 던진 게 아니라 뒷사람에게 밀려 내리는 바람에 제대로 받을 수 없었을 수도 있다.

그 말씀을 듣는 순간 아빠는 아차 싶었다. 정말 나는 몹쓸 짓을 했구나

어머니께선 차장 아가씨들이 얼마나 고생하는지를 안다면 다시는 그런 행동은 하지 말라는 말씀을 덧붙이셨다.

정말이지 아빠는 쥐구멍에라도 숨고픈 심정이었다.

아들아. 아빠도 네게 말하마. 절대로 너도 너보다 못한 사람 앞에서 뻐기거나 약한 사람을 괴롭히지 말아라.

부모님께서 고향으로 내려가시고 아빠는 한동안 자주 마포로 갔었다. 혹시라도 그 노선 버스를 타면 그때 그 차장 아가씨를 만날 수 있을까 해서였다. 만나면 사과하고 싶었고 반드시 사과해야 한다고 생각했다.

그러나 여러 번 그 노선 버스를 탔었는데도 다시 그 차장 아가씨를 만날 수는 없었다. 공교롭게 그 아가씨가 근무하는 버스를 타지 못한 건지 아니면 그 아가씨가 차장 생활을 그만두어서인지 알 수 없었지만 아빠로선 마음이 편치 못했다. 그 아가씨에게 상처를 주고 사과조차 하지 못한 그 일은 그후로 오랜 세월이 지난 지금까지도 아빠의 마음에 깊은 회한으로 남아 있다. ✹

스승에 대해서

아빠가 중학교 이학년 때 일이다.

이학년에 올라가자 다른 과목처럼 영어과목도 담당 선생님이 바뀌었다. 그런데 이학년 영어 담당인 이상석 선생님은 구면이었다. 일학년 특별활동반을 아빠는 외국 학생들과 펜팔을 하는 「국제이해반」에 들었었는데 그때 지도 선생님이셨던 것이다. 당연히 아빠는 그 선생님께서 영어를 담당하시게 된 게 반가웠다. 그래서 선생님께서 당신을 영천 이씨永川 李氏라고 밝히신 후 집안에 같은 성씨를 가진 분이 있느냐고 물으셨을 때 아빠는 기꺼이 손을 들었다. 그리고 어머니가 영천 이씨인데 경주 김씨인 아버님께서 어머님과 결혼하게 되자 성姓을 버렸다는 이유로 집안에서 파문당할 뻔했다고 대답했다. 그러자 친구들은 박장대소했고 선생님께서도 조금 수줍은 표정으로 빙긋이 웃으셨다.

그 날 우리는 영어 제 1과를 공부했다. 수업을 마치고 나가며 선생님께선 지나가는 투로 본문을 한 번 외워 보라고 말씀하셨다.

그런데 이틀이 지난 다음 영어시간이었다. 4교시를 마치고 막 점심을 먹으려는데 뜻밖의 소식이 날아들었다. 오전에 영어수업이 든 반에서 본문을 외워 오지 않은 사람은 혼이 났다는 것이었다. 혼이 났다는 것은 매를 맞았다는 뜻이었다.

그 소식을 접한 우리반 아이들은 어리둥절한 한편으로 덜컥 겁이 났다. 우리는 선생님께서 제1과 본문을 외우라고 했을 때 그냥 한번 외워 보라는 정도의 권장사항으로 생각했지 반드시 외워야 한다는 뜻으로 받아들이지 않았던 것이다. 그러나, 어쨌건 일학년 때엔 매를 드시는 선생님이 한 분도 안 계셨던 탓에 그 소식은 우리로 하여금 잔뜩 겁을 집어먹게 하기에 충분했다.

그래서 점심을 먹자마자 우리들은 영어책을 펴들고 혓바닥을 바쁘게 굴리며 본문을 암기하기 시작했다. 점심시간이 사십분. 거기서 점심을 먹은 시간 십분을 빼면 본문 암기를 위한 시간은 삼십분 정도에 불과했다. 그 삼십 분을 우리는 죽기살기로 본문을 외웠다.

  이윽고 점심시간이 끝나고 5교시 시작종과 함께 영어 선생님께서 들어오셨다. 그리고 출석을 부른 후 곧바로 한줄씩 일으켜 세워 본문 암기를 시키셨다. 암기를 하는 동안 선생님께선 틀리는 학생들을 지적해선 앞으로 나오게 하여 회초리로 손바닥 세 대씩을 때리셨다. 지금 이렇게 말하니까 손바닥 세 대 맞는 게 뭐 그리 대수냐고 생각할지도 모르겠지만 그때까지 선생님들로부터 맞아본 경험이 없는 우리들로선 정말이지 다른 친구들이 맞는 모습을 바라보는 게 그렇게 공포스러울 수가 없었다. 드디어 아빠가 앉은 줄 차례가 되었다. 아빠는 자리에서 일어서서 점심시간에 암기했던 내용을 애써 되살리며 다른 친구들과 함께 본문을 외워나갔다. 그러나 혼자서는 웬만큼 외울 자신이 있는데도 틀린 학생을 지적해 내려고 선생님께서 지켜보는 가운데 외우기는 몹시 힘들었다. 분문을 외우는 중간중간 앞에 서 있던 몇몇 친구가 지적을 당해선 앞으로 불려나갔다. 상당히 더듬거렸음에도 불구하고 간신히, 정말 간신히 아빠는 지적당하지 않고, 그래서 손바닥 맞는 것을 면한 채 외우기 테스트를 끝낼 수 있었다. 지금도 그때 일을 떠올리면 인간의 힘이란 얼마나 대단한 것인가 하는 생각을 하게 된다. 그 공포 때문에 삼십분만에 영어 한 단원의 본문을 모두 외울 수 있었으니 말이다.

그러나 그것은 시작에 불과했다. 선생님께선 그 후로도 계속해서 우리들에게 매 단원의 본문을 외우게 하셨다. 그런데 앞으로 너도 어쩜 경험하게 되겠지만, 아까도 말했다시피 혼자선 충분히 외울 수 있는 것도 선생님 앞에서 테스트를 받게 되면 떨려서 기억이 달아나 버리는 경우가 허다했다. 그래서 어떤 친구들은 집에선 분명히 다 외울 수 있는데도 테스트에선 암기한 내용을 까먹어 버려 매를 맞곤 했다. 그렇게 되자 아예 세 대 맞고 치우자는 친구들도 생겨났다. 처음에는 매를 겁내는 친구들도 어느새 세 대 정도는 참을 만하다는 식으로 발전(?)한 셈이었다. 그렇지만 집에서 열심히 암기를 해 와 놓고도 막상 테스트 직전에 세 대 맞기를 자청하는 친구들로선 억울한 일이었다. 그러나, 억울하긴 해도 그 친구들이 그렇게 할 수밖에 없었던 것은 만약에 미리 세 대 맞지 않고 나중에 테스트에서 지적당하면 그보다 훨씬 많이 맞아야 했기 때문이다.

한번은 이런 일이 있었다. 아빠는 집에서 본문을 눈 감고도 줄줄 외울 수 있을 만큼 읽고 학교로 갔다. 하지만, 늘 그랬던 것처럼 테스트에 앞서서 자신감이 사라졌다. 그래서 세 대 맞고 치울까 하는 생각이 들었다. 그러나 기껏 집에서 암기해 놓고 세 대 맞는다는 건 억울하기 짝이 없었다. 몇번을 망설이다가 결국 아빠는 외우는 쪽을 선택했다. 그리고 선생님께서 외워 오지 않은 사람은 앞으로 나오라고 할 때 나가지 않았다.

 곧 아빠 줄에서 외워 온 사람들의 테스트가 시작되었다. 외우겠다고 일어선 사람은 대여섯 명쯤 되었다. 아빠는 다른 친구들과 함께 집에서 했던 대로 본문의 내용을 외워나갔다. 그러나 역시 테스트는 집에서 혼자 마음 편하게 외우는 것과는 달랐다. 선생님께서 쳐다 보고 계시니까 공연히 진땀이 나는가 하면 다리가 후들거렸고 다른 친구들과 외우는 속도를 맞추는 데도 신경을 쓰다 보니 내용을 놓칠 경우마저 더러더러 생겼다. 그래서 어떤 부분은 그야말로 우물우물거릴 수밖에 없었다. 외우기가 끝나자 교실안은 순간적으로 쥐죽은 듯 조용해졌다. 이제 선생님께서 틀린 학생을 지적하실 차례였다. 아빠는 이번엔 걸렸구나, 하고 생각하며 고개를 숙였다. 그런 아빠의 귀에 "너 나와"하는 선생님의 목소리가 들렸다. 아빠는 고개를 들고는 앞으로 나갈 준비를 했다. 그때였다. 바로 뒤에 서 있는 친구가 앞으로 나가는 것이었다. 아, 살았구나.

아빠는 속으로 깊고 긴 안도의 한숨을 내쉬었다. 그 날 아빠 뒤에 서 있던 그 친구는 손바닥 50대를 맞았다.

아빠의 얘기를 듣다 보면 네 생각으로도 차라리 세 대 맞는 편이 낫지 않나 싶을 것이다. 하지만 일이 그렇게 간단하지가 않았다. 세 대 맞는 것으로 끝날 수만 있다면야 아빠도 그렇게 했을지 모른다. 그러나, 본문을 외우지 않아서 세 대 맞은 학생들은 그 날 집에 갈 수가 없었다. 즉, 그 날 수업을 마치고 따로 남아서 본문을 외우고 선생님으로부터 합격 판정을 받아야 집에 갈 수가 있었던 것이다.

대개 오후 세시쯤이면 학과수업이 끝났다. 그때쯤이면 선생님께선 복도에 조그만 책상 하나와 의자를 갖다 놓고 앉아서 책을 보거나 사무 처리를 하셨다. 그 동안 그 날 영어가 든 반에서 본문을 외우지 못한 학생들은 남아서 외우기를 계속해야 했다. 그리고 개별적으로 선생님께 가서 테스트를 받았다. 그러다 보면 그 좋은 오후는 어느새 지나가고 어둑어둑해지는 것이었다.

정말 지금 생각해도 이상석 선생님은 지독한 분이셨다. 작달막한 키에 30센티쯤 되는 매를 들고 다니시는 모습을 보면 진짜 악마 같았다. 아니, 저승사자가 따로 없었다. 그 분이 바로 저승사자였다.

게다가 일주일에 세 시간인 영어시간은 왜 또 그리 자주 돌아오는지. 영어가 든 날이면 아침부터 힘이 빠지고 두려움에 떨어야 했다.

　우리들이 이상석 선생님을 얼마나 지긋지긋하게 생각했는지는 그 해가 저물 무렵에 저질렀던 행동으로도 충분히 증명할 수 있다. 영어 과목 때문에 다른 과목 공부를 할 수 없다는 등의 이유를 대면서 선생님을 다른 학교로 전근시켜 달라고 몇몇 학생들이 교장선생님께 탄원서를 올리기까지 했던 것이다.

　그런데 아, 이게 웬일인가. 우리들이 삼학년에 올라갔을 때 이상석 선생님은 다른 학교로 전근을 가시기는커녕 우리들을 따라서 삼학년 영어담당 선생님으로 올라오셨던 것이다. 그때 우리들이 느꼈던 절망감이란…… 물론 삼학년 때엔 선생님께서도 우리들이 조금 더 컸다고 봐 주셨는지 이학년 때처럼 그렇게 무섭게 하시진 않았다.

　그 후로 참 많은 세월이 흘렀다. 아마 지금 선생님은 예순을 넘기셨을 것이다. 그러나 돌이켜 생각하면, 아빠는 그 분만한 선생님은 없다고 여겨진다. 아빠 역시 지금 남을 가르치며 살고 있지만, 학생들에 대해 그 분만한 열의를 갖고 있다고 감히 말하긴 어렵다. 그만큼 그 때 그 분의 우리들에 대한 열의는 일반적인 사고의 범위를 초월하는 것이었다. 아빠는 아직까지도 중학교 이학년 때 외웠던 영어 첫단원을 고스란히 암기하고 있다. 아빠나 아빠 친구들이 그래도 웬만큼 영어를 할 수 있게 된 건 전적으로 그 분의 덕분이라는 데 이의를 달 사람은 아무도 없을 것이다.

그보다 아빠가 못내 부끄러운 건 그 분의 우리들에 대한 진정한 사랑을 깨달은 지 오래이면서도 그 동안 한 번도 찾아 뵙지 못했다는 사실이다. 따라서, 작년에 고등학교 삼학년 때 담임 선생님을 뵈면서 그 분 소식을 들을 수 있었던 건 그나마 다행한 일이 아닐 수 없다. 이선생님께선 건강하게 잘 계시는 모양이다. 이 글을 쓰면서 아빠는 빠른 시일 내에 꼭 선생님을 찾아 뵈리라 다짐한다.

아들아.
요즘 아빠에게 기분 좋은 일이 하나 있다.
그것은 다름아닌 아빠가 올해로 회갑을 맞으시는 고등학교 3학년 때 담임선생님의 회갑기념 수필집의 하서(賀序 : 책머리에 쓰는 축하의 글)를 쓰게 된 일이다.
아빠가 고등학교 3학년일 적에 담임을 맡으셨던 강형(康炯) 은사님께선 지금 대구의 한 대학에서 교수로 계신다. 아빠가 고등학교를 졸업하고 수년 후 대학으로 옮기셨으니 은사님께선 고등학교보다 대학에서 더 오랜 세월을 재직하며 살아 오신 셈이다.

 대학에선 교수가 회갑을 맞으면 제자들이 논문봉정식을 하는 게 관례로 되어 있다. 따라서 은사님의 경우도 대학의 제자들이 회갑논문집을 준비하고 있는 모양이다. 그런데 은사님의 회갑에 우리 고등학교 제자들도 가만히 있을 수 없다면서 수필집을 만들게 된 것이다. 특히 이 수필집을 아빠의 동기들인 55회 졸업생들이 주축이 되어 만드는 것은 우리가 고등학교 3학년이던 해에 은사님께서도 처음 고3 담임을 맡으셨기 때문이다.

 어느 새 아빠도 글을 쓰면서 살게 된 지가 십수년이 되었다. 그 동안 많은 글을 썼지만 이번처럼 기쁜 마음으로 쓰는 글도 별로 없었던 것 같다. 아빠보다 훌륭한 제자들도 많을 텐데 그 글을 쓰게 되어 외람되고 송구스러운 마음을 금할 수 없지만 기꺼이 그 일을 맡은 건 옛스승의 은혜에 조금이라도 보답하고자 하는 마음에서였다. 아빠의 그 마음엔 물론 스승에 대한 존경과 사랑이 담겨 있다.

 생각해 봐라. 정말이지, 아직 어리다면 어리달 수 있는 고등학교 3학년 때 맺었던 담임선생님과의 관계가 24년이 지난 지금에까지 이어지고 있다는 것은 얼마나 즐거운 일인가. 그리고 오랜 세월이 지난 지금도 스승을 위해 뭔가 할 수 있다는 사실은 또 얼마나 행복한지.

한번 스승은 영원한 스승이다. 그리고 그 영원한 스승을 모시고 있는 것은 제자들의 기쁨인 것이다.

아들아.

'청출어람再出於藍'이란 말이 있다. 쪽빛에서 난 푸른 빛은 쪽빛보다 더 푸르다는 뜻으로 스승보다 뛰어난 제자 즉, 스승에게서 배운 제자가 스승을 능가하는 경우를 일컫는 말인데 스승의 은혜를 기릴 때 자주 사용된다. 스승은 자신보다 뛰어난 제자를 보게 되면 몹시 기뻐하기 때문이다. 정말이다. 우리가 살아가면서 자신보다 더 잘 되거나 뛰어난 사람을 보고도 진정으로 기뻐하는 사람은 스승과 아버지밖에 없다. 그래서 스승을 아버지에 견주어 사부師父라고까지 하는 것이다. 그만큼 스승은 자신을 낳아준 아버지와 마찬가지로 그 은혜가 산처럼 높고 바다처럼 깊다. 따라서, 스승의 그림자도 밟아선 안된다는 말도 있지만 우리는 스승을 아버지처럼 공경해야 하는 것이다.

지금까지 살아오는 동안 아빠에겐 학교와 사회에서 만난 여러 스승님들이 계시다. 돌이켜 보면, 한

결같이 좋은 분들로 아빠에게 많은 가르침과 도움을 주셨다. 그래서 아빠는 늘 자신을 퍽 행복한 사람이라고 생각하고 있고 또 그 분들께 고마운 마음을 가지고 있다. 그 분들이 베풀어 준 은혜를 다소나마 갚는 길은 열심히 살며 이 사회를 위해 일하는 것이라고 아빠는 믿는다.

그런데 아들아.

가끔 너나 네 친구가 학교에서 부당한 일을 당했다며 불평하거나 이해가 안 되는 일을 겪었다고 시무룩해 할 때 아빠는 착잡한 심정이 된다. 특히, 요즘처럼 학교문제가 사회문제로 불거져 나오는 일이 많을 때면 더욱 그렇다.

그러나 아빠가 하고 싶은 말은 너 자신이나 네 친구에게 먼저 문제가 없었나 살펴 보라는 것이다. 아빠가 생각컨대, 행실이 바르고 착한 사람은 언제 어디서나, 누구에게든 사랑을 받는 법이다. 그러므로 불평을 하거나 시무룩해 하기에 앞서 스스로 사랑받는 사람이 되기 위해 노력했으면 한다.

물론 너나 네 친구는 그럴려고 최선을 다했다고 말하겠지. 그럴 땐 이렇게 생각하면 안 될까. 아빠 역시 같은 선생인 입장에서 차마 말하기 힘들지만, 이 세상에 나쁜 어른들도 있다면 선생도 그 중의 한 명일 수 있는 거라고 말이다. 어디 선생이라고 모두 성인(聖人)일 순 없지 않겠니. 가령, 너희들끼리 아무개 선생님은 돈을 너무 밝힌다는 식의 얘기를 하는 것을 들은 적이 있는데 그것은 물론 너희들의 불행이기도 하지만 너희들 같은 어린 아이들의 입에 오르내리는 수준이면 그 선생의 불행이라고 아빠는 생각한다.

그래서 어떤 사람들은 학교의 존재의 의의까지 부정하려 하는 경우도 있다. 일테면, 직접 확인한 바는 아니지만, 어떤 중견 가수는 자식을 학교에 보내지 않고 직접 가르친다고 한다. 그 이유가 구체적으로 무엇인지는 알 수 없으나 학교에 대한 불신도 상당 부분 내재되어 있으리라 짐작된다. 그런 생각은 소설 쓰는 이승우 아저씨도 마찬가지인 듯했다. 학교가 제대로 하지 못한다면 결국 집에서 가르치는 편이 낫지 않겠느냐고. 그런데 놀라운 것은 그런 생각을 하는 사람들이 의외로 적지 않다는 사실이다. 얼마 전 「신동아」란 잡지를 보았더니 문화부 장관을 역임한 이어령 교수도 '아이가 학교에서 친구를 잘못 사귀었거나, 교사가 아이를 바보로 만들었거나, 급우들이 아이를 소외시켰다고 하면 학교에 굳이 보낼 필요가 없다'는 말씀을 하고 계셨다.

그러나, 아빠가 선생인 때문이어서 하는 말이 아

니라 정말 학교는 필요하다고 생각한다. 탈무드에도 학교 없는 마을은 폐지되어야 마땅하다고 했지만 학교는 그 자체가 하나의 사회로서 지식의 전수뿐만 아니라 인간을 만드는 곳이기 때문이다. 예를 들어 네가 가입한 보이 스카웃 같은 것도 단체 생활을 통해서 서로 도우는 협동정신을 배우게 되잖니. 그래서 「레 미제라블」과 「노틀담의 곱추」를 쓴 프랑스의 대문호 빅토르 위고는 우리가 교육을 찬성하는 것은 사람을 좀더 일하는 사람으로 만들자는 것이 아니라 좀더 좋은 사람이 되게 하기 위함이며 학교를 여는 자는 감옥을 닫는다고 했다. 또, 요즘 인기 있는 드라마 「용의 눈물」에 나오는 정도전도 그의 저서 「삼봉집」을 통해 학교는 교화의 근원이며 여기에서 인륜을 밝히고 인재를 양성한다고 학교의 필요성을 역설했다.

 물론 학교가 제 구실을 하기 위해선 먼저 좋은 스승이 전제되어야 할 것이다. 케네디 대통령은 아이를 잘못 가르치는 것은 그 아이를 잃은 것이나 다름없다고 했고, 케네디의 뒤를 이어 미국 대통령을 역임한 린든 비 존슨은 그래서 하원에 보낸 글을 통해 학교도 배워야 한다고 했으며, 다산 정약용 선생도 목민심서에서 '학교라는 것은 스승에게서 배우는 곳이다. 스승이 있은 뒤라야 학교가 있을 수 있는 것이다. 오랫동안 덕을 닦은 사람을 초빙하여 스승을 삼은 뒤라야 규례를 의논할 수 있을 것이다'고 하면서 스승의 중요성을 강조했다.

그러나 단순히 지식을 암기하는 것만 가지고선 남의 스승이 될 자격이 없다고 논어에서 지적했듯이 좋은 스승이 되기는 결코 쉬운 일이 아니다. 좋은 스승은 인생의 교사도 되어야 하기 때문이다. 그럴 때, 모든 선생님들이 언제나 학생들에게 모범이 되는 모습을 보여 주었다고 자신 있게 말하기 힘든 부분도 있을 것이다. 아빠 역시 그러지 않으려고 노력하지만, 본의 아니게 편견으로 혹은 무관심으로 학생들의 마음을 상하게 했을 수도 있다.

하지만 십육 년째 교직에 종사하고 있는 아빠의 경험에 비추어 보건대, 일부러 학생들을 편애하거나 미워하는 선생님은 거의 없다고 말할 수 있다. 그리고 더러 의심이 가는 대목이 있을지 몰라도 아직은 학교가 이 세상에서 가장 깨끗한 사회다. 또한, 너희들을 위해 그런 깨끗한 사회를 존속시키려고 대부분의 선생님들이 노력하고 계신다.

참으로 아빠는 학교 선생님들로부터 한 사람의 사회구성원으로 살아가는 데 있어 도움이 되는 많은 것을 배웠다. 진정한 스승은 높은 학문과 성실한 가르침으로 제자들을 인도할 뿐만 아니라 평소의 태도나 작은 행동으로도 귀감을 보여 준다.

아빠가 고등학교 일학년 때의 일이다. 「산업일반」을 가르치는 강종철 선생님이라고 계셨다. 아마, 그 해말쯤이었을 것이다. 하루는 수업을 들어오시는 선생님의 표정이 많이 상기되어 있었다. 우리들은 무슨 일이 있으신 건가 하고 궁금해 했는데 아니나다를까 선생님께 하시는 말씀이 내년도 우리나라 예산이 드디어 1조(兆)원을 넘었다는 것이었다. 즉, 우리나라의 경제규모가 그만큼 커졌다는 뜻인데 그 말씀을 하시는 선생님의 얼굴엔 감격의 빛이 넘치고 있었다. 지금 우리나라 예산은 70조를 훨씬 넘고 있지만, 그런 선생님의 태도에서 그때 우리들은 애국심이라는 것을 배웠다. 이처럼 선생님의 평소의 태도나 작은 행동 하나도 배우는 사람에겐 뜻 깊은 것이다. 그 예를 하나만 더 들기로 하마.

지금 한양대학교 교수로 재직하고 계시는 이승훈 교수님은 아빠가 존경하는 스승님 중의 한 분이다. 아빠가 대학생일 때 이승훈 선생님은 춘천 교대 교수로 계시면서 일주일에 한번 서울로 강의를 나오셨다. 선생님으로부터 아빠는 일학년 때 교양국어, 이학년 때 문학원론을 배웠다.

이학년 봄 국문과에선 방언 취재를 위한 답사여행이 있었다. 답사여행에 참가하지 않은 아빠는 서울에 혼자 남았는데 심심하기도 해서 선생님을 뵐 겸 호반의 도시 춘천으로 향했다.

초행길이라 지리에 어두웠지만 사람들에게 물어 물어 선생님께서 재직하시는 춘천교대를 찾을 수 있었다. 예고도 드리지 않았고 안 계시면 그냥 춘천 시내나 돌아보고 오리라 생각했었는데 다행히 선생님께선 연구실에 계셨다. 대낮인데도 불을 켜지 않아 약간 어둑한 연구실의 책상 앞에 앉아 선생님께선 책을 읽고 계셨다. 그 모습이 참 인상적이었다. 그때 아빠는 공부하는 어른의 모습이 참 아름답구나 하는 느낌과 장차 무엇을 하며 살게 될지 알 수 없지만 저런 삶도 괜찮구나 하는 생각을 했다. 아마도 아빠가 학교에서 학생들을 가르치는 동시에 글을 쓰며 살게 된 데엔 기억 속에서 지워지지 않고 남아 있던 선생님의 그런 모습에서 적지 않은 영향을 받았을 것이다.

지금도 선생님께선 쉬지 않고 계속 공부를 하신다. 잡지나 논문집 등을 통해 발표되는 선생님의 글들을 보며 아빠는 게으른 자신을 질책하기도 하고 열심히 해야지, 하고 마음을 다잡곤 한다. 비록 강의실에서 뵙지 않더라도 꾸준히 공부하고 연구하는 선생님의 모습을 통해 아빠는 또 배우는 것이다.

우리가 배운다는 것은 비단 학교에서만 국한되는

것은 아니다. 세 사람이 길을 가면 그 중에는 반드시 내 스승이 될 만한 사람이 있다. 그 중에서 좋은 점을 골라서 좇을 것이요, 좋지 못한 점은 살펴서 고쳐야 한다(三人行 必有我師焉 擇其善者而從之 其不善者而改之)고 논어論語에서도 말했지만 정말이지, 살다 보면 우리는 도처에서 스승을 많이 만난다. 때로 친구도 스승이 될 수 있고 심지어는 아랫사람에게서도 배운다. 앞서도 얘기했지만 너의 쾌활한 성격은 아빠도 본받을 만한 것이다. 그런가 하면 여행 같은 것을 통해 혼자서 깨우칠 수도 있다.

아빠는 초중고등학교 시절부터 대학을 졸업할 때까지 여러 선생님을 만났고 그 분들로부터 한결같은 가르침을 받았지만 책을 통해서도 많은 것을 배웠다. 우리가 위인전을 읽는 것도 그래서이겠거니와, 말하자면 세상 전체가 스승이 될 수 있다는 얘기다.

그러므로, 지금 네가 할 일은 먼저 마음의 문을 열고 뭔가 배우려는 적극적인 자세를 가다듬는 것이다. 너를 가르치는 주체가 선생님이든 책이든, 혹은 이 세상 전체든 말이다.

여행에 대하여

 몇해 전에 아빠는 고등학교에 재직할 때 함께 근무했던 선생님 두 분과 함께 서해안을 여행한 적이 있다. 서로 시간이 나지 않아 몇 차례 스케쥴을 조정한 끝에 봄방학을 이용하여 겨우 1박2일의 일정을 잡고 떠난 여행으로 태안반도에 있는 학암포가 목적지였다. 그런데 고속도로가 차들로 밀려 삽교천을 지나 서산시로 들어섰을 땐 이미 오후도 절반 가량 지나고 있었다. 우리는 학암포로 가는 길에 있는 태안읍의 삼존마애불상부터 보기로 했다. 보물 432호로 백제의 온화한 미소가 잘 나타나 있는 마애삼존불은 태안읍의 백화산 중턱에 위치해 있었다. 그러다 보니 결국 학암포에 도착한 것은 저녁 어스름녘이었다. 잠시 바닷바람을 쐬다가 우리는 다시 서산으로 나와 저녁을 먹고 여관에 들었다.
　다음날 우리는 기왕 내려온 김에 인근에 있는 유적지들을 둘러보기로 했다. 아빠가 운전을 하고 옆에 앉은 선생님이 지도를 펴들고 근처에 있는 유적들을 살피며 우리는 서산과 아산시 일대를 돌았다. 그날 우리는 추사 김정희 선생의 고택古宅을 비롯하여 윤봉길 의사 기념관, 조선 성종 때 축조된 천주교도들의 순교지 해미읍성, 외암리 민속마을 등을 둘러보고 천수만 철새 도래지를 경유해서 밤늦게 서울로 돌아왔다.
　비록 1박2일의 짧은 여행이었지만, 예정에 없던 유적들을 답사할 수 있었다는 생각에 우리는 퍽 흐뭇했다.

　같은 해 가을, 아빠는 대학에 함께 근무하는 선생님들과 강화도로 가게 되었다. 오랜만에 바람이라도 쐬고 오기 위해서였다. 그러나 강화도로 가는 아빠의 속마음은 조금 달랐다. 윤후 너하고도 몇번 다녀온 적이 있는 강화도는 아빠에겐 감회가 약간 남다른 곳이었다. 10년 전 아빠가 쓴 소설「그리운 청산青山」의 배경이 바로 강화도였던 것이다. 아빠가 소설의 배경으로 삼을 만큼 강화도는 섬 전체가 역사적 유물로 가득찬 전시관 같은 곳이었다.

가령, 아빠의 소설 「그리운 청산」의 무대가 되기도 했던 몽고 침공기의 고려 무신정권의 천도(遷都) 현장 고려궁터를 비롯하여 밀려오는 외세와 맞서 싸운 구한말의 숱한 유적들이 섬 곳곳엔 산재되어 있었다. 따라서, 그 많은 유적들을 한꺼번에 볼 순 없었고 강화도로 갈 때마다 아빠는 몇 군데씩 답사했었는데 다시 가는 김에 그 동안 못 가본 데를 둘러보리라 생각했던 것이다.

그런데 아빠의 그런 생각은 처음부터 빗나가고 말았다. 강화도에 도착하자마자 선생님들은 술을 마시자고 했고 결국 외포리 앞에 있는 섬 석모도 선착장 입구의 한 음식점에서 술잔을 돌리면서 저녁을 맞고 말았다. 석모도까지 건너와서 보문사(普門寺)를 보지 못했다는 생각에 아빠는 적지 않게 안타까운 마음이 되었다. 보문사는 이듬해 우리 식구들끼리 같이 가게 되었다

아들아.
오늘 아빠는 네게 여행에 대해서 이야기하려고 한다. 그러나, 지금은 IMF 한파로 사정이 많이 달라졌지만, 얼마 전까지만 해도 해외여행 한번 안 가본 사람은 팔불출이라는 소릴 들을 정도로 해외여행은 우리에게 일상화된 것이어서 그 팔불출 대

열에 속하는 아빠가 과연 무슨 말을 할 수 있을까 싶다. 그렇지만 팔불출인 대로 몇 가지 생각나는 것을 얘기해 보기로 하마.

　아빠는 위에서 여행의 두 가지 예를 들었다. 네가 보기에도 두 번째 경우는 썩 바람직한 여행으로 여겨지지는 않을 것이다. 그러나 꼭 그렇게 생각할 필요는 없다. 여행의 목적이 휴식과 재충전에도 있는 것이라면 어른들이 모처럼 교외에 나가 바람을 쐬며 술 한 잔 하는 것도 과히 나쁘진 않으리라. 괴테의 말처럼 여행을 하는 것은 도착하기 위해서가 아니라 단순히 여행하기 위해서일 수도 있고 러셀이 말했듯이 여행은 휴양이기도 하기 때문이다. 평론가 천이두란 분도 여행의 목적은 여행 그 자체에 있는 것이며 여행이 즐거운 것은 그것이 여행이기 때문이라고 했으며 심지어 시인 이육사李陸史는 여행에 이유가 필요하다면 그것은 여행이 아니고 사무事務인 까닭이며 여행에선 그저 여정旅情만 느끼면 된다고까지 했다. 그러니 여행을 하면서 지나치게 많은 목표를 세울 필요는 없을 것이다. 굳이 목표를 세우지 않더라도 여행을 하는 동안 우리는 알게 모르게 많은 것을 배우게 될 테니까 말이다.

보리밥과 쌀밥

아들아.

여행은 우리에게 휴식과 재충전, 역사 배우기, 세상 읽기 등의 기회를 제공해 준다고 생각된다. 그 중에서도 여행의 가장 큰 매력은 미지의 세계와의 조우가 아닐까 싶다. 사디의 지적처럼 놀라운 일에 대한 견문, 새로운 도시를 보는 기쁨, 모르는 친구들과 만나는 것, 고결한 예법의 습득 등이 바로 여행을 통해 이루어지는 것이다. 생각해 보라. 낯선 도시의 아침 햇살을 받으며 공기도 상큼한 거리를 거닐고 있다는 것 자체가 얼마나 행복한 일인가. 우리가 다녀왔던 제주도나 속초만 해도 햇살과 공기와 바람이 한결 다르지 않았던가. 그 청결함과 신선함이 우리에게 얼마나 큰 기쁨이었는지는 너도 잘 기억할 것이다. 그러므로 마음이 피곤할 땐 한번쯤 여행을 다녀오는 것도 괜찮은 일일 것이다.

더욱이 여행이 제공하는 휴식과 재충전의 기회를 통해 우리는 자연 자기성찰自己省察의 소중한 시간을 가지게 된다. 자신의 과거를 되돌아보고 현재를 생각하며 미래를 설계해 볼 수 있다면 그보다 더 값진 시간이 어디 있겠느냐. 목적 없이 떠나는 것 같아도 여행이 우리에게 주는 은택은 그렇게 큰 것이다.

여행에 대하여

그러므로 그런 여행에 조그만 목표 하나라도 추가해서 떠나면 어떻겠느냐.

다시 앞서 첫 번째로 예를 들었던 선생님들의 얘기를 하자.

그 이듬해 여름 우리는 다시 여행을 떠나기로 했다. 이번에도 시간이 별로 없어 무박2일로 일정을 잡았다. 여름방학이 끝나갈 무렵이었지만 아직 더위는 채 가시지 않은 상태여서 우리는 고냉지 채소를 재배하는 강원도 산간마을로 행선지를 정하고 떠났다. 그런데 휴가철이 지나서인지 고속도로가 잘 뚫려 강원도 태백 부근의 탄광촌과 산간마을을 둘러보고 났을 때에도 해가 꽤 많이 남아 있었다. 그래서 우리는 정선 아우라지와 소금강, 몰운대를 거쳐 영월쪽으로 향했다. 영월엔 숙부인 수양대군에게 죽음을 당한 어린 임금 단종의 슬픈 사연이 많이 남아 있는 곳이었다. 우리는 나룻배를 타고 단종이 유배되었던 청령포로 들어갔다가 나온 뒤 그가 죽어서 묻힌 장릉까지 둘러보고 자정이 조금 넘어서 서울로 돌아왔다. 비록 일박도 하지 않은 짧은 여행이었지만 역사의 한 현장을 직접 답사하고 온 기분은 이루 말할 수가 없었다.

아빠가 이 이야기를 하는 것은 그저 휴식을 위한 여행도 괜찮지만 기왕 떠나는 길이라면 뭔가 구체적인 목표 하나쯤 설정하는 게 더욱 의미 있다는 걸 말하기 위해서다. 다시 말해, 여행을 통해 저절로 체득하게 되는 감상感想 말고도 스스로 애써서 유익한 지식이나 교훈 같은 것을 얻을 수 있다면 한층 더 바람직하지 않을까 하는 것이다. 아빠가 그걸 권하는 것은 약간의 수고만 기울인다면 크게 힘들이지 않고도 가능한 일이기 때문이다. 즉, 사전에 조금만 준비하면 되는 것이다. 예를 들어, 우리가 양평쪽으로 가다 보면 양수리 조금 못미쳐 능내라는 곳에 다산 정약용 선생의 생가가 있다. 또, 영동고속도로를 타고 가다가 봉평면을 지나칠 때면 우리는 「메밀꽃 필 무렵」으로 유명한 1930년대의 소설가 이효석 선생의 생가를 찾을 수 있다. 따라서, 사전에 여행지에 대한 조사를 하고 떠나면 훨씬 알차고 유익한 여행을 할 수가 있는 것이다.

　우리나라는 국토 전체가 역사적 현장이라고 해도 과언이 아니다. 임꺽정이 은신했다는 경기북부 철원의 고석정에서부터 진시황의 사신이 다녀갔다는 제주도 남단 서귀포의 정방폭포까지 유적이 없는 곳이 없다. 그러므로 어디로 떠나든 신라, 백제, 고구려의 삼국시대에서부터 고려와 조선을 거쳐 오늘에 이르는 역사적 흔적을 쉽게 발견할 수가 있는 것이다.

서울만 해도 그렇다. 500년 넘게 도읍지였던 도시답게 서울은 전 지역이 문화유산으로 이루어져 있다. 일테면, 우리가 자주 찾는 경복궁만 해도 전각(殿閣)과 문(門)의 현판 하나하나엔 그 이름을 지은 삼봉 정도전의 숨결이 살아 있고, 그런가 하면 강동구 삼전동에는 병자호란을 당해 청나라 태종에게 무릎을 꿇고 항복을 청한 인조 임금의 치욕의 기억이 남아 있다. 조금만 관심을 기울이면 이처럼 우리는 주위에서 역사적 현장들을 생생하게 접할 수 있는 것이다.
　가끔은 서울 근교의 성곽이나 능을 돌아보는 것도 좋을 것이다. 이승우 아저씨 집 앞의 홍유릉 있지? 그 앞에서 너는 축구를 하며 놀았지만 그 홍유릉은 우리도 잘아는 조선 고종 임금과 명성황후, 순종 임금과 순명효황후의 묘소이다. 그 분들이 거기에 묻히게 된 과정을 살피면 구한말 우리나라 역사를 이해하는 데 적지 않은 도움이 될 것이다. 서울 근교엔 조선 역대 임금들의 묘소가 많이 있다. 따라서, 태조 임금을 모신 교문리의 동구릉, 세종대왕을 모신 이천의 영릉, 수목원 근처의 세조임금을 모신 광릉, 고양시의 서오릉, 삼송리의 서삼릉, 성남시 가는 길에 있는 헌인릉 등에 들를 때마다 그곳에 대해 조사하면 어느새 조선 역사는 꿰뚫게 될 것이다.

그런 유적들은 전국에 걸쳐 수도 없이 우리를 기다리고 있다. 가깝게는 네 학교 앞에 있는 살꽂이다리가 조선 성종 임금 때 만들어진 우리나라에서 가장 오래된 석교石橋 중의 하나이며 몇 년 전 우리가 가 본 바 있지만 저 멀리 한산섬과 충무 앞바다는 이순신 장군의 전적지戰迹地이다. 우리나라 남단 보길도는 고산 윤선도 선생의 유배지였으며 강릉에 가면 이율곡 선생과 신사임당의 체취를 느낄 수 있다.

비단 유적이 아니라 하더라도 우리가 새겨둘 것은 많다. 가령, 춘천 공지천 가에 있는 찻집 이디오피아는 6.25 때 우리를 도와준 이디오피아 군대를 기념하여 세운 것이며 충남 삽교천 방조제는 박정희 대통령이 생전에 마지막으로 공식행사를 한 곳이다.

'여행 안내서와 보는 눈을 가지고 여행한 사람은 헛일을 한 게 아니다'고 올컷은 말했다. 또, 지식을 얻기 위하여 그저 돌아 다니는 것만으로는 충분하지가 않다. 여행의 방법을 생각하지 않으면 안 된다. 관찰하기 위해서, 우선 준비하지 않으면 안 된다. 자기가 알고 싶은 대상 쪽으로 시선을 두지 않으면 안 된다고 장 자크 루소도 여행에 있어서의 사전준비 자세를 강조했다. 그러므로 기왕 길을 떠나는 김에 조그만 수고를 보태어 하나라도 더

알면 나쁠 게 없을 것이다. 그러는 동안에 우리는 많은 지식의 축적과 함께 자신도 모르게 국토 사랑, 나라 사랑, 겨레 사랑을 몸소 깨닫게 될 테니까 말이다.

그러나 여행을 하면서 지나치게 많은 목표를 세우지 않아도 좋다. 인도 속담에 가장 귀한 자식은 여행을 시키라는 말도 있지만 여행을 하는 동안 우리는 일상생활에서 미처 배우지 못한 많은 것을 체험할 수 있기 때문이다. 언론인 오소백 선생은 여행량은 인생량이라고 했다. 또, 라 퐁텐은 '여행을 통해서' 견문이 넓은 사람은 많은 것을 알고 있다고 했다. 모두 여행 그 자체로써의 유용함을 강조한 말이다. 그렇다. 참으로 여행은 우리로 하여금 낯선 상황에 처해 스스로 판단하고 행동하게 하면서 성숙하는 계기를 마련해 준다. 가령, 일단 여행길에 오르면 시외버스나 기차를 타는 법부터 시작해서 숙박업소에 묵는 일, 그리고 돈을 관리하거나 곤란한 경우를 당했을 때 대처하는 요령 등 배우게 되는 것이 한두 가지가 아니다. 말하자면, 여행은 우리를 자율적인 인간 혹은 능동적인 인간으로 만들면서 살아가는 방법 즉, 삶의 지혜를 터득케 하는 것이다. 아빠가 고등학생 때의 일인데 친구의 조카인 초등학생이 서울서 혼자 비행기로 대구에 내려온 걸 보고 놀란 적이 있다. 비행기 타는 절차가 꽤 까다로운데 초등학생이 혼자 수속을 밟고 비행기를 탔다는 것은 대단한 일이 아닐 수 없었기 때문이다 아빠가 너를 보이 스카웃에 가입시킨 이유도 바로 그런 데 있다. 네 할아버지는 아빠가 염려스럽다면서 가입을 허락하지 않으셨지만 아빠는 집을 떠나 네 스스로의 의지에 의해 뭔가 결정하고 행동할 수 있는 시간과 만나게 하고 싶었던 것이다. 물론 보이 스카웃의 경우, 그 과정에서 친구나 선배인 대원들이 함께 협력하는 부분도 있을 것이다. 그렇지만 그렇게 또 다른 사람들과 협동하며 생활하는 방법을 배우는 것이다.

그러므로 여행은 단체여도 좋고 혼자라도 무방하다. 단체여행은 구성원들과의 효율적인 관계를 통해 협동정신을 배운다면, 혼자서의 여행은 헤즐릿이 말한 바대로 마음대로 생각하고 느끼고 행동할 수 있는 자유를 통해 개인의 정신을 한층 고양시켜 주기 때문이다. 그래서, 가능하면 아빠도 네게 자주 여행의 기회를 만들어 주고 싶다.

그런데 아들아.
작년 초엔가 네가 아빠에게 우리도 해외여행을

가자고 조른 적이 있다. 그때 아빠는 조금 난감했었다. 당시 어른들은 관광을 목적으로, 대학생들과 일부 초등학생들까지도 어학연수를 명목으로 해외여행이 붐을 이루고 있었다. 신혼부부들은 일생에 한번밖에 없는 신혼여행이라면서, 농촌사람들은 평생 농사만 지으며 살긴 억울하다는 듯이 곗돈까지 부어가며 마치 해외여행이 우리가 사는 즐거움의 전부인 양 혹은 유일한 것처럼 너나할 것 없이 마구잡이로 떠나곤 해서 김포공항은 연일 북새통이었다. 그렇게 남녀노소 가리지 않고 온나라가 해외여행을 가지 않으면 큰일이라도 날 것 같이 들떠 있는 분위기였으니 그 와중에서 자유로울 수 있었겠느냐. 무슨 이유에서인지 모르지만 방학이 끝나고 개학을 하면 학교 선생님부터 방학 중에 해외여행 다녀온 사람을 파악하는 마당에 손을 들지 못했던 네 기분을 아빠는 충분히 헤아릴 수 있었다.

그러나 아빠는 네게 다음으로 미뤘다. 그즈음 아빠가 제일 못마땅하게 여기는 것 중의 하나가 무분별한 해외여행이었기 때문이다. 사실, 과거에는 소수의 특권층을 제외하고선 해외여행은 거의 불가능했다. 그래서 미국서 기껏 접시나 닦고 와서도 해외여행을 다녀온 행세를 하는 사람들이 많았다. 그러다가 해외여행이 자율화되고 우리도 돈푼께나 만

보리밥과 쌀밥

지게 되다 보니 어느 새 기를 쓰고 해외여행을 떠나는 지경에 이르렀던 것이다. 그것도 지금 생각하니 모두 외국에서 빚을 얻은 것에 불과하지만.

하지만, 이미 오래 전에 문화와 교양의 축적 없이 경제력에만 의존하여 지구 곳곳을 누비면서 보여준 일본인들의 천박한 행동이 세계의 비웃음을 샀듯이 우리의 해외여행 또한 아빠의 눈에는 그와 별로 다르지 않았다. 아니, 세계의 비웃음을 샀을지언정 일본은 부자나라였지만, 갚아야 할 빚을 잔뜩 짊어지고 있는 채무국인 우리 형편으로선 그런 무분별한 해외여행은 한심한 정도를 넘어 일종의 죄악으로 생각되기까지 했다.

물론, '아빠도 모국을 떠날 수 없는 자는 편견에 차 있다'는 몰도니의 지적에 공감하지 않는 바 아니다. 이 말은 넓은 세계를 접하면 정신세계가 보다 넓게 열린다는 뜻인데, 확실히 해외여행은 우리의 의식의 폭을 확장시켜 준다. 그래서 해외여행은 젊어서 하는 게 좋다고 말하는 사람도 있다. 감수성이 민감한 나이엔 그 나라로부터의 문화적 충격을 더 강하게 받을 수 있기 때문이라는 것이다. 일리 있는 얘기다.

그래, 그렇게 해외여행을 통해 진실로 뭔가 얻고자 한다면 나쁠 게 뭐 있겠는가. 실제로 과거, 나라가 어려웠을 때 우리 유학생들은 조국의 미래를 위해 외국에 나가 한푼의 달러를 아껴가며 선진국의 앞선 학문과 기술을 배웠다. 그렇게 국가나 개인을 위해 구체적으로 뭔가 배울 게 있다면 얼마든지 해외여행을 해도 좋다. 그러나 막연히 남이 해외여행을 하니까 나도 해야 한다는 생각은 삼갔으면 한다. 여행은 그 자체로서도 의미가 있겠지만, 우리 형편은 아직 단지 기분전환으로 해외여행을 할 정도는 아니라는 얘기다.

또 하나, 아빠가 네게 하고 싶은 말은 해외여행에 앞서 국내여행부터 제대로 하라는 것이다. 아빠가 설악산에 처음 가 본 것은 1972년 고등학교 수학여행 때였다. 그리고 다시 가게 된 것은 그로부터 무려 22년의 세월이 흐른 지난 1994년도였다. 아빠 세대의 사람들이 대부분 그렇겠지만, 그 동안 공부하고 글 쓰며 너희들 키우느라 바빠서 여행을 할 마음의 여유가 별로 없었던 것이다. 그런데 17세 때 가 본 설악산을 마흔이 다 돼서 다시 가 보니 너무 좋았다. 그래서 그해 세 번이나 설악산을 다녀왔었다.

앞에서 아빠가 네게 여행의 유용함을 거듭 강조했지만, 웬만큼 여유를 갖고 여행을 하게 된 것은 십 년 안쪽의 일이다. 그리고 그 동안 여행했다는 것도 실은 학생들의 졸업여행과 신입생 OT나 학보사 MT, 가까운 선생님들과의 짧은 여행 정도에 불과하다. 물론 방학을 이용하여 너희들을 데리고 3,4일 가량 여행한 것도 포함해서. 그러나 그런 여행을 통해서도 아빠는 강원도 고성의 통일전망대에서부터 제주도 남단에 이르기까지 우리나라 전역의 꽤 많은 곳을 가 볼 수 있었다. 그리고 그때마다 많은 것을 느낄 수 있었다. 그러므로, 해외여행에 앞서 가급적 국내여행부터 제대로 했으면 싶다.

물론 우리가 지금보다 더 형편이 나아지면 외국여행도 해야할 것이다. 너무 국내여행에만 집착하면 자칫 국수주의자가 될 수도 있을지 모르니 말이다. 그러나 어학연수는 어릴 때부터 하는 게 효과적이라고 해서 오로지 그 이유만으로 해외여행을 한다는 식의 태도는 지금으로선 낭비가 조금 심한 게 아닌가 싶다. 그리고 앞으로 해외여행을 한다면, 한두 푼 드는 게 아니므로, 단순한 관광보다는 구체적인 목적을 가지고 했으면 한다. 일테면, 산업발전을 위한 선진국의 공장이나 연구소 견학도 좋겠고 고대문명에 대한 이해를 위하여 페루나 이집트, 혹은 인도쪽으로 순차적인 계획을 짜보는 것도 바람직한 해외여행의 한 방법이 될 것이다.

아들아.

아빠 생각으로도 분명 여행은 좁은 교실에서 선생님으로부터 배우지 못한 많은 것을 우리에게 가르쳐 준다고 여겨진다. 말하자면, 책을 통해 스스로 깨우치게 되는 것이 있듯이 여행 또한 우리의 스승인 것이다.

높은 이상, 큰 포부에 대하여

옛날에 마케도니아란 나라에 알렉산더 대왕이 있었다. 이 알렉산더 대왕은 그리스·페르시아·인도에 이르는 대제국을 건설하여 헬레니즘 문화를 활짝 꽃피운 역사상 가장 위대한 왕 중의 한 명이다. 그런데 이 알렉산더 대왕은 왕자 시절에 아버지 필리포스 왕에 대해 적지 않은 불만을 가지고 있었다. 아버지가 다른 나라들을 다 정복해 버리고 나면 자신이 왕이 되었을 때 정복할 나라가 없지 않겠느냐는 게 그 이유였다. 물론 알렉산더 대왕은 왕위에 있는 동안 아버지보다 훨씬 많은 나라를 정복했다.

아들아.
'소년이여, 야망을 가져라! Boy's be ambitious' 라는 말이 있다. 어릴 때부터 꿈을 크게 가지란 말이다. 높이 날으는 갈매기가 먼 곳을 보는 것처럼 어릴 때부터 포부가 커야 나중에 위대한 사람이 될 수 있으리라는 생각에서 나온 말일 것이다. 그래서 사람들은 누구나 처음에는 큰 뜻을 품는다. 그러나 그 꿈이 그대로 유지되기는 참으로 어렵다.

 가령, 유치원생이나 초등학생 때엔 모두 어른들이 너는 장차 무엇이 될 거냐고 물으면 대개 대통령이라고 대답한다. 그러다가 초등학교 상급생이 되면 국무총리라고 하다가 중학생 때엔 장관으로 바꾸고 고등학교에 진학하면 고시에 합격해서 판검사가 될 거라고 한다. 그러나 대학에 입학하면 열심히 공부해서 일류 기업체에 취직할 거라고 하다가 또 졸업이 가까워 오면 자신을 원하는 어떤 직장에라도 가서 일하겠다고 한다.

 이 얘긴 우스개 소리도 아니고 누구를 비꼬려는 것은 더욱 아니다. 다만, 그렇게 우리는 살아가면서 자연스럽게 목표를 낮추게 된다는 뜻이다. 말하자면, 우리가 살아가는 과정이란 어쩌면 처음 품고 있던 꿈의 크기를 축소해 가는 과정과도 같다고 할 수 있을 것이다. 그러나 그것을 비관적으로 생각할 필요는 없다. 그것은 오히려 삶에 대한 한층 구체적이고 현실적인 계획을 갖게 된다는 쪽으로 이해

할 수도 있으니까 말이다. 일테면, 어릴 땐 누구나 대통령이 되겠다고 했지만, 그러나 대학생이 되어서까지 모두가 대통령이 되겠다고 하면 우스운 일이고 또 실제로 모두가 대통령이 될 순 없지 않은가. 그럴 때 현실적으로 가능한 목표를 정하는 건 너무도 당연하고 현명한 일이 아니겠느냐.

그런데 조금 희한한 경우가 있다.

꽤 오래 전에 한 언론인이 어떤 정치가에 대해 재미 있는 걸 지적한 적이 있다. 그 정치가가 중학생 때 자기 하숙집 방 책상 앞 벽에 '나는 미래의 대통령'이라고 써 붙여 놓은 사실이 있었던 것이다. 그러니까 유치원생이나 초등학교 저학년생에 가능할 법한 '나는 장차 대통령이 될 거야'라는 골목대장식 사고방식을 중학생이 되어서도 가지고 있다는 걸 어떻게 이해해야 하느냐 하는 게 그 언론인의 질문 아닌 질문이었다. 그런데 그 정치가는 나중에 정말 대통령이 되었다.

그러므로, 그 정치가는 어릴 때의 꿈을 악착같이 보듬고 있다가 마침내 실현시켰다는 의미에서 정말 대단한 인물이라고 할 수 있을 것이다. 하지만 그것은 아주 특별한 경우에 불과하고 앞에서 말했듯

높은 이상, 큰 포부에 대하여

이 누구나 다 대통령이 될 수 있는 것은 아니다.

그보다 문제는 그 정치가가 대통령이 되었다고 해서 그 분의 인생이 반드시 성공한 것이라고 말하기가 어렵다는 사실이다. 그 정치가로선 대통령이 되겠다는 일생의 꿈을 이루었을지 모르지만 그 자체로써 인생의 성공과 직결시킬 수 있는 것은 아니기 때문이다. 다시 말해서, 대통령이 되었다고 모든 게 끝난 게 아니라 어떤 대통령이었느냐 하는 게 인생의 성공을 가늠하는 척도가 된다는 얘기다. 실제로 그 정치가는 대통령으로 재임하는 5년 동안 오만과 독선으로, 그리고 무능과 무기력으로 잘나가던 우리나라 경제를 파탄지경으로 몰아넣었다. 그 때문에 퇴임 후에도 문 밖 출입을 삼가하고 있다. 어릴 때부터 대통령이 되겠다고 했고, 대통령이 된 후에는 역사에 기억되는 위대한 대통령으로 남겠다던 그 정치가는 어느 정도 자신의 포부를 실현시킨 것으로 보인다. 어릴 적 꿈대로 대통령이 된 그 정치가를 분명히 역사는 기억할 테니까 말이다. 그러나 역사가 그 정치가를 기억한다면 그건 대통령으로서의 위대한 치적 때문이 아니라 오만과 독선, 그리고 무능과 무기력함으로 인한 경제파탄의 장본인으로서일 터이다. 따라서, 그 정치가의 인생은 지금 시점에서는 그다지 성공한 것으로 보이지는 않는다.

이 사실에서 우리는 무엇이 되느냐 하는 것보다 어떻게 사는 게 중요한가 하는 것을 배운다. 정말이지 무엇이 되는가 하는 것은 어떤 사람이 되느냐 하는 것보다 중요하지 않다. 대통령이 되었다고 해서 반드시 성공했다고 할 수 없는 것이 부정부패로 감옥에 가는 전직 대통령을 우리는 보아 오지 않았던가 말이다.

그러므로 아들아.

오늘 아빠가 네게 얘기하고자 하는 것도 '무엇이 될 것인가' 보다 '어떻게 사느냐'에 대해서다. 즉, 우리 삶에 있어서의 결과보다 그 과정을 중시하라고 말하고 싶은 것이다. 물론 이 말도 너무나 많은 사람들이 한 바 있어서 진부한 면이 없지는 않지만. 일례로, 지금 대통령에 당선되신 분도 수시로 비슷한 말씀을 하셨다. 나는 무엇이 되기보다 어떻게 사는 게 중요한가를 생각하면서 살아왔다고 말이다. 그럼에도 불구하고 네 번씩이나 대통령에 출마하여 비판자들로부터 오로지 무엇이 되기 위해서 노력하고 있는 게 아니냐는 의심을 받곤 했었다. 그러나 꼭 그렇지만은 않을 것이다. 그 분의 경우, 대통령이 되기 위한 노력도 어떻게 사느냐 하는 문제의 한 과정으로 일단은 이해될 수가 있기 때문이다.

「록키」란 영화가 있다. 77년도 아카데미 작품상을 받은 영화로 삼류 무명복서의 삶을 다룬 작품이다. 그 내용은 대강 이렇다. 평소 푼돈을 받고 링에 오르던 삼류 복서 록키는 어느 날 세계 헤비급 타이틀 매치의 도전자가 불의의 사고로 당하자 대타로 출전하겠느냐는 제의를 받고 수락을 한다. 엄청난 파이트 머니 때문이다. 그러나 그의 실력으로선 도저히 세계 챔피언을 이길 수도 아니, 링 위에서 오래 버틸 수도 없다. 물론 그 경기를 주최한 프로모터들도 그가 적당한 시기에 KO되리라 믿고, 그래서 챔피언의 위용을 부각시키는 데 초점을 맞춘다. 막상 경기를 수락한 후 록키는 불안감에 사로잡힌다. 비록 거금의 파이트 머니에 마음이 동해서 경기에 나서기로 했지만, 삼류복서들만 상대했던 자신이 너무 일찍 링 바닥에 나뒹굴게 되지나 않을까 걱정이 이만저만이 아닌 것이다. 지더라도 최소한 세계 타이틀전에 걸맞는 도전자의 모습이라도 보여 줘야 한다는 게 그의 생각이다. 그래서 그는 심기일전하여 연습에 돌입한다. 그러나 막상 연습에 몰두하게 되자 생각이 달라진다. 경기의 승패는 뻔하지만 가급적 지지 않겠다는 욕심이 생기기 시작하는 것이다. 그러자 당연히 새벽 로드웍도 경쾌해지고 샌드백을 치는 주먹에도 힘이 들어간다. 그런 중에도 경기에 대한 불안감은 여전해서 시합 전 날 밤, 15라운드 종료벨이 울릴 때까지 링 위에 서 있을 수만 있다면 하는 바람을 가져 본다. 드디어 운명의 날이 밝아오고 경기가 시작된다. 그는 몇번의 고비를 넘기며 젖먹던 힘을 다해 싸운다. 그 와중에 챔피언에게 상당한 타격을 주기도 한다. 결국 승부에선 졌지만 경기가 끝났을 때 그는 쓰러지지 않고 링 위에 서 있을 수 있음으로써 소기의 목적을 달성한다. 그리고 피투성이가 된 얼굴로 아내 에드리언의 이름을 부른다.

록키가 우리에게 주는 감동은 삶에 있어서의 과정의 아름다움이다. 비록 그는 승패에선 졌지만 최선을 다하는 삶의 모습을 보여 주었다는 의미에서 그는 승자인 것이다. 우리가 혐오하는 것은 노력한 사람의 평범한 결과가 아니라 노력하지 않은 자의 뻔뻔함인 것이다.

비슷한 내용으로 「마이 웨이」란 영화도 있다. 자신의 생이 실패했다고 생각하는 주인공이 마라톤 대회에서 완주하는 내용인데 역시 과정의 아름다움을 강조하고 있다. 즉, 마라톤에서의 우승도 중요하지만 어려운 여건에서 42.195Km 풀코스를 기권하지 않고 완주하는 것 역시 그 이상으로 값진 것임을 그 영화는 보여 주고 있다.

흔히 우리는 올림픽에서 금메달 위주로 순위를 집계하는 걸 보지만 그건 매스컴에서 편의상 혹은 상업적으로 그렇게 정리하는 것일 뿐이다. 물론 운동경기이니만큼 기록 자체는 중요한 의미를 지닌다. 그러나 지나치게 순위에 집착하는 것은 올림픽의 기본정신에 부합되지 않는 것이다. 그러므로 결과보다 과정이 중시되어야 한다는 점에서 최근의 올림픽도 비판 받아야 할 부분이 있는 셈이다. 일등을 해서 금메달을 획득한 선수만 집중적으로 부각시킴으로써 참가에 더욱 의의를 두는 올림픽의 기본정신을 전도시키고 있으니 말이다.

이와 관련하여 구로다 가쓰히로란 사람의 발언은 주목할 만한 데가 있다. 이십 년 가까이 한국 특파원으로 있는 구로다 씨는 전형적인 일본인이다. 아빠가 이 사람을 전형적인 일본인이라고 하는 것은 우호적인 태도를 가장하면서 한국의 약점을 악의적으로 살살이 훑는 교활하고 야비한 성격이 일본인의 일반적인 모습을 잘 대변하고 있는 것 같아서이다. 그러나 그런 사람에게서도 배울 게 있다. 그것은 독毒도 잘 쓰면 약이 되는 것과 마찬가지로 악당에게서도 배울 게 있다는 뜻이긴 하지만. 이 인물에 대해선 아빠가 분명히 나중에 집중적으로 한번 말할 기회가 있을 것이다.

  그 사람이 쓴 '1등만 사람인가'라는 글 중에 한국인은 모두 중간은 좋아하지 않고 가장 위를 목표로 한다고 지적한 대목이 있다. 글의 전체적인 내용은 사리에 맞지 않는 횡설수설이지만 그 부분만큼은 생각해 볼 여지가 있다고 생각된다. 가령, 한국인의 경우 모두 중견 간부보다는 사장이 되고 싶어하고 정치가도 도지사나 시장보다는 무조건 대통령을 목표로 삼기 때문에 중간계층이 허약하여 사회가 원활하게 돌아가지 않는다는 점을 그는 꼬집고 있는데 어느 부분 일리가 있다고 해야 할 것이다. '봉황의 꼬리보다는 닭의 머리가 낫다'는 식으로 그 동안 우리는 정상頂上의 위치에 서는 데 보다 큰 가치를 부여했던 측면이 없지 않으니까 말이다. 그러다 보니 구로다 가스히로 씨의 말처럼 중간 계층이 허약해져 우리 사회의 전체적인 기능이 떨어지는 것이다.

  그 점은 축구의 예에서도 입증이 된다. 축구는 허리부분인 미드필더가 강해야 좋은 팀이 된다. 축구에서 미드필더는 수비수로부터 공을 공급받아 공격수에게 배급하며 공격의 기회를 만드는 한편으로 상대방의 공격을 미리 차단하는 대단히 중요한 임무를 지니고 있다. 따라서 이 미드필더가 강하지 않으면 공격수는 상대를 공격할 기회가 줄어들고 수비수 역시 수시로 상대의 공격을 받게 된다. 한국 축구가 최근 다소 부진에 빠진 것도 전통적으로 강했던 미드필더가 약해진 탓이라는 견해가 많은데 그만큼 중간 부분인 허리의 역할은 중요한 것이다.

결국 무조건 일등이어야 한다거나 정상에 서려는 것은 '어떻게 사느냐'보다 '무엇이 되느냐'에 더 큰 비중을 두고 있기 때문이다. 그러나 명심할 것은, 스타 플레이어 홍명보 선수는 공격수가 아닌 수비수라는 사실이다. 즉, 남의 앞에 혹은 위에 서지 않고서도 얼마든지 훌륭한 역할을 할 수 있다는 말이다.

이쯤에서 아빠는 네게 나다니엘 호손이라는 미국 작가가 쓴 「큰 바위의 얼굴」에 대해 잠시 얘기할까 한다.

오래 전, 미국 어느 마을에 어니스트란 소년이 살고 있었다. 이 소년이 살고 있는 마을 뒷산엔 사람 얼굴 모양의 커다란 바위가 있었는데 어머니로부터 들은 전설에 의하면 이 마을에서 태어난 사람이 언젠가 바위의 얼굴을 닮은 모습으로 훌륭한 인물이 되어 돌아온다는 것이었다. 어니스트는 자기 생애에 그 사람을 만나보고 싶다는 소박한 소망을 갖고 살아간다.

 그런데 하루는 이 마을에서 태어나 먼 항구로 나갔다가 엄청나게 돈을 번 사람이 돌아온다는 소식을 들었다. 그가 나타났을 때 사람들은 큰 바위의 얼굴을 닮았다며 환호한다. 그러나 어니스트는 그 부자 노인에게서 탐욕스런 모습만 보았을 뿐이었다.

 세월이 흘러가고 어니스트는 청년이 되었다. 그는 늘 하루 일과를 끝내면 큰 바위의 얼굴을 바라보며 명상에 잠기곤 했다. 그럴 때마다 그에겐 맑고 고요한 감정이 차오르곤 했다. 그즈음, 이 마을 태생으로 여러 해 전에 군대에 들어가 수많은 전쟁을 치른 장군이 돌아온다는 소식이 전해졌다. 사람들은 다시 환호했다. 하지만 어니스트는 그 장군이 큰 바위의 얼굴은 아니라는 생각이 들었다. 그 장군에겐 정력이 넘쳐 흐르고 철석같은 의지는 있었지만 선량한 지혜와 따사로운 자비심은 찾아볼 수가 없었던 것이다.

 다시 여러 해가 평온한 가운데 흘러갔다. 어느덧 어니스트는 중년으로 접어들었다. 그 동안 그는 인류를 위해 훌륭한 일을 해 보겠다는 희망으로 전도사가 되어 하루하루 덕행을 쌓아나갔다. 그리하여 어느 정도 이름이 알려지기도 했다. 그 무렵 또 다

높은 이상, 큰 포부에 대하여

시 큰 바위의 얼굴과 닮은 저명한 정치가가 돌아온다는 소식이 사람들 사이에 퍼졌다. 그 정치가는 대통령에 출마하기에 앞서 고향을 방문하는 길이었다. 그 정치가가 마을에 도착했을 때 사람들은 열광했다. 하지만 어니스트가 보기에 놀랄 만한 천품을 지닌 정치가의 눈시울엔 피곤함과 우울한 빛이 깃들어 있었다.

세월이 꼬리를 이어 덧없이 지나갔다. 이제 어니스트의 머리에도 하얀 서리가 내리고 이마엔 적잖은 주름이 잡혔다. 정말 늙은이가 된 것이다. 그 동안 사람들에게 진리를 가르치고 지혜를 일깨워 주면서 그의 이름은 이미 널리 알려졌으며 많은 사람들이 그를 찾아오기도 했다. 그맘때쯤 인자하신 하느님의 섭리로 시인 한 사람이 세상에 나타나게 되었다. 역시 이 마을 출신인 그 시인은 하늘로부터 받은 훌륭한 시적 재능으로 많은 사람들에게 깊은 감동을 주었다. 그 시인의 시집은 마침내 어니스트의 손에까지 들어가게 되었다.

어니스트는 하루 일을 마친 후엔 늘 이 시인의 시들을 읽었다. 그리고 큰 바위의 얼굴을 바라보며 중얼거렸다. 이 사람이야말로 그대를 닮을 자격이 있는 사람 아닙니까.

한편, 소문으로 들은 어니스트의 고아한 인품과

밝은 지혜를 흠모한 나머지 그 시인은 직접 만나보고픈 생각이 들어 길을 나섰다. 그리고 어니스트의 집을 찾아서 일박을 청했다. 시인을 맞아 대화를 나누던 어니스트는 그에게서 우러나오는 인간적 성실함에 감동을 받으면서 어쩌면 이 사람이 큰 바위의 얼굴이 아닐까 생각했다. 그러나 시인은 어니스트가 찾는 큰 바위의 얼굴이 지닌 진(眞)과 선(善)의 경지까지는 자신도 이르지 못하고 있다고 솔직히, 그리고 슬프게 대답했다. 그가 큰 바위의 얼굴의 주인공이 아니라는 사실에 어니스트 역시 슬펐다.

저녁해가 저물 무렵, 오래된 관례대로 어니스트는 야외에서 동네 사람들에게 설교를 하게 되었다. 어니스트는 자신의 마음 속에 있는 바를 청중들에게 이야기하기 시작했다. 어니스트의 말은 그의 사상과 일치되었으므로 힘이 있었고, 착한 행위와 신성한 사랑으로 일관한 그의 일생이 융해되어 있었으므로 생명의 복음과도 같았다. 그의 말을 듣고 있는 동안 사람들은 가슴을 덥히는 성스러운 기쁨을 느꼈다.

어니스트의 뒷편으로, 넘어가는 태양의 황금 빛 속에 큰 바위의 얼굴이 또렷이 모습을 드러내고 있었다. 바위 위를 둘러싼 흰구름은 마치 어니스트의 이마를 덮고 있는 백발 같아 보였다. 그때, 시인이

높은 이상, 큰 포부에 대하여

소리쳤다.

― 보시오! 보시오! 어니스트, 저 분이야말로 큰 바위의 얼굴과 똑 같지 않습니까!

이 작품은 큰 꿈을 꾸기보다 생각과 실천을 일치시키며 묵묵히 자기 일을 충실히 해 나갈 때 사회에서 필요로 하는 훌륭한 사람이 될 수 있다는 교훈을 우리에게 준다.

그렇다면 우리는 큰 꿈을 꾸어서는 안 되는 것일까. 그저 쉽게 실현 가능한 작고 소박한 꿈을 가지는 게 현명한 일인가.

그렇지는 않다. 가령, 대통령을 꿈꾼다고 해서 무조건 나쁘다거나 잘못된 것은 결코 아니다. 아니, 오히려 처음부터 꿈이 작다면 그것도 조금은 이상한 일이다. 또 누군가는 대통령이 되어야 하는 것이다. 다만, 아빠가 말하고자 하는 것은 대통령 자체가 목적이어서는 곤란하다는 얘기다. 즉, 단지 높은 자리라서, 혹은 남을 호령할 수 있기 때문에 대통령이 되려고 해서는 안 된다는 말이다. 정말로 대통령이 되고자 한다면 우선 그에 따른 구체적 목적과 원대한 비전이 있어야 하는 것이다. 그러므로, 아주 드문 경우이겠지만, 자기 자식을 반장 시키기 위해서 학부모가 선생님에게 힘을 쓰거나 출마한 학생이 급우들에게 사전에 선물을 돌리는 등의 행위가 초등학교에서 가끔 있다는 언론의 보도 같은 것을 접하게 되면 '무엇이 되기 위해서'만 노력을 기울이는 극단적인 예를 보는 듯해서 안타까운 마음이 드는 것이다.

아빠도 네게 꿈을 크게 가지라고 말하고 싶다. 그래야 발전이 있기 때문이다. 우리가 잘 아는 남이장군南怡將軍이 남긴 시는 남자의 큰 포부와 기개氣槪를 잘 나타내고 있다.

백두산의 돌은 칼을 갈아 다 닳게 하고白頭山石磨刀盡
두만강 물은 말을 먹여 없애리豆滿江水飮馬無
사나이 이십세에 나라를 평화롭게 하지 못하면男兒二十未平國
후세에 누가 대장부라 일컬을 것인가後世誰稱大丈夫

남이장군은 조선 태종 임금의 외손으로 1457년 17세의 나이에 무과武科에 장원급제하였으며 1467년 이시애李施愛가 북관北關에서 난을 일으키자 우대장右大將으로 이를 토벌, 적개공신敵愾功臣 1등에 오르고, 이어서 서북면의 건주위建州衛를 정벌하고 27세의 나이로 병조판서가 된 분이다. 그런 인물이었던 만큼 시에 나타나는 큰 포부나 남자다운 기개는 지극히 당연한 것으로 우리가 본받을 만하다. 왜냐하면 그분의 포부나 기개는 개인의 이익보다 국가에 대한

높은 이상, 큰 포부에 대하여

충성심이 그 바탕을 이루고 있기 때문이다.

 결국 우리가 갖는 꿈은 그것이 어떤 삶을 위한 것인가 하는 점에 한층 심대한 의미가 있는 것이다. 즉, 참된 삶의 실현을 위한 것이라면 꿈의 크기 자체는 문제가 아닐 것이다.

 이런 삶은 어떨까. 우리가 적도의 성자聖者라고 일컫는 슈바이쳐 박사가 어릴 때 꾸었던 꿈, 일테면 의술醫術을 통해 인류사랑을 구현하겠다는 생각을 평생에 걸쳐 실천에 옮기는 그런 삶 말이다. 아프리카에서 흑인들을 돌보며 평생을 바친 슈바이쳐 박사의 삶은 우리가 가질 수 있는 높은 이상과 큰 포부의 한 전형을 보여 준다. 즉, 무엇이 될 것인가 하는 것보다 어떻게 살 것인가 하는 문제에 해답을 시사하고 있다고 아빠는 생각하는 것이다.

 그런 각도에서 본다면 굳이 대통령이 아니라 하더라도 우리가 할 수 있는 의미 있고 가치 있는 일들은 도처에 충분히 많다. 장애인을 돌보며 하느님의 사랑을 실천하는 신부님, 가난한 사람들에게 식사를 제공하는 단체, 국가경쟁력을 높이기 위해 밤을 밝히며 첨단과학기술을 연구하는 사람들 등등.

 최근에 아빠는 신문에서 반가운 기사를 하나 보았다. 일전에 말했던 씨감자를 발명했다는 아빠의 친구 있잖니. 그 친구가 얼마 전 정부와 의논하여 씨감자를 가지고 북한을 방문한 모양이었다. 그 친구의 씨감자는 세계적인 수준의 발명품이라고 아빠가 얘기했던 것 같은데 아마도 그것을 통해 기아에 허덕이고 있는 북한주민의 식량 사정에 상당한 도움을 줄 것으로 예상된다. 어떠냐. 자신의 뜻 있는 연구로 많은 사람들을 배고픔에서 벗어나게 할 수 있다면 그보다 더 근사한 일이 어딨겠느냐. 아빠는 그 친구가 대통령보다 더 위대해 보이고 그 친구의 친구라는 사실이 또한 너무 자랑스럽다.

삶의 과정을 중시하며 살았기에, 무엇이 되고자 했던 사람보다 더 위대해진 사람들은 너무도 많다. 아빠는 위대한 국방장관의 이름은 별로 못들었지만 위대한 장군의 이름을 적잖게 알고 있다. 또 이순신 장군이나 이율곡 선생처럼 임금보다 더욱 뚜렷하게 역사에 족적을 남긴 신하가 있듯이 대통령보다 더 위대한 정치가도 많다고 생각한다.

아들아.

높은 이상과 큰 포부는 자라나는 너희들로선 마땅히 가져야 할 덕목이다. 그러나 각별히 명심할 것은 그 이상과 포부엔 반드시 이웃사랑과 인류애 人類愛가 충만해야 한다는 사실이다.

신독愼獨에 대하여

 L이라는 아빠 친구의 얘기다. 이 친구가 초등학교 6학년일 적의 일이다. 5학년을 마칠 때까지 이 친구는 줄곧 반에서 1등을 했었다. 그런데 6학년에 올라와선 사정이 달라졌다. 6학년이 시작되고 한달쯤 지났을 때 시험에서 1등을 놓치게 되었던 것이다. L로선 난생 처음 겪는 일이라 몹시 당황했지만 처음에는 어쩌다 한번 그럴 수도 있는 거려니 생각했었다. 하지만 그게 아니었다. 한번 빼앗긴 1등은 그 후로도 좀처럼 되찾을 수가 없었던 것이다.

 실상 그 전까지 L은 별다른 노력을 하지 않고서도 쉽게 1등을 하곤 했었다. 그러나 한번 2등으로 밀려난 후부턴 나름대로 열심히 공부했는데도 웬일인지 다시 1등으로 오를 수가 없었다. 더욱이 L로선 분통이 터지는 게 자신에게서 1등을 빼앗은 J라는 친구는 5학년 때까지만 해도 10등 정도로 그다지 공부를 잘하는 학생이 아니었다는 사실이었다. 그러니 자존심이 상하고 심기가 불편하지 않을 수 없었다.

그러나 L의 그런 사정과 관계없이 학급은 J 위주로 돌아갔다. 6학년에 올라올 때 성적이 1등이었던 탓에 비록 반장은 L이었지만 계속 J가 1등을 하게 되자 모든 일의 우선권이 J에게 주어지게 되었던 것이다. 당연히 욕심 많은 L은 J에게 사사건건 시비를 걸었고 자주 괴롭혔다.

그러던 어느 날이었다. 담임 선생님께서 J를 모범학생으로 추천했다. 그리고 며칠 후 J는 교육청으로부터 상을 받게 되었다. 담임 선생님으로선 관례대로 공부를 잘하는 J를 추천한 것이었겠지만 L은 울화가 치미지 않을 수 없었다. 그래서 J가 상을 받은 다음 날 애들을 모아 놓고 말했다.

— J가 모범생이라 이거지. 좋아, 정말 그 녀석이 모범학생인지 아닌지 확인해 보자.

그리고는 복도에 휴지를 떨어뜨려 놓고 아이들로 하여금 교실 창문 뒤에 숨어 지켜 보게 했다. J가 진정한 모범학생이라면 보는 사람이 없더라도 당연히 복도에 떨어진 휴지조각을 주을 거라는 거였다.

신독에 대하여

조금 후에 J가 복도에 나타났다. 모범상을 받은 J는 과연 그 휴지조각을 주웠을까.
그 대답은 조금 있다가 하자.

아들아.
「신독愼獨」이란 말이 있다.
유학儒學 사서四書 중의 하나인 「대학大學」에 나오는 '군자 필신기독야君子 必愼其獨也'가 그 어원으로 자기 홀로 있을 때에도 도리에 어긋나는 일을 삼간다, 즉 혼자일 때 더욱 근신하라는 뜻으로 쓰이는 말이다.
아빠는 대학교 일학년 때 교양국어 시간에 이 말을 배웠는데 참, 가슴에 와 닿는 명구名句라는 생각이 들었다. 혼자일 때 더욱 삼가라. 얼마나 좋은 말인가. 글쎄, 사람이 살아가는 것은 뭔가 배움을 보태는 과정이라고들 하지만 아빠는 이 말보다 더 좋은 가르침이 별로 없다고 지금도 생각한다. 물론, 비슷한 뜻의 경구는 서양에도 있다. 로마의 철학자이자 정치가인 세네카도 우리는 혼자 있을 때라도 늘 남 앞에 있는 것 같이 생활하지 않으면 안 된다. 우리들은 마음의 모든 구석구석에 남의 눈이 비치더라도 두려워 할 것이 없도록 사색해야 한다고 말했다.

사람은 사회적 동물이다. 따라서, 좋건 싫건간에 남을 의식하며 살지 않을 수 없다. 그래서, 혼자 있을 땐 하지 않던 일도 체면 때문에 다른 사람이 보면 하게 되고 또, 반대로 혼자선 얼마든지 저지르는 일도 남의 눈이 무서워 삼가는 경우도 있다.

그러나 소신 있는 사람은 남의 눈을 의식하지 않고, 해야 할 일은 마땅히 하며 하지 않아야 할 일은 절대로 하지 않는다. 흔히 우리는 겉다르고 속다른 행동을 하는 표리부동表裏不同한 사람을 보게 된다. 그런 사람의 행위는 대부분 위선적僞善的인 것이어서 진실성이 느껴지지 않는다.

말과 행동이, 생각과 행동이 일치하는 삶을 사는 것은 쉬운 일이 아니지만 그것을 위한 노력은 게을리 하지 말아야 한다. 아빠도 비교적 아니, 가능한 한 그런 삶을 살려고 노력하고 있다. 일테면, 너도 보았다시피, 교통경찰이 있건 없건 아빠는 절대로 신호를 어기지 않는다. 교통신호는 혼자일 때도 반드시 지켜야 하기 때문이다.

아빠는 지금까지 그래왔듯이 앞으로도 이 '신독'이란 말의 뜻에 어긋나지 않는 삶을 살아야겠다고 생각한다. 그것은 아빠가 남을 가르치는 선생으로서 이중인격을 가져선 안 되거니와 진실로 이 '신독'의 가르침은 누구에게나 절실한 덕목이기 때문이다.

그런데 이 신독의 가르침을 명심하면서 살다 보니 그와 관련해서 또 하나 얻게 되는 깨달음이 있었다. 혼자일 때 더욱 삼가라. 그 가르침을 실천하면서 자신에게 엄격해지자 반면에 남에겐 관대해지기 시작한 것이다. 그래서 아빠는 '자신에겐 엄격하게 남에겐 관대하게'라는 생각을 하나의 생활신조로 삼게 되었다.

천주교에서도 '내 탓이오 내 탓이오. 내 탓이로소이다'라는 기도를 하지만 그런 자세는 우리 모두에게 필요하다. 왜냐하면, 모든 일에 대해서 한번 더 성찰하는 기회를 갖게 되기 때문이다. 그러다 보면 대개 자신에게도 다소간의 잘못이 있음을 발견하게 된다. 그러므로 모든 것을 남의 탓으로만 돌리는 것은 비겁한 일이기도 하지만 그에 앞서 자신의 잘못부터 살피는 태도는 소중할 수밖에 없는 것이다. 물론, 우리가 살아가는 과정에서 더러는 억울한 경우를 당할 때도 있을 것이다. 분명 자신의 잘못이 아닌데 원망과 비난과 질책이 자신에게 쏟아지는 경우 참기 힘든 것은 당연하다. 하지만 그럴 경우에도 분노를 다스리는 노력이 필요하다. 오해는 어쩌다 생기는 것일 뿐 쉽사리 반복되지 않거니와 자신에게 엄격한 대신 남에게 관대함을 보이면 사람들은 그 포용력에 자연 머리를 숙이기 마련인 것이다.

  실로, 홀로 있을 때 더욱 삼가라는 '신독'의 가르침은 사람을 '자중자애自重自愛'하게 한다. 스스로 엄격함으로써 자신을 무게 있게 하는 것은 교만이 아니다. 그리고 자신을 신중한 사람으로 가꾸는 자기 사랑도 절대로 이기주의가 아니다. 우리는 자신에게 관대함으로써 스스로 자신을 값싸게 한 후에 남의 멸시를 받기 때문이다. 자기에게 엄격한 사람은 결코 남에게 가벼이 취급당하지 않는다. 말하자면, 스스로 지키지 못한 인격은 존중될 가치가 없다는 얘기다.

  이제 앞서 했던 아빠 친구의 얘기를 마저 하자.

  복도에 나타난 모범상을 받은 J는 휴지를 보자 곧바로 주워서 쓰레기통에 버렸다. 그바람에 L은 머쓱해지고 말았다.

  그런데 나중에 두 사람은 퍽 가까워졌다. 졸업을 하고 둘다 일류 중학교에 진학하여 친한 사이가 되었던 것이다. 그러니까 조금 심술궂었던 L의 행동은 어린 시절의 철없는 행동에 불과했던 것이었을 뿐이다. 물론, 거기엔 남이 보건 보지 않건 계속해서 선행을 하는 J의 선량함을 L이 인정했던 점도 작용을 했으리라 믿어진다.

'벽에도 눈이 있다'는 서양 속담처럼 시경(詩經)엔 '벽에도 귀가 있다'고 했다. 이 모두가 '하늘과 해가 내려다 본다天日照臨'는 동양의 경구가 가르치는 바대로 '혼자일 때 더욱 삼가는 행동'을 강조한 것이다. 그래, 좋은 말이다. 그러나 더욱 중요한 것은, 혹시 들킬지 몰라서가 아니라 진실로 우러난 마음에서 행동을 삼가는 일이다. 벽도 모르고 하늘도 모르는 일이지만 그 일을 한 자신은 알고 있지 않겠는가. 혼자일 때 삼가 스스로 떳떳해지는 일, 참으로 그것은 우리가 염원하고 소망하는 정의의 실현과도 이어지는 것이다.

정의와 진실에 대하여

　어느 초등학교에서의 일이다. 한 학생이 점심시간에 축구를 하다가 수업시작 종이 울린 후 조금 지나서 들어왔다. 선생님은 수업시간에 늦은 벌로 그 학생에게 엎드려뻗쳐를 시켰다. 그런데 조금 후 다른 학생 하나가 들어왔다. 그러나 선생님은 그 학생에게 벌을 주지 않고 그냥 자리에 가서 앉으라고 했다.
　이 날 벌을 받은 이 학생은 종일 기분이 나빴다. 그리고 선생님이 왜 자신은 벌을 세우면서 더 늦게 들어온 친구는 그냥 자리에 앉게 했는지 이해할 수가 없었던 것이다.
　이 날 밤이 늦어서였다. 내내 시무룩한 아들의

얼굴을 보던 아버지가 무슨 일이 있느냐고 물었다. 그러자 아들은 머뭇거리다가 낮에 학교에 있었던 일을 얘기했다. 그 이야기를 들은 아버지는 내심 화가 치미는 한편으로 그 일을 아들에게 어떻게 설명해야 할지 난감한 심정이 되었다.

다음날 아침, 아버지는 아들에게 말했다.

― 네 말대로라면 선생님이 잘못한 것일 수도 있다. 그렇지만 평소 너는 자주 늦게 들어왔고 다른 학생은 어쩌다 그런 것이라면 선생님으로선 네게만 벌을 줄 수도 있을 것이다. 왜냐하면, 다른 학생은 다음엔 또 그러지 않겠지만 너는 벌을 주지 않으면 계속 그럴 수도 있기 때문이다. 그러니까 네가 받은 벌은 한번 늦게 들어온 때문이 아니라 평소의 행동에 대한 종합적인 벌이다

그러나 아들은 평소 어쩌다 한두 번 늦은 적은 있지만 자주 늦게 들어오진 않았으며 그런 사정은 그 친구도 마찬가지라는 것이었다.

그 말을 들은 아버지는 다시 깊은 생각에 잠겼다. 그리고 잠시 후에 다시 아들에게 말했다.

― 만약 네 말이 사실이라면 학교에 가서 반드시 선생님께 여쭤 보아라. 왜 더 늦게 들어온 친구는 그냥 자리에 앉히면서 그보다 조금 일찍 들어온 저는 벌을 세우셨느냐고 말이다.

그러나 이 학생은 차마 선생님께 그렇게 묻지 못하고 아버지가 전화를 해 달라더라는 식으로만 말씀드렸다.
하지만 이 학생의 아버지에게 선생님의 전화는 오지 않았다.

아들아.
위의 내용은 아빠 친구로부터 들은 얘기다. 그런데 굳이 위의 이야기를 다시 거론하는 것은 '정의와 진실'에 대해 함께 생각해 보기 위해서다.
아빠는 앞서 네게 '스승에 대하여'를 얘기하면서 선생님이라고 모두 성인聖人이 될 수는 없다는 말을 한 바 있다. 그런 관점에서 이야기를 시작해 보자.
위의 학생의 말대로 자기는 벌을 주면서 더 늦게 들어온 친구는 그냥 자리에 앉게 했다면 그것은 분명 그 선생님의 잘못이다. 따라서, 학생의 아버지가 화가 치밀었던 것은 당연한 일이다. 그러나 학생의 아버지가 한편으로 난감했던 것은 어린 아들에게 어른들의 잘못을 특히, 선생님의 잘못을 어떤 식으로 설명해야 할까 하는 점 때문이었을 것이다. 왜냐하면, 자라나는 아이들의 모범이 되어야 할 같은 어른으로서, 더구나 배우는 과정에 있는 학생에게 가르침의 주체인 선생님의 잘못을 말한다는 것은 몹시 부끄러운 일이니까. 어른들은 잘못을 저지르면서 너희들은 어른들의 말을 잘 들어라,고 할 순 없잖은가. 그래서 가급적 어른의 편에서, 선생님의 입장을 옹호해서 얘기할 수밖에 없었을 것이다. 설령, 아들의 말이 사실과 다르고 선생님이 준 벌이 평소 자주 늦게 들어온 데 대한 총체적인 벌이라고 해도 그때마다 따끔하게 충고하거나 야단치지 않고 그런 식으로 처리하는 것은 학생에게 상처를 주는 잘못된 처사라는 걸 알면서도 말이다.

그렇지만 아들의 말대로, 아들이나 더 늦게 들어온 친구나 평소 학교에서의 생활태도가 비슷했다면 문제는 달라진다. 그런 경우 아들에게만 벌을 주었다는 것은 전적으로 선생님의 변명할 여지 없는 명백한 잘못이기 때문이다. 그럴 때 어떻게 해야 하는가. 그 아버지는 그 점에 대해 몹시 고민을 했을 것이다. 왜냐하면, 아들에게 잘못된 일은 잘못된 것이라고 알려 주고 고치게 하는 게 어른으로서 마땅한 일인데 잘못을 저지른 당사자가 다름아닌 아들의 담임 선생님이었으니까 말이다. 그러므로 학교 가거든 선생님께 왜 더 늦게 들어온 친구는 그냥 앉히면서 그보다 먼저 들어온 자신은 벌을 세웠는지 여쭤 보라고 한 것은 고심 끝에 어렵게 내린 결정이었음이 틀림없다고 여겨진다. 물론 아들이 제대로 선생님께 여쭤볼 수 있으리라고는 아버지도 장담하지 못했지 않았을까 싶다. 그러나, 그럼에도 불구하고 아들에게 그렇게 말한 데엔 아버지로서 깊은 생각이 있었을 것이다. 여기서는 두 가지만 얘기하자.

첫 번째로, 그 아버지로서는 분명히 선생님의 행위가 정당하지 않은 것이라고 판단했던 때문이다. 그럴 때 그런 일을 그냥 넘기는 것은 어른으로서, 그리고 아버지로서 떳떳하지 못할 뿐더러 자라나는 아이에게도 나쁜 습관에 젖게 할 우려가 있다고 생각되었을 수도 있다. 어려서부터 잘못된 점을 그냥 넘어가는 일이 습관화되면 커서도 정의를 실천할 수 없게 되는 것은 쉽게 예상되는 일이니 말이다.

두 번째로, 앞서 얘기했다시피, 선생님도 성인이 아니므로 잘못을 저지를 수도 있지만, 그럴 때 그 잘못을 지적해야 같은 일이 되풀이되지 않기 때문이다.

아빠에게 그 얘기를 한 친구는 아들의 담임 선생님으로부터 전화가 오지 않자 직접 전화를 걸까 하다가 그만두고 말았다고 한다. 전화를 걸어 그 일을 따지기에는 상대가 담임 선생님이라는 점이 아무래도 부담이 되더라는 것이었다. 그럴러면 아들을 전학시킬 각오까지 해야 하는데 자식을 학교에

정의와 진실에 대하여

보내는 학부모의 입장에서 그러기가 쉽지 않았던 모양이었다.

그 이야기를 듣고 아빠는 그 친구의 입장을 충분히 이해하면서도 정의를 바로 세우기가 참 힘들다는 사실에 한동안 많이 우울했다.

몇 년 전에 졸업한 S라는 학생이 있다. 직장을 다니다 입학한 학생이라서 S는 나이가 조금 많았다. 아마 입학할 때 23, 4세쯤 되었었지 않나 싶다. 아빠가 알기로 아버지가 계시지 않는 그 학생은 집안 형편이 조금 어려운 편이었는데 그런 환경에서 사회생활까지 해서인지 모든 일에 악착같은 데가 있었다. 강의 시간에 교수들이 소개한 책은 모두 사서 읽고 레포트는 완벽하게 작성해서 제출했으며, 당연히 공부도 남에게 지지 않으려고 했다. 그런데, 그렇게 모든 일에 너무 열심이었던 탓일까.

중간고사에서 S가 컨닝을 하다 적발이 되었다. 아니, 정확하게 말하자면 컨닝 페이퍼를 갖고 있다가 감독교수의 눈에 띄었던 것이다. 아빠는 S의 지도교수는 아니었지만 담당과목 교수에게 F학점으로 처리하는 게 어떻겠냐는 의견을 제시했다.

그런데 문제가 생겼다. 그 과목을 최하 학점인 F를 받고도 S는 3등을 했던 것이다. 학교의 장학제도로는 3등이면 등록금의 절반을 면제받을 수 있었다. 아빠는 S를 불렀다. 그리고 장학금 대상자에서 제외하겠다는 뜻을 알렸다. 부정행위로 적발된 건 한 과목에 불과하지만 나머지 과목도 정상적인 성적으로 인정할 수 없다는 이유를 들어서 말이다. S는 수긍하면서 아빠의 뜻을 받아들이겠다고 했다.

 그 학기 S는 장학금을 받지 못했다. 그러나 다음 학기부터 S는 내내 1등을 했으며 결국 수석졸업을 했다.

 아빠 학교의 학칙에는 시험 중 부정행위를 하면 근신이나 유기정학 등의 처벌을 하기로 되어 있다. 그러나 당시엔 웬일인지 대학에서의 컨닝은 의례적인 것으로 인식하는 분위기가 강했고 실제로 부정행위로 적발되어도 그 과목 점수만 최하점으로 적용하는 게 통례였다. 그러므로 S의 경우, 한 과목을 최하 점수를 맞고도 다른 과목 시험을 잘 봐서 3등을 했다면 별로 문제될 게 없었다.

 그러나 아빠 생각은 달랐다. 설령, 다른 과목은 부정행위를 하지 않았더라도, 아니, 나중에 확인한 바로는 적발된 그 과목조차 컨닝 페이퍼를 만들기는 했어도 부정행위를 하지 않았지만, 그것은 도덕성에 관한 문제였다. 다시 말해, 실제로 컨닝을 했건 안 했건, 부정행위의 혐의가 있는 학생의 성적을 그대로 인정해서 장학금을 줄 수는 없다고 생각했던 것이다.

물론, S 본인으로선 다소 억울한 면이 있었을지도 몰랐다. 그러나 그런 결정을 하는 아빠의 마음은 더 착잡했다. 우리의 삶은 과정이 더욱 중요한 것인데 평소 누구보다 열심히 살아가는 S의 모습이 너무 보기 좋았던 것이다. 그러므로, S의 가정 사정을 잘 알고 있는 아빠로선 마음이 아플 수밖에 없었다. 그렇지만 원칙—시험은 정당히 치러져야 한다—은 지켜져야 한다는 게 아빠의 생각이었다. 원칙이 지켜지지 않으면 정의가 바로 설 수 없기 때문이었다. 다행히 그 뒤로 S가 더 열심히 공부해서 늘 1등을 했으므로 아빠는 마음의 짐을 덜게 되었다.

S와의 인연은 졸업 후에도 이어졌다. S가 졸업하던 해 동생이 입학했던 것이다. 그러니까 같은 시기는 아니지만, 자매가 같은 학교, 같은 학과에 다니게 된 셈이었다. 지난 10년간 그런 일이 몇 번 있었는데 그때마다 아빠는 기분이 좋았다. 자신이 다닌 학교, 학과에 실망하지 않았기에 학생들이 다시 가족을 보낸 거라고 생각되어서 말이다.

동생이 아빠에게 배우게 되었으므로 S는 졸업 후에도 가끔 학교에 들르곤 했다. 한번은 S가 거래업체 사람들에게 선물할 목적으로 회사에서 소량 제작한 넥타이를 선물했는데 아빠는 지금도 그것을 소중하게 간직하고 있다.

 S의 동생이 졸업할 무렵 아빠는 두 자매를 집으로 불러 함께 식사를 했다. 학생들을 집으로 불러 식사를 한 건 아직까지는 그 자매가 처음이자 마지막이다. 그리고 얼마 후, S의 동생을 아빠가 아는 대기업 홍보실에 취직을 주선해 주었다. 그게 벌써 4년 전의 일이다.

 S나 S의 동생은 수시로 아빠에게 안부 전화를 걸어온다. 그때마다 아빠는 잊지 않고 연락을 주는 그들에게 고마움을 느낀다. 얼마 전 S의 동생은 언니보다 먼저 같은 그룹의 사람과 결혼을 했다. 지난 주, S의 동생이 점심 대접을 하겠다며 학교로 들렀다. 졸업할 때만 해도 S의 동생은 어려 보였는데 이젠 제법 새댁티가 나서 아빠는 속으로 웃었다.

 그래, 아빠가 지금도 S를 대견하게 생각하고 있는 것은 장학금 수혜자에서 제외시켰을 때 야속하게 생각하지 않고 그 뜻을 잘 헤아려 주었다는 점이다. 만약, 그때 S가 아빠에게 서운한 감정을 가졌다면 지금과 같은 사이는 못 되었을 것이다. 잘못을 일러 주어도 부끄러운 줄도 모르고 같은 일을 서슴없이 되풀이하는 아빠 주위의 어른들을 볼 때

정의와 진실에 대하여

마다 S의 그때 그 태도는 더욱 값지게 느껴진다. S를 떠올릴 때면, 다른 것은 몰라도, 적어도 정의(正義)에 대해서만큼은 어느 정도 깨우치게 해 주었다는 생각에 가끔 아빠는 흐뭇해지곤 한다. 아마도, 그런 마음가짐을 가지고 살아가는 한 앞으로 S의 삶은 어떤 불의도 범접하지 못할 것이다.

최근에 장관이 된 L씨가 있다.

장관이 되기 전까지 그 분은 국회의원이었는데, 2년 전 자신의 지역구에 장애인 학교가 들어서게 되었다. 그러자 지역주민들이 장애인 학교 건립을 반대하고 나섰다. 구체적인 이유는 모르겠지만 아마 동네에 장애인 학교가 들어서면 집값이 떨어지는 등 손해를 보게 되지나 않을까 싶어서였을 것이다. 그러나 우리 성한 사람들이 마땅히 장애인을 돌보고 도와 주어야 한다면 장애인 학교 건립을 반대하는 것은 결국 자신만 편하면 된다는 명백한 개인 혹은 집단 이기주의에 지나지 않는다.

그런데 지역 주민들은 한술 더 떠 국회의원인 그 분에게 장애인 학교 건립 반대운동에 참여해 줄 것을 요청했다. 그러나 그 분은 지역주민들의 요청을 일언지하에 거절했다. 설령, 지역주민들의 개인 혹은 지역 이기주의에 동참하지 않음으로써 선거에서

표를 얻지 못하더라도 사리에 어긋나는 일을 할 수는 없다는 게 그 이유였다.

아들아. 아직 너는 어려서 잘 모르겠지만 정치가에게 유권자는 하늘과 같은 존재다. 물론 유권자가 자기들을 위해 일하는 정치가를 잘 모셔야지 정치가가 유권자들의 비위를 맞추는 것은 잘못된 일에 틀림없다. 그러나, 아무튼 우리 현실은 그렇다.

그런 우리 현실에서 정치가가 유권자들의 요구사항을 거절한다는 것은 결코 쉬운 일이 아니다. 실제로 우리나라에 지방자치가 실시되고부터 지방 행정의 책임을 지고 있는 단체장들이 지역주민들의 이익만을 위해 국민 전체의 이익에 역행하는 행정을 펼친 경우는 수도 없이 많다. 예를 들어, 지역개발의 명목으로 음식점이나 숙박업소 등의 건축허가를 무분별하게 내 줌으로써 팔당호가 오염됐다면 피해는 그 물을 마시는 서울 시민들이 보게 되는 것이다. 비슷한 예를 우리는 흔히 본다. 쓰레기 소각장의 필요성엔 공감하면서도 자기 동네에 그것이 들어서는 것만큼은 극구 반대한다는 사람들. 그러나 그에 따른 불편함은 결국 모두에게 돌아간다. 그런데도 사람들은 한결같이 자기 이익만 챙기려 들고 정치가는 지역주민들의 의사를 쉽게 거스르지 못한다.

장애인 학교 건립도 마찬가지다. 성한 사람이 장애인을 돌보아야 한다는 게 정의라면 장애인을 위한 교육시설을 마련하는 것은 그 정의를 실현하는 일이다. 그러므로 자기가 사는 동네엔 안 된다고 하면 그것은 다수의 이름으로 불의를 주장하는 것과 뭐 다를 바가 있겠는가.

그럴 때 주민들의 옳지 못한 요구를 거절한 L씨의 행동은 정의를 위한 진정한 용기라고 아빠는 생각한다.

요즘 법조계의 비리가 신문과 방송의 주요 뉴스로 연일 보도되고 있다.

판사직을 그만두고 개업한 변호사가 사람을 풀어 경찰 관계자들에게 뇌물을 주고 무더기로 사건을 따오는 불법적이고 부도덕한 일이 발생하면서 언론은 때를 만난 양 들끓고 있는 것이다. 이른 바 '전관예우'란 관행으로 현직에 있던 판사가 변호사를 개업하면 어제의 동료였던 판사들이 유리한 판결을 내려 줌으로써 변호사 사업을 도와 주는 불공정한 행태는 정말 개탄스런 일이 아닐 수 없다. 그 보도를 접하며 아빠는 여러 가지로 씁쓸한 느낌이 들었다.

법의 기본정신은 정의를 실천하는 데 있고, 판사

나 검사, 변호사 등 법조인들은 바로 그 법의 집행인이자 파수꾼이다. 그런데 법을 수호할 의무가 있는 그들이 정의롭지 못하다면 힘 없는 국민들은 어떻게 법에 의지하겠는가.

그러나 아빠가 더욱 우울했던 건 그 법조인들이 무지몽매한 사람들이 아니라 그 어렵다는 고등고시를 패스한 에리트로서 모두 우리나라의 지도층이라는 사실이다. 한 나라의 지도층 인사라면 의당 가난하고 힘없는 사람들의 서러운 눈물을 닦아 주는데 앞장서야 하거늘, 오히려 그들이 일신의 영달을 위해 잘못을 저지른다면 그 사회의 미래는 어떻게 되겠는가 말이다.

모르겠다. 앞으로 어떻게 가닥이 잡힐 진 알 수 없으나 이 사건은 법적인 면을 떠나서도 지도층의 도덕성을 점검하는 양심의 문제로서 진지하게 다루어져야 되리라 생각된다.

그래서 아들아.

조금 어렵겠지만 오늘 아빠는 네게 양심과 결부된 정의 혹은 진실에 대해 조금 얘기할까 한다.

지금으로부터 대략 백 년 전, 아직 민주주의가 제대로 성숙되지 않았던 프랑스에서 있었던 일이다.

당시 어떤 경위로 프랑스 군 참모본부에선 독일

대사관으로 군사기밀이 유출되고 있다는 사실을 알게 되었다. 군 내부에 스파이가 있었던 것이다. 참모본부 간부들은 자체 조사를 통해 그 용의자로 유태인 포병장교인 알프레드 드레퓌스 대위를 지목하고 일단 체포했다. 그러나 드레퓌스 본인이 극구 혐의사실을 부인할 뿐만 아니라 구체적인 증거도 없어 참모본부는 곤경에 빠지게 되었다. 그런데 이 내막을 감지한 극단적인 반유태계 신문에서 드레퓌스 체포 사실을 퍼뜨리고는 비슷한 계열인 신문들의 동조를 얻어 미적지근한 참모본부를 일제히 공격하고 나섰다. 그러자, 궁지에 몰린 참모본부는 할 수 없이 증거로선 한참 부실한 필적 하나를 가지고 드레퓌스를 반역죄로 기소한 후 비공개 군법회의를 열어 종신금고형을 선고한 다음, 너도 재미 있게 보았던 영화 「빠삐용」의 무대인 기아나의 악마도惡魔島로 유배시켰다.

그런데 그 후 일 년쯤 지나서 참모본부의 한 양심적인 간부 삐까르 중령이 우연히 그 기밀 유출의 범인이 드레퓌스가 아닌 에스떼라지 소령임을 알게 되고 결정적인 증거까지 확보하게 된다. 그래서, 그는 곧 드레퓌스의 무죄와 에스떼라지의 진범임을 상부에 보고하지만 군이 범한 오류를 스스로 인정하는 결과를 초래한다는 이유로 묵살당하고 그 자신은 오히려 변방인 북아프리카 튀니지로 좌천되고 만다.

그러나 삐까르는 이에 굴하지 않고 변호사를 통해 한 상원의원에게 사건의 진상을 알리고 계속 투쟁을 벌이게 된다. 그런데 정작 사건의 심각성이 드러나는 건 바로 여기서부터다. 우리가 흔히 절대적인 가치인 것처럼 내세우는 여론이란 것도 악의에 의해 잘못 유도되면 때로는 얼마나 이기적일 수 있는가 하는 걸 여기서부터 목격하게 되기 때문이다.

삐까르가 드레퓌스의 무죄를 들고 나오자 광기 어린 여론이 무조건 군부의 편을 들어 드레퓌스의 재심을 요구하는 사람들을 군의 명예에 먹칠하고 국가안보를 해치는 자들로 몰아부친다. 말하자면 완고와 오만과 편견이 정의와 신중함을 제압하는 양상이 전개된 것이다. 심지어 어떤 대령은 드레퓌스의 결백을 잘 아는 입장이면서도 공개적으로 무죄를 부인했을 뿐만 아니라 유죄를 입증하기 위해 서류를 위조하기까지 한다.

이에 프랑스의 지식인들이 정의와 진리를 위해 궐기하게 된다. 특히, 당시 세계적인 명성을 얻고 있던 작가 에밀 졸라는 한 신문을 통해 대통령에게 보내는 공개장을 발표하여 드레퓌스 사건의 진상,

즉 군부의 음모를 만천하에 폭로하면서 중반 싸움의 도화선에 불을 붙인다. 에밀 졸라는 이 일로 기소되어 유죄판결을 받지만 그로 인해 프랑스 전국은 이 사건을 둘러싸고 격렬한 논쟁의 소용돌이 속에 휘말려 들어가게 된다. 이 싸움은 재심을 요구하는 에밀 졸라를 위시한 자유주의자, 진보적 지식인들과 재심을 반대하는 왕당파, 국수주의자, 반유태주의자들 간의 대립 양상으로 전개된다. 결국 숱한 우여곡절 끝에 군부는 타협책으로 특별사면이라는 형식을 빌어 드레퓌스를 석방한다. 그러나 그 뒤로도 드레퓌스는 재심요구를 위한 끈질긴 투쟁을 벌여 마침내 무죄판결을 받아내고 전 계급으로 복직된 후 승진하면서 훈장도 받게 된다. 그리고 삐까르도 장군이 되어 육군 대신 자리에 오른다.

드레퓌스 사건은 무고한 사람의 원죄寃罪를 풀어 주는 과정에서 공화주의의 전통을 확립하는 장대한 드라마를 연출하게 하는 영향력을 프랑스와 인류 역사에 베푼 셈이다.

그런데 이 사건에서 보다 중요한 것은 개인의 양심과 진실이 입증되는 과정의 문제이다.

물론 나중에 다른 경위로 진실이 입증되었을 수도 있겠지만, 만약 삐까르라는 성실한 인간이 아니었더라면 이 사건은 허위가 진실로 받아들여진 채 세월의 풍화작용에 의해 국민들의 기억 속에서 사라졌을지도 모른다. 그런데 장래가 촉망되던 젊은 장교 삐까르는 개인적으로는 드레퓌스를 별로 좋아하지 않았지만 오로지 진실에 충실하고자 자신의 장래와 안전까지 내걸고 상관들과 충돌한 것이다. 말하자면, 그는 반유태적 성향이 압도적인 군부의 분위기 속에서 자신의 영달이나 민족 감정보다는 양심을 택한 것이다.

또 하나 이 사건에서 교훈을 얻게 되는 것은 진실은 하나의 당위로서가 아니라 싸워서 찾아야 할 구체적인 행동의 결과로 제시되고 있다는 점이다. 드레퓌스의 무죄를 확신한 삐까르는 그 사실을 보고했다가 북부 튀니지로 좌천되었지만 이에 굴하지 않고 갖은 협박과 압력 속에서도 계속 진실 규명을 위한 투쟁을 전개해 나가 결국 승리를 했던 것이다. 여기서 우리는 양심이란 침묵이나 방관이 아닌 행동으로 나타나야 한다는 사실을 깨닫게 된다. 그것은 정의를 실현하는 멀고 험한 길인 것이다. 아마, 앞서 얘기한 아빠 친구가 아들더러 선생님한테 가서 물어 보라고 한 것도 명백한 불의라고 할 수 있는 잘못된 일을 그냥 넘어가서는 안 된다는 것을 일깨워 주기 위해서였는지도 모른다. 아무튼, 드레

퀴스 사건은 한마디로 어떤 경우에도 인간의 양심과 진실이 궁극적으로 승리한다는 사실을 우리에게 입증시켜 준 사건이다.

힘이 곧 정의라는 말이 있다. 힘센 나라가 다른 나라를 정복하던 전근대적인 시대에 주로 통용되던 말인데 아직까지 우리 사회의 일각에선 이 말을 신봉하고 있는 사람들이 더러 있는 듯하다.

얼마 전 아빠는 조선왕조실록을 읽게 되었는데 구한말 우리나라가 일본에게 외교권을 빼앗기는 을사보호조약을 체결하면서 대한제국의 대신들이 보여준 무력한 모습에 몹시 씁쓸해 했던 적이 있다. 한 나라의 외교권을 박탈당하는 지경에 이르러서도 조정의 대신들은 일본의 총칼이 두려워 부당하다는 말 한 마디 제대로 하지 못했던 것이다. 정말이지 힘없는 정의란 얼마나 유명무실한 것인지.

비슷한 일들은 오늘날에도 여전히 목격되고 있다. 지금으로부터 18년 전, 전라남도 광주에서 군부독재에 항거하는 시민운동이 일어났었다. 그 시민운동은 상당한 규모로 발전했지만 결국 군대에 의해 진압되었고 그 과정에서 많은 사상자가 발생했다.

그러나 그 후로 한동안 그 시민운동의 진상에 대

해선 언론을 비롯한 모든 매체들이 입을 다물어야 했다. 말하자면, 힘의 논리에 의해 진실이 은폐되는 불의의 시대가 계속되었던 것이다.

그런 중에도 진실의 규명을 위해 외롭게 투쟁해 온 의로운 사람들이 없었던 것은 아니다. 그런 사람들이 있었기에 세월이 흐르면서 결국 진상이 드러나게 되었던 것이다.

그 시민운동의 진상이 제대로 드러나게 된 것은 세월이 흐르면서 세상이 변한 탓도 있겠지만, 양심을 회복한 많은 사람들의 진실 규명을 위한 동참이 있었기에 가능했다고 생각된다. 즉, 그 전부터 정의를 위해 외롭게 투쟁해 온 의로운 사람들이 힘을 얻게 되었던 것이다. 그것은 드레퓌스 사건이 삐까르의 양심적 행동에 에밀졸라를 비롯한 많은 사람들이 동조하여 국민적 힘이 생겼기 때문에 진실 규명이 가능했던 것과 같은 이치이다. 결국 힘에 의지한 불의에 맞서는 참된 정의 역시 힘을 필요로 하는 것이다. 그래서 일찍이 파스칼은 정의 없는 힘은 무력이고 또한 힘 없는 정의는 무효하다고 말했던 것이다.

그러므로, 우리가 하나 명심해야 할 것은 정의의 실현을 위해 힘을 기르는 것도 반드시 필요한 일이지만 반대로 그 힘이 정의 없는 무력이 되지 않도록 스스로 노력해야 한다는 점이다. 그것은 부단한 교육을 통해서 가능하리라 여겨진다.

마지막으로 하나만 더 이야기 하고 끝을 맺자.
아빠는 문학을 하는 사람이다.
문학의 궁극적 목적은 있어야 할 삶의 진실을 그려내는 데 있다.
그 진실이 무어냐고 물으면 아빠는 쉽게 대답할 자신이 없다. 왜냐하면 그 진실을 찾기 위해서 매일 고심하고 또 고심하고 있을 뿐이니까 말이다. 문학의 어려움도 그 점에 있다.
아빠는 네게 문학을 권하고 싶지 않다. 문학의 길은 너무 멀고 험하며 고통스럽기 때문이다.
문학의 어려움에 대해선 여러 사람들이 많은 말을 했다. 그러나 무엇보다 문학이 어려운 것은 그 길엔 정답이 없기 때문이다. 그것은 우리 삶의 길이 절대적인 정답이 없기 때문에 어려운 것과 마찬가지다. 그 정답 없는 문학의 길을 마냥 걸어가야 한다는 게 힘들고 고통스러운 것은 당연한 일일 터이다. 그래서 작가나 시인이 되기는 쉽지 않으며 문학의 길은 고난의 길인 것이다. 그러나 적어도 문학을 하기로 작정했다면 그런 고난을 감수해야 한다고 아빠는 생각한다. 왜냐하면, 문학의 목적이 있어야 할 삶의 진실을 찾아내는 데 있다면 그것은 바로 정의를 세우는 작업이기 때문이다. 삶의 정의를 밝히는 작업에 어찌 고통과 고난이 따르지 않겠는가.

그런데 어느 사회, 어느 집단에도 사이비가 있지만, 문학의 세계에도 그런 부류들이 존재한다. '유전有錢이면 가매활호미可買活虎眉'라는 말이 있다. 즉, 돈이 있으면 산 호랑이 눈썹도 살 수 있다는 말로 돈이면 되지 않는 게 없다는 세태를 풍자한 말이다. 그런데 어느 세상에나 그렇지만, 슬프게도 문학하는 일부 세계에조차 그런 것이 통한다.

얼마간 책을 사 주면 글을 실어 주는 사이비 문학잡지들이 있다. 그리고 그런 방법으로 아직 제대로 되지 않은 글을 싣고 작가나 시인 행세를 하는 사람들이 더러 있다. 그런 사람들은 또 인세를 받는 대신 도리어 돈을 주고 자기 책을 만든다. 그리고 그 책을 주위에 마구 뿌리는가 하면 심지어 엉터리 문학상까지 받곤 한다. 그럴 때 하얗게 밤을 새워가며 정답이 없는 문학을 위해 고된 수업을 하고 있는 사람들은 자연 맥이 빠질 수밖에 없다. 그런 행위는 정말이지 진정으로 문학의 길을 걷는 사람들을 기만하는 일이며 문학 자체를 모독하는 처사인 것이다.

그러므로 아빠는 네게 말한다. 절대로 불의와 타협하지 말라. 휠지언정 꺾이지 말라는 말이 있지만 그게 아니다. 설령 꺾일지라도 휘지는 말라. D. 맥아더도 올곧음으로 인한 패배에는 긍지를 가지라고 했다. 흔히 우리는 불의와 타협하면서 현실적인 판단을 하는 것으로 자기 합리화를 한다. 그러나 그게 바로 자기기만이자 스스로 함정에 빠지는 것이며 불의와 악수하는 시작인 것이다.

정의는 진실의 실현이다(J.주베르). 따라서, 정의만큼 위대하고 신성한 것은 없다(J.에디슨). 그러므로 정의는 무엇과도 대체될 수 없는 값진 것이다(케베드). 그래서 세계가 소멸할지라도 정의는 이루어라고 했다(페르디난트1세). 왜냐하면 정의는 우리가 살아가는 사회의 질서(아리스토텔레스)이기 때문이다.

아빠는 정의가 강물처럼 흐르는 사회를 원한다. 너희 세대엔 기필코 그런 사회가 실현되기 위해서라도 부단히 노력해야 하는 것은 오늘 아빠 세대가 할 일이다.

미래를 위하여

너의 미래는 너의 손에 달려있다.
이 아빠도, 이 엄마도 아니다. 네가
건강하고 진실하게 자라만 준다면 이 아빤
이 세상의 소원 하나를 풀었다고 할 것이다.

작은 일에 얽매이지 않는 큰 사고를 위하여

작년 여름의 일이다.

그 날은 일요일이었는데 오전에 학교 연구실에서 신문을 보다가 모교가 봉황대기 고교 야구대회 준결승에 진출한 사실을 알게 되었다. 그래서 집으로 전화를 걸었다. 몇년 전 청룡기 대회에서 우승한 이래 모교가 준결승까지 올라온 건 처음이어서 너와 네 동생, 그리고 네 엄마와 함께 직접 야구장에 가서 경기를 관전할 생각을 했던 것이다.

예전에 비해 인기가 많이 떨어진 고교야구였지만 일요일이라서 그런지 관중은 꽤 많은 편이었고 외야에는 대구에서 단체로 올라온 아빠의 후배들도 상당수가 되어 보였다.

아빠 모교의 상대는 서울 S고교로 전국 최강을 자랑하는 팀이었다. 그러나 게임은 엇비슷하게 진행되면서 초반에는 오히려 아빠의 모교가 다소 우세한 경기를 펼쳤다. 그런데 6회초였던가. 동점 상황에서 아빠의 모교가 공격을 하는 중이었다. 원 아웃, 주자 1, 3루 상황에서 타자가 친 볼이 2루쪽으로 뻗었다. 그리고 그 볼이 그라운드에 떨어지는 순간 2루수는 몸을 날려 볼을 캣취했다. 2루 심판은 잠시 머뭇거리다가 아웃을 선언했다. 동시에 1루에서 2루로 달려오던 주자가 2루수가 원바운드로 볼을 받았다며 2루 심판에게 항의했다. 그 사이 3루에 있던 주자는 홈으로 뛰었고 2루수는 3루로 재빨리 볼을 송구했다. 그러자 3루심의 아웃 콜과 함께 주심이 스리 아웃 공수교대를 선언했다.

그러나 아빠 모교 팀의 감독은 심판에게 항의를 했다. 아마, 2루수가 잡은 볼이 다이렉트가 아니라 원바운드였다는 주장인 것 같았다. 그렇지만 그 주장은 심판에게 받아들여지지 않았다. 그리고 실제로 아빠가 보기에도 심판의 판정이 옳은 듯싶었다. 상대팀 2루수의 플레이가 드물게 보는 호수비로 느껴질 정도로 공은 직접 글러브 속으로 들어간 것처럼 보였던 것이다.

하지만, 그렇다고 하더라도 아빠 모교 팀으로선

억울한 점이 없지는 않았다. 2루 심판의 콜이 조금 늦어 양팀이 얼떨떨한 상태에서 본능적으로 플레이를 계속한 게 결과적으로는 아빠의 모교에 조금 불리하게 된 셈이었던 것이다. 즉, 설령 타자가 친 볼을 2루수가 다이렉트로 잡았다 하더라도 2루심의 콜이 빨랐더라면 3루 주자가 홈으로 뛰어들어 더블 아웃을 당하지는 않았을 테니까 말이다.

잠시 아빠 모교 팀의 항의가 이어지다가 곧 경기는 다시 재개되었다. 심판의 매끄럽지 못한 진행으로 모교가 좋은 찬스를 놓친 게 아빠로선 조금 아쉽긴 했지만 그래도 경기가 오래 중단되지 않아 다행이라는 생각이 들었다. 결국 그 경기에 패함으로써 아빠의 모교는 결승 진출에 실패했다.

그런데 문제는 집으로 돌아와 조금 전에 보았던 그 경기를 녹화한 테이프를 틀면서였다. 혹시, 경기장 안을 왔다갔다 하다 보면 놓치는 장면이 있을까 싶어 네 엄마에게 집을 출발하기 전에 그 경기를 예약녹화해 두라고 했던 것이데 막상 그 테이프를 틀어 보니 아까 말썽이 됐던 그 판정이 심판의 명백한 오심이었기 때문이다. 녹화된 화면에선 그 장면을 여러 번 느린 동작으로 보여 주었는데 타자가 친 볼을 2루수가 원바운드로 잡는 모습이 너무 선명했던 것이다. 몇 차례 반복되는 느린 화면으로

작은 일에 얽매이지 않는 큰 사고를 위하여

심판의 오심이 분명하게 드러나자 아나운서도, 그리고 해설자도 난처한지 애매한 멘트로 그냥 넘어가고 있었다. 말하자면, 아빠의 모교로선 추가점수를 내고 원 아웃, 1,2루에 주자를 둔 찬스를 계속 이어갈 수 있었던 것을 심판의 미스로 점수도 내지 못한 스리 아웃을 당하고 말았던 것이다.

봉황대기 야구대회는 고교 야구대회로선 가장 큰 규모의 전국대회 중 하나이다. 그런 대회에서 우승하기 위하여 야구 선수들은 매일같이 열심히 연습을 한다. 전국 규모 대회에서의 우승은 야구선수라면 당연히 갖게 되는 꿈일 것이다. 따라서, 그 잘못된 판정으로 인해 경기에서 졌다면 아빠 모교 팀 선수들로선 몹시 억울했을 것이 틀림없다.

그러나 그 날 심판의 판정에 대한 항의가 그리 길지 않았던 것은 고교야구는 배움의 연장이라는 인식에 익숙해 있어서일 것이다. 즉, 심판의 권위를 존중하는 것도 배움의 하나라는 것을 그 선수들은 배워 알고 있었을 거라는 뜻이다.

물론, 어떤 경기에서건 마찬가지지만 심판도 사람인 이상 실수를 하게 마련이다. 그러나, 경기 중엔 심판의 판정은 절대적인 권위를 가진다. 그래야 소신껏 경기를 운영할 수 있기 때문이다.

예를 들어, 야구 경기에서 스트라이크와 볼의 판

정, 그리고 아웃과 세이프의 판정은 심판의 고유권한이다. 얼마 전 미국 LA 다저스의 박찬호 아저씨가 밀워키와의 경기에서 심판이 스트라이크 존을 인색하게 적용하는 바람에 볼 컨트롤에 리듬을 잃어 부진한 시합을 하기도 했지만 그게 심판에게 항의할 성질의 것은 아니다. 물론 심판의 실수는 별도로 제재를 하는 제도가 마련되어 있다.

 그러므로 경기에 임해서 선수들은 플레이 자체에만 열중하면 된다. 특히 배움의 과정에 있는 고등학생들의 야구대회에서는 승부보다는 페어 플레이 정신이 강조된다. 따라서, 지나치게 승부에 집착하여 심판의 판정 하나하나에 신경을 쓰는 것은 옳은 태도가 못된다.

 그보다 그 날 경기에 대해 아빠가 후배들에게 말할 기회가 주어진다면 마음을 넓게 가지라고 하고 싶다. 후배들로선 억울한 부분이 있겠지만, 그 판정이 잘못된 걸 알았다면 상대 팀도 반성을 할 것이다. 또, 야구 경기는 계속 열리고 따라서 기회는 얼마든지 있다. 더러 운이 작용하기도 하나 대체로 실력을 쌓은 사람이나 팀이 이기게 돼 있는 게 운동경기다. 그리고, 절대로 그 대회가 전부는 아니며 그 대회에서의 우승이 인생을 전적으로 보장해 주지도 않는다. 프로야구의 스타 플레이어들이 모

작은 일에 얽매이지 않는 큰 사고를 위하여

두 고등학교 때 우승팀에서 선수생활을 했던 것은 아니지 않는가. 그들 역시 그런 아쉬운 순간들을 숱하게 경험하며 묵묵히 실력을 쌓았던 것이다.

우리는 바로 눈 앞보다 멀리 보고 생각할 줄 알아야 한다. 그래야 장차 다 큰 승리를 얻을 수 있는 것이다.

70년대 초반의 일이다.

그해 봄, 일본 동경에서 한국와 일본의 국가대표 축구팀 정기전이 열렸다. 그런데 이 날, 경기에 앞서 심각한 불상사가 발생했다. 경기 전에 진행되는 오프닝 세레모니에서 일본이 관례를 무시하고 방문 국가인 우리나라 국가 대신 주최국인 자기 나라 국가를 먼저 연주했던 것이다. 그것은 국제 관례상 있을 수 없는 무례였다. TV로 그 장면을 지켜 보던 우리나라 국민들은 몹시 흥분했고 일본은 즉각 행사 진행 기술자의 실수였다고 해명했다.

그러나 그들의 해명대로 단순히 실수라고 넘겨버리기엔 그 사건은 왠지 석연치 않은 데가 있었다. 그런 실수는 좀처럼 일어나기 힘든 것일 뿐만 아니라 그때까지 일본인들 중에선 수시로 양국 관계를 악화시키는 행동을 일삼는 세력이 있었던 것이다. 그래서, 그 사건도 단순한 실수가 아니라, 실수를 빙자한 고의적인 행위가 아닐까 하는 의심이 드는 것은 어쩜 너무도 당연한 일이었다. 더욱이, 비록 실수라고 해명했지만, 그렇다고 행사를 다시 진행할 수는 없었으므로 결과적으로 일본은 치졸한 방법으로 한국에 한번 모욕을 준 셈이었다.

그러나 우리나라 국민이 분개했던 것은 그 축구 정기전이 일본의 요청에 의해 이루어진 것이라는 점에서 더욱 그랬다. 당시 일본은 우리나라와의 축구 교류의 필요성을 절실히 느끼고 있었다. 지금은 다소 완화되었지만, 당시만 해도 우리나라와 일본과의 축구 실력차는 엄청나게 컸다. 그래서 그들은 우리나라와의 축구 정기전을 통해 실력 향상을 꾀하려고 했다. 이 점에서도 그들의 교활함이 여실히 드러나는데, 그들은 상대적으로 우리나라보다 강한 배구(지금은 역전됐지만)는 교환경기를 이런 저런 핑계로 회피하면서 축구만큼은 양국의 우의를 들먹이며 집요하게 정기전을 간청했던 것이다. 그러므로, 그렇게 해서 열리게 된 정기전에서 일본이 그런 망동을 저질렀으니 우리 국민으로선 분노를 느끼지 않을 수 없었다.

물론 그 경기에서 우리나라는 일방적인 우세를 보이며 승리했다. 그러나, 그것으로 분이 풀릴 순 없었다.

경기가 끝나고 국내에선 일본의 그 야비한 행위에 대해 논의가 분분했다. 당시 정기전은 한달간의 시차를 두고 양국을 오가며 열리는 교환전 방식으로 진행되었는데 한달 후 서울에서 경기가 열릴 때 우리는 어떻게 하겠느냐는 것이었다. 대개 다음과 같은 의견들이 사람들의 입에 오르내렸다.

1. 우리도 일본처럼 우리나라 국가를 먼저 연주한다.
2. 우리나라 국가만 연주하고 일본 국가는 연주하지 않는다.
3. 우리나라 국가를 먼저 연주하고 일본 국가 차례에 다시 우리나라 국가를 한번 더 연주한다.

당시 아빠도 젊은 혈기 탓이었는지 우리나라 국가만 두 번 연주하는 세 번째 방식이 제일 마음에 들었다. 사실, 일본은 실수였다고 하지만 그것은 누가 봐도 실수일 수가 없었다. 그래서 친구들에게도 세 번째 방식으로 하는 게 옳다고 극구 주장했다. 미친 놈에겐 몽둥이가 약이듯이, 그렇게 해야만 그들이 정신을 차릴 것 같았기 때문이다.

그러나 한 달 뒤, 우리나라에서 축구시합이 열렸

을 때 관계당국에선 정상적으로 식을 진행했다. 즉, 경기에 앞서 방문국인 일본의 국가를 먼저 연주하고 주최국인 우리나라 국가를 나중 순서로 했던 것이다. 그런 진행에 아빠와 아빠 친구들은 몹시 답답한 심정이 되었다. 이참에 본떼를 보여야지, 도대체 별도 없는가 싶었던 것이다.

하지만, 한참 시간이 지나고 문득 그 일을 떠올리게 되었을 때, 아빠는 그때 관계당국에서 정말 옳은 결정을 했다는 생각이 들었다. 일본이 그랬다고 해서 우리까지 똑 같이 그러면 우리 역시 졸렬한 나라가 되는 것이다. 하나, 예를 들어 보자.

어떤 집의 아이가 다른 아이에게 맞고 돌아왔다. 그러자 맞은 아이의 부모는 몹시 분개하여 때린 아이의 집을 찾아갔다. 그리고 그 아이를 불러내 머리를 쥐어박으며 한번만 더 이런 짓을 하면 가만두지 않겠다고 혼찌검을 내 주었다. 그 부모는 집에 돌아와 자기 자식에게도 다음부터는 절대로 맞지 말고 무슨 수를 쓰든지 악착같이 싸우든가 아니면 아빠나 엄마한테 달려오라고 했다. 그러면 다시 혼을 내 주겠다는 것이었다.

그러나 그 부모의 태도는 전혀 어른스럽지 못하다. 물론 자기 자식이 맞고 오면 속이 상할 수도 있다. 그렇지만 어른이라면 당연히 자기 자식을 때린 아이를 혼찌검 낼 게 아니라 다음부터는 싸우지 말고 사이 좋게 지내라고 타일러야 한다. 왜냐하면, 사이 좋게 지내지 않고 서로 싸우게 되면 양쪽 아이 모두에게 좋을 일이 없기 때문이다. 그리고, 자칫 아이들 싸움으로 어른들까지 불편한 관계가 될 수도 있는 것이다. 그래서 득이 될 일이 뭐 있겠는가.

　마찬가지로 국가간의 문제도 감정적으로 대응하는 것은 과히 바람직하지 못하다. 물론, 일본이 했던 것과 비슷한 방식으로 대응하면 한 순간 후련해질 수 있을지는 모른다. 그렇지만, 그것은 스스로 옹졸함을 드러내는 일일 뿐이다. 그보다 이쪽에서 의연한 태도를 보이면 설령, 일본의 의도가 악의적인 것이었다 하더라도 스스로 부끄러워 다시는 그런 짓을 못하게 된다. 말하자면, 대범함으로써 옹졸함을 다스릴 수가 있게 되는 것이다.

위인을 위하여

아들아.

밀레니엄 버그란 말 들어 봤니?

요즘 언론에서 걱정스럽게 얘기하는 밀레니엄 버그란 가령, 1998년의 앞자리수 19를 생략한 98로 입력했을 경우 2000년 이후로는 컴퓨터가 제대로 인식하지 못해서 발생하는 혼란을 말한다. 즉, 2000년 이후로는 98은 1998년이 아니라 2098년으로 인식할 수 있다는 말이다. 그런데 그 피해와 혼란은 지금 우리가 상상할 수 없을 정도로 엄청난 모양이다.

아무튼 올해가 1998년. 이제 20세기가 거의 저물어간다. 다시 말해, 우리는 세기말을 살고 있는 것이다. 그래서인지 근년 들어 우리가 살아온 20세기에 대해 정리를 해 보려는 사람들이 많다. 그런데 20세기의 끝은 단순히 한 세기, 즉 백 년의 종식이 아니라 그보다 큰 천 년을 마감하며 새로운 2천년대를 여는 시점이라는 점에서 최근의 연구는 지난 백 년보다 오히려 천 년의 역사를 총체적으로 점검해 보려는 노력들이 우세한 실정이다. 그만큼 인류사에서 오늘의 시점이 갖는 의미는 큰 것이다.

작년에 발간된 펠리프 페르난디스―아메토스가 쓴 「밀레니엄 Millennium」이란 책도 그런 노력의 일환이다. 「밀레니엄」은 영국 옥스퍼드 대학 연구원인 저자가 새로운 천 년을 준비하기 위해 지난 천 년간의 인류 역사와 문명의 흥망에 관해 고찰한 책이다. 그러나 이런 류의 책들이 대개 그렇듯이 서구인의 시각에 의한 서구 위주의 역사기술이란 점에서 아빠는 처음엔 별로 신통찮게 생각했었다. 그런데 책을 읽다가 문득 한 부분에서 주목하게 되었다. 우리나라 인물에 대한 서술이 있었던 것이다. 그는 다름아닌 우리의 이순신 장군이다.

우선 책에 언급된 이순신 장군에 대한 내용부터 읽어 보자.

…30만명에 이르는 막강한 군대와 화기를 갖춘 것으로 알려졌던 일본의 기동타격대에 비해 조선군은 허약한 구식 군대였

다. 침략군은 20일만에 서울에 도착했다. 8주가 채 못 되어 조선 왕실은 국토의 최북단인 압록강으로 피신하지 않을 수 없었다. 국내에서 심각한 저항세력은 일시적으로 게릴라로 변한 조선의 의병들뿐이었다.

그러나 바다에서는 조선이 더 훌륭한 대비를하고 있었다. 조선 수군은 해전에 대한 계속적인 작전 경험과 활발한 기술 혁신의 전통을 갖고 있었다. 해전의 목표는 적의 함선을 격침시키는 것이라는 관념이 서양에서는 걸음마 단계에 불과했으나, 조선에서는 그것을 충분히 이해하고 있었다. 포함砲艦으로 특별히 채택된 거북선이 일본 침략이 시작되던 바로 그 순간 건조 중에 있었다. 거북선은 강화된 선체와 포를 감추게 되어 있는 용머리의 이물, 그리고 적의 돌입을 막아 주는 긴 철제 못들이 박혀 있는 갑판으로 무장되어 있었다. 좌현과 우현에 각각 여섯문씩 배열되어 있는 총은 거북 등처럼 생긴 상갑판으로 보호되었으며 총구를 현창으로 내 놓고 있었다. 전체적인 규모는 유럽의 표준 군함에 비해 작았고, 중국의 군함보다는 매우 작았다. 그러나 그것은 적선의 흘수선(吃水線: 배의 측면과 수면이 접하는 부분) 가까운 쪽으로 총을 낮게 쏘아 적선을 격침시킬 수 있도록 설계되어 있었다. 그 장면을 목격한 한 조선인은 거북선들이 '적선 사이를 마음대로 휘젓고 다니면서 모든 적선을 쉽게 먹이로 삼을 수 있었던' 모습을 회상했다. 실제로는 작전에 참여한 거북선 수가 너무 적었기 때문에 나중 결과에 물질적인 영향을 많이 미치지 못했을 수도 있지만, 그것이 조선 수군의 약진을 말해 주는 대표적인 실례가 되고 있다. 그러나 조선 수군의 성공은 이순신 장군의 개인적인 재능에 의존했던 것 같다. 그는 언제나 자신을 비루하게 과장하지 않는 고전풍의 함축성을 지닌 전쟁 기록을 남겼다. 그의 승리를 질투하던 사람들에 의해 강제로 퇴역당하여 초계(草溪: 경상남도의 지방)에서 평민으로 시를 쓰고 있을 때, 전황이 역전되어—소문에 의하면—조선 수군의 전함이 200여 척에서 12척으로 격감되었다고 한다. 선조 왕은 그에게 이런 글을 보냈다. "장군을 교체시킨 것은 짐의 지혜가 부족했기 때문이었소... 짐이 장군에게 한 잘못에 대해 무슨 말로 유감을 표해야 할지 모르겠소... 장군이 다시 한번 나라를 구해 주기를 간절히 부탁하오.' 이순신 장군이 복권된 뒤에 쓴 일기에는 참담한 분위기와 심각한 운명론이 서려 있다. 그러나 그는 여전히 활동가였다. 그는 주사위와 책을 통한 예측과 그가 꾼 꿈에 대한 걱정스러운 해몽, 폭음으로 이어지는 술자리, 그리고 전쟁이 중요한 고비에 이르렀을 때 사망한 지극히 사랑하던 어머니에 대한 감정적인 의존에 얽매이지 않았다. 그는 함대가 격감되고 많은 영토가 적의 수중에 들어가 버린 조선은 중국의 간섭이 있어야만 살아남을 수 있다고 인식했던 현실주의자였다. 이순신 장군과 그의 중국군 상대인 첸린(陳璘 : 명나라 장군)은 협력을 통해 일본군의 전후방 연락망을 끊어 버렸다. 이순신 장군은 1598년 11월 멋지게 판단한 전장에서 벌인 마지막 전투에서 승리를 확신하면서 전사했다.

토요토미 히데요시는 그보다 앞서 1598년 9월에 죽었다. 그는 그의 기준으로 볼 때 철수를 예감하는 패배주의자적인 유언장을 남겼다.

동양에 대한 이해의 폭이 상대적으로 빈약한 서양인의 기술이라는 점에서 이 글은 상당한 의미를 내포하고 있다고 생각된다. 서양인들의 경우, 동양이라고는 일본과 중국 정도만 피상적으로 알고 있을 뿐 한국에 대해선 무지에 가까운 게 일반적인 실정이다. 그런데, 그런 그들에게도 이순신은 대단한 존재였다는 건 우리로선 참으로 가슴 뿌듯한 일이 아닐 수 없다. 그만큼 이순신 장군은 앞서 얘기했던 해전사연구가海戰史硏究家들 뿐만 아니라 이젠 웬만한 역사학자들에게까지 낯선 인물이 아닌 것이다. 그것은 본격적으로 동양역사에 접근하면서 그들이 임진왜란을 연구하다 보니 결과적으로 일본이 패배한 그 전쟁을 일으킨 광인 토요토미 히데요시 豊臣秀吉보다는 이순신에 훨씬 많은 관심과 큰 애정을 가질 수밖에 없게 되었기 때문이다.

그처럼, 이순신 장군은 세계가 인정하는 탁월한 무장이자 역사의 영웅이며 우리의 자랑이다. 따라서 우리 역사가 이순신 장군 같은 위인을 보유하고 있다는 사실에 대해 우리는 무한한 자긍심을 가져도 좋을 것이다.

돌이켜 보면, 수천 년을 이어온 우리 역사를 한층 빛나게 한 위인들이 많이 있다. 이순신 장군도 그런 인물들 중의 한 분이거니와 아빠는 특별히 세종대왕을 추가하고자 한다.

너도 알다시피, 세종대왕이야말로 아무리 그 위대함을 강조해도 지나치지 않는 분이다. 그러나 세종대왕의 위대한 업적에 대해선 이미 많이 알려졌기 때문에 아빠는 조금 다른 각도에서 그 분의 거

위인을 위하여

인다운 풍모를 그려보고 싶다.

　요즘 TV드라마「용의 눈물」에서 보았다시피 세종대왕은 태종 임금의 세째 아들이다. 조금 있으면 방영될 내용이지만, 세종대왕은 본의아니게 장자 양녕대군 대신 세째아들로서 왕위에 올라 즉위 초기 상왕 태종으로 인해 중전의 아버지인 장인을 잃는 아픔을 겪게 된다. 그러나 즉위 초기의 그 슬픔과 시련을 딛고 왕업을 펼치기 시작하여 우리가 잘 알다시피 세종대왕은 문화정치의 찬란한 꽃을 피우게 된다.

　그런데 아빠가 세종대왕을 경이롭게 생각하는 것은 어떻게 한 인간이 다방면에 걸쳐 그처럼 폭넓은 성취를 이루었는가 하는 점이다. 대체로 사람들은 자신이 좋아하는 특정한 분야가 있기 마련이다. 이를테면, 국어를 잘하면서도 수학은 부진한 사람이 있는가 하면, 미술을 좋아하는 한편으로 음악은 극구 싫어하는 사람이 있다. 그렇듯 사람은 어느 한 분야에서 탁월한 재능을 발휘하거나 좋아하는 경우는 많으나 모든 면에 관심과 재능을 가지기란 힘든 일이다. 그렇지만, 세종대왕은 민본주의 사상을 국가운영의 이념으로 삼으면서 정치, 사회, 국방, 경제, 과학, 문화 분야의 전반에 걸쳐 괄목할 만한 성취를 이루어 조선왕조의 기틀을 굳건히 하였다. 실로 세종대왕의 업적은 한 인간이 이룬 것이라고 믿기 어려울 정도로 엄청나다. 더욱이 놀라운 것은 그 엄청난 업적들이 세종대왕 개인적으로는 썩 좋지 않은 여건 속에서 이루어졌다는 점이다. 본시 체질적으로 그리 강건한 편이 못되었던 세종대왕은 젊어서부터 생을 마감하는 순간에 이르도록 평생에 걸쳐 여러 가지 질병에 시달려야 했다. 그런 중에도 새벽부터 밤늦게까지 국사를 돌보는 데 몰두했던 것이다. 그것은 한 나라를 꾸려가는 어버이로서 종사와 백성을 위한 지극한 애정으로밖에 설명할 수 없을 것이다.

특히, 훈민정음 창제는 세종대왕의 위대한 업적 중에서도 그 절정을 이루거니와 '많이 배우지 못한 백성들로 하여금 쉽게 자기 뜻을 펼치게 하기 위함'이라는 서문에도 나타나듯이 백성에 대한 깊은 사랑이 담겨 있다. 결국, 세종대왕은 옥체를 상해 가면서까지 백성들을 위해 훈민정음 창제에 심혈을 기울였던 것이다. 그러므로, 훈민정음 창제를 위한 오랜 기간의 작업은 건강에 많은 무리를 가져와 일찍 승하하게 된 상당한 원인으로 작용했으리라 여겨진다.

참으로 세종대왕은 광범위한 분야에서 비범한 재능을 지닌 유례를 찾기 힘든 천재였다. 그런 천재가 임금으로서 백성에 대한 사랑이 지극했다는 것은 당시 백성들이나 후손인 오늘의 우리들로선 정녕 행복한 일이지만 바꿔 말하면, 세종대왕의 그 모든 업적들이 백성들에 대한 사랑이라는 강한 동력에 의한 것이었다는 점에서 또한 숙연한 마음을 갖게 되는 것이다.

또 하나, 아빠는 인물됨에 주목하고자 한다. 세종대왕은 개인적으로도 효성이 지극하고 형제간의 우애가 두터워 인간적으로도 흠잡을 데가 없는 인물이었다. 우선 세종대왕은 즉위 원년에 태상왕 정종을, 2년에 어머니 원경왕후를, 그리고 4년에 부왕 태종을 잃었다. 바쁜 국사를 수행하면서도 아침 저녁으로 문안을 드리는 혼정성신昏定星辰을 거르지 않았던 세종대왕은 부모의 상을 당해 기존의 상제喪制를 무시하면서까지 상복을 입으려 했다.

— 나더러 13일만에 복을 벗으라 하니, 참말인가? 이것이 비록 송宋나라 제도이나 나는 일찍이 이는 야박한 행실이라 하였는데, 이제 와서 나로 하여금 이를 행하라 하느냐 —

하면서 상복을 벗기를 거부했다. 그러나 대신들은 죽은 자로 인해 산 사람이 상해서는 안 된다는 고사를 상고하며 관례를 좇기를 주청드렸다. 이에 세종대왕은

— 관례를 너무 무시할 수는 없는 일이다. 그러면 나는 자식된 도리로서 산릉(山陵:임금의 무덤, 여기서는 땅에 시신을 묻는 것을 말함. 대략 27개월 정도 걸쳐서 시행함) 후에 벗을 터이니 신들은 모두 관례에 따라 상복을 벗도록 하라.

고 했다. 그러자 신하들은 세종대왕의 효심에 감탄하여 눈물을 흘리며 다시 말했다.

— 상교(上敎:임금의 지시 혹은 가르침)가 지극하시니 신들이 어찌 감히 다시 아뢰겠습니까

그러나 즉위 초부터 7년여에 걸쳐 매일 식음을 전폐하다시피 하며 상을 치렀던 탓에 원래 그다지 튼튼한 체질이 아니었던 세종대왕의 건강은 더욱 나빠졌다고 한다.

세종대왕의 인품에 대해선 여러 군데서 나타나지만 그 너그러움은 신하나 일반백성 뿐만 아니라 아니라 노비奴婢 등의 천민과 죄수에게까지 두루 미쳤다. 일례로, 그 전엔 관비가 아이를 낳았을 때에는 출산하고 7일 이후에 반드시 복무하게 했다. 그러나 세종대왕은 그것으론 충분치 않다고 여겨 1백일간의 휴가를 더 주게 하였다. 아이를 두고 복무하면 어린아이가 해롭게 될까 염려했던 것이다. 이에 그치지 않고, 세종대왕은 분만 전의 휴가가 규정되어 있지 않음을 알고선 산기에 임하여 1개월간 복

무를 면제해 주는 법을 제정케 하였다.

죄수에 대해서도 고문으로 사망하는 일이 없도록 하고, 15세 이하와 70세 이상인 자는 살인·강도의 죄를 제외하고는 수금(囚禁:죄인을 가두어 둠)할 수 없고, 10세 이하 80세 이상인 자는 사죄(死罪: 죽을 죄)를 범하여도 수금하지 못하며, 도죄인(徒罪人:조선시대의 일반적인 범죄)의 부모가 70세 이상인 자는 노친의 소재지에서 복역토록 했다. 또한, 옥내(獄內)의 위생과 난방을 철저히 하여 죄수들이 병들어 사망하는 일이 없도록 했으며 죄수의 가족이 생계가 어려우면 옷과 양식을 주게 하였다.

아들아.

네게 세종대왕에 대해 설명하기 위해 자료를 뒤적이고 보고 있는 중이다만 어쩜 친어버인들 이렇게 자상할 수 있겠느냐. 그런 세종대왕이었으니 형제간의 우애와 신하들에 대한 사랑 또한 말해 무엇하겠느냐. 즉위 초부터 14년에 걸쳐 2백통이 넘는 형님 양녕대군에 관한 상소를 물리친 일은 세종대왕의 인품을 짐작케 하고도 남는다. 아울러, 밤새 글을 읽다가 잠든 신하 신숙주에게 입고 있던 옷을 벗어 덮어 주었다는 얘기는 너무도 유명하지만 세종대왕의 신하들에 대한 사랑은 도처에서 넘쳐난다.

세종대왕의 재위 기간이 우리 민족의 역사상 가

장 빛나는 시대가 될 수 있었던 것은 정치적 안정 위에 당신을 보필한 훌륭한 신하와 학자가 있었음은 주지의 사실이다. 그러나 세종대왕이 그들의 보필을 받을 수 있었던 것은 무엇보다 당신의 사람됨이 그 바탕이 되었던 것이다. 즉, 유교와 유교정치에 대한 소양, 넓고 깊은 학문적 성취, 역사와 문화에 대한 깊은 통찰력과 판단력, 중국문화에 경도(傾度)되지 않는 주체성과 독창성, 의지를 관철하는 신념과 고집, 노비에까지 미칠 수 있었던 인정 등 세종대왕의 인간됨에 감복하지 않을 신하가 어디 있었겠는가. 그런 임금을 모시고 있었으니 신하들인들 스스로 분발하여 일하기가 어찌 즐겁지 않았으랴.

세종대왕의 그런 인간됨엔 절로 고개가 수그러지거니와 우리 역사의 또 다른 위인 이순신 장군과 결부시켜서 생각해 볼 부분도 있다. 마침 아빠가 그 부분에 대해 쓴 글이 있으니 한번 읽어 보도록 하자.

전기(傳記)를 읽는 것은 위인의 생애를 되새기며 그의 정신을 닮고자 하는 바람 때문이다. 특히 요즘처럼 존경의 염(念)이 이는 사람이 드문 형편에선 더욱 전기를 가까이 하게 된다.

사람에 따라, 보는 각도에 따라 다르겠지만, 조선

의 건국엔 부도덕한 측면이 있었고, 끝내 나라를 팔아먹은 오욕의 역사를 가꾸었다는 점만큼은 대체로 인정할 것이다.

그래서 조선의 종말을 생각하면 그토록 인물이 없었던가 하는 아쉽고 서글픈 느낌을 갖게 된다. 그러나 오백년이 넘은 조선의 역사가 전적으로 비관적인 인물만 배출한 것은 아니다. 오히려 오욕으로 끝맺은 역사기에 한층 돋보이고 더욱 애착이 가는 인물들이 조선 역사엔 있었다. 이를테면, 세종대왕이나 이순신 장군 같은 인물이 바로 그들이다.

이 두 인물에 대해선 너무나 잘 알려져 있어 새삼 언급하는 게 그 업적의 신선함만 더럽히는 일 같지만 내가 애착을 가지는 이유는 조금 다른 측면에서도 우리에게 교훈을 주기 때문이다.

주지하다시피 세종대왕은 태종의 셋째아들이다. 우리는 태종의 삼자三子인 충녕忠寧이 왕위에 오른 것은 장자長子인 양녕讓寧이 방탕하고 차자次子인 효령孝寧 역시 왕재王才에 못미친 데 비해 왕자王者로서의 출중한 자질을 지녔던 탓으로 대개 알고 있거니와 이는 참으로 피상적인 관찰이자 인식이 아닐 수 없다.

장자 세습이 철칙인 조선 사회에서 어찌 그 이유만으로 세째가 왕위에 오를 수 있었겠는가. 그보다는 개국 이래 태종 말년에 이르도록 이미 보수화된 세력이 장자인 양녕보다 삼자인 충녕쪽을 밀었다는 관측이 오히려 진실에 근사하게 접근하는 방법이며, 훨씬 설득력이 강하다. 그것은 진취적인 성격의 양녕보다는 현실적인 감각을 지닌 충녕에게서 보수파들은 그들의 입지를 더욱 쉽게 유지할 수 있었기 때문일 것이다.

그런데 이런 상황에서 참으로 돋보이는 것은 세종의 인품이다. 변칙적으로 삼자가 왕위에 올랐을 때 장자 양녕이 역모의 소지를 지니게 되는 것은 어렵지 않은 예상이다. 가령, 중국에선 한 왕자가 왕위를 이으면 다른 왕자를 제거해 버리는 것도 이런 연유에서이다. 아무튼, 지금까지 알려진 것처럼 양녕이 선선히 세째에게 왕위를 양보했다고 믿기 어렵다면 그에게 일종의 한이랄까 편치 못한 심사가 있었으리라는 것은 당연한 추측이다.

그러나 세종조에 어떤 역모 사건이 발생했다는 기록은 전혀 없다. 이는 세종의 인물됨을 가늠하는 데 좋은 자료가 된다. 사실, 조선조에 발생한 숱한 역모 사건들은 대부분 사실과 거리가 멀다.

왕조 체제에서 역모는 그렇게 쉽사리 꿈꾸어 볼 만한 것이 아니다. 다만 옹졸한 임금일수록 그런 혐의에 민감하게 대응하는 것이다. 어떤 시대이건 선량한 사람과 그렇지 못한 사람들은 공존하기 마련인데 유독 세종의 시대에만 선량하지 못한 사람들이 없었다고 볼 수는 없다. 분명 세종 시대에도 양녕대군을 역모와 결부시켜 걸고 넘어진 사람들이 있었을 것이다.

그러나 세종 시대에 역모사건이 없었다는 것은 세종이 그런 무리들로부터 이 간언을 수용하지 않았다는 뜻이다. 이는 세종의 도량度量이다. 임금의 도량에 따라 신하들은 충신이 되기도 하고 간신이 되기도 한다. 임금이 허언에 쉽게 현혹되고 감언에 귀가 얇어질 때 신하는 감언이설을 일삼지만 임금의 도량이 넓고 현명한 눈을 가지면 신하는 바른 말밖에 할 수 없게 된다. 세종조에 충신이 많고 간신이 눈에 띄지 않는 것은 세종의 이런 인품과 무관하지 않다.

세종 같은 훌륭한 임금을 둔 것은 신하의 복이다. 조선 역사를 살펴 보면, 본인도 모르게 역모사건에 연류되거나 당파싸움에 휩쓸려 희생되는 인물들이 적지 않다. 그러나 역모든 분당이든 일차적인 책임은 임금에게 있다. 임금이 제대로 다스리면 어찌 역모가 발생할 것이며 분당이 가능할 것인가.

따지고 보면, 앞서 말한 바처럼 세종조에도 역모와 분당의 소지는 상당히 많았다. 그러므로 이런 소지를 극복하고 태평성대를 연 세종은 정녕 출중한 임금이거니와 이는 또한 신하의 복이었다. 세종조에 우리가 기억할 만한 수많은 인물들이 배출된 것도 신하들이 한껏 부각될 수 있는 입지와 영역을 임금이 제공했기 때문이다. 이것은 도량이 넓은 임금만이 베풀 수 있는 덕이다. 편협한 임금은 신하가 큰인물이 되는 것을 수용하지 못하기 때문이다. 조광조趙光祖의 성장에 부담을 느낀 나머지 마침내 죽음에 이르게 한 중종이 바로 그런 예이다.

　이처럼 세종조의 신하들은 탁월한 임금을 모신 덕분에 행복했지만, 조광조처럼 이순신 장군은 그렇지 못한 임금의 시절에 종사한 탓으로 불행했다. 선조宣祖는 조선왕조에서 가장 밀도는 임금들 중의 한 사람이거니와 신하의 성장을 제대로 감내하지 못했던 것이다.

　선조 재위 기간은 당쟁이 가장 심화된 시기였다. 이는 임금이 아랫사람을 적절히 통어하지 못한 까닭이지만 유달리 이 시기엔 충신으로 자처하는 사람들이 많았고 간신으로 여겨지는 사람들도 즐비했다. 그들은 한결같이 임금의 분별력과 판단력을 흐리게 했는데 그 궁극적인 원인은 임금 스스로가 왕자王者로서의 금도襟度를 보여 주지 못한 데 있다. 선조는 왕위를 오로지 인위적인 권위로만 유지하려

위인을 위하여
281

했으며, 심성이 편협하여 신하들에게 조그마한 혐의만 보이면 가차없이 대응하여 벌주기를 서슴지 않았다. 그리하여 신하들은 스스로 성장하기보다 임금의 총애를 구하는 데 더욱 진력할 뿐이었다.

그런 선조에게서 임란 발생 후 유일하게 전공을 올린 이순신 장군이 제대로 대접받지 못한 것은 어쩜 당연한 일이었다. 이순신 장군의 수차례에 걸친 승전보는 진실로 절대절명의 조선을 구한 쾌거였지만, 선조는 구국의 영웅을 나중에 한양으로 압송하여 적의 첩자로 다스렸다.

이는 신하의 간언에 의한 것이라고 할지나 실제로는 군왕으로서의 소임을 다하지 못한 선조의 열등감이 상당 부분 작용했다. 옹졸한 군왕이 가장 두려운 것은 민심을 얻는 신하인 것이다.

최근 일부 학자들 사이에서 이순신 장군의 자살설이 제기되는 것도 장군이 왕으로부터의 무형의 압력을 느낀 측면을 무시할 수 없는 데 있지 않은가 한다.

훌륭한 임금은 좋은 신하를 만든다. 그리고 훌륭한 임금은 신하를 행복하게 한다. 역사 속의 위인들에게서 교훈을 얻을 수 있다는 것은, 그러므로 전기를 읽는 기쁨이 된다.

역사에 가정假定이란 무의미한 것이지만, 만약 이순신 장군이 세종대왕 같은 임금을 모시고 전쟁을 수행했더라면 어떻게 되었을까. 모르긴 해도, 아마 임진왜란은 상당히 다른 양상으로 전개되었을 것이다. 그리고 동양역사도 많은 부분을 수정해야 했을 것이다.

세종대왕은 당신의 즉위를 반대해서 부왕 태종이 귀양보냈던 황희를 불러들여 역사에 기리 남는 명재상이 되게 한 분이다. 그렇게 신하에 대한 포용력이 컸던 세종대왕을 임금으로 모실 수 있었다면 임진왜란을 수행하면서 이순신 장군은 더욱 용기백배하고 사기충천했을 건 자명한 일이다. 실제로 「난중일기」를 통해 나타난 전쟁 중의 이순신 장군은 선조 임금을 필두로 하는 조정의 난맥상으로 심한 마음고생을 했던 것으로 보여진다. 물자와 인적자원의 부족으로 인해 전쟁 수행 자체가 힘겨운 상황에서 이순신 장군에게 조정 안의 권력 다툼까지 악재로 작용했던 건 정말 안타까운 일이 아닐 수 없다.

아빠가 오늘 여러 위인들 중에서 특히 세종대왕과 이순신 장군에 대해 네게 얘기하는 것은 두 분은 모두 개인적으로는 많은 어려움을 갖고 있었으면서도 오로지 민족과 국가를 위한 일념으로 위대한 업적을 남겼기 때문이다.

　세종대왕은 앞서 말한 대로 정치, 경제, 문화, 과학, 국방 등 다방면에 걸친 위대한 업적을 통해 국가의 기틀을 닦았다. 그러나 그 의미는 조선이라는 나라에만 국한되지는 않는다. 백성 사랑이라는 민본정치의 이념은 오늘날 민주주의의 기본정신에 맞닿아 있다. 그리고 세종대왕이 펼친 광범위한 분야에서의 정사는 오늘날 우리 사회 운영의 모형이 된다. 즉, 오늘날 우리 사회의 기본적인 틀과 정체성이 세종대왕의 위업에 의해 비롯되었다는 말이다.

　이순신 장군은 세종대왕이 국가로서의 실질적인 틀을 마련해 놓은 나라를 멸망 직전에 구했다. 아마도 이순신이 아니었더라면 4백년 전에 우리는 이미 분단국가가 되었거나 아니면 38도선 이남만의 영토를 가진 국가가 되었을지도 모른다. 구한말, 일본이 러시아와 38도선을 기점으로 서로 조선의 남북을 차지하려는 협상을 한 적이 있지만 이순신 장군이 아니었다면 그 3백년 전인 임진왜란 때 이미 조선은 국토 절반을 일본에게 내 주었을 수도 있었기 때문이다. 임진왜란을 일으키고 파죽지세로 조선을 치고 올라가면서 일본은 명나라에게 그때 이미 영토분할을 위한 협상을 제의를 했던 것이다.

다행히 바다에서 이순신 장군이 선전하면서 왜군의 기세를 꺾는 바람에 명나라로 하여금 그 협상에 참가할 빌미를 차단하게 되지만 지금 생각해도 모골이 송연한 일이다. 그러므로 국가 멸망과 민족 소멸의 구렁텅이에서 우리가 인류사의 중세로 나아갈 수 있었던 것은 전적으로 이순신 장군의 덕이다.

지난 천 년을 돌이켜 보면 사라진 나라나 민족들이 얼마나 많은지 모른다. 그런 의미에서 우리는 세종대왕과 이순신 장군에 대해 새삼 감사하는 마음을 가져야 할 것이다. 세종대왕은 문화민족으로서의 우리나라를 실질적으로 열었으며 이순신 장군은 그 나라를 지켰기 때문이다.

두 분 모두 한창인 나이에 세상을 떴다는 사실은 두고두고 아쉽다. 세종대왕의 향년이 54년, 그리고 이순신 장군이 52년.

진정한 마음으로 위인의 업적을 기리는 것은 위인을 위한 일인 뿐만 아니라 조국의 미래를 밝히는 첫걸음이다. 그것은 위인을 닮고자 하는 우리 모두를 위한 길이기도 한 것이다.

위인을 위하여

흩어져 있는 한국민족을 위하여

 아들아. 오늘은 아빠가 네게 우리 민족에 대해 생각나는 대로 몇 가지 두서 없이 얘기해 볼까 한다.
 십여 년 전쯤의 일이다.
 어느 날 아빠는 이발소에서 머리를 깎으며 거울 앞에 놓여 있는 TV를 보다가 눈물을 흘린 적이 있다. 아마 그때가 현충일이나 광복절 무렵이 아니었을까 싶은데 TV에선 한 중견 여류작가를 리포터로 하여 브라질에 살고 있는 한 한국인 집단에 대해 취재한 내용을 방영하고 있었다. 그런데 그 한국인들이 예삿사람들이 아니라는 데 내용의 심각성이 있었다. 그들은 다름아닌 6.25 때 북괴군으로 참전하여 아군에 생포된 후 거제도에 수용되었다가 석방된 반공포로들이었다. 그때 반공포로들의 대부분은 한국에 잔류했지만 일부는 이데올로기의 갈등이 없는 제 3국을 택했다. 즉, 민주주의니 공산주의니 하면서 같은 민족 끼리 대치하는 상황이 싫었던 것이다. 그때 제 3국을 택한 반공포로들 중의 일부가 바로 브라질의 그 한국인 집단이었다.

그들은 처음에 인도로 갔다가 그곳에서 제대로 받아들여지지 않아 일부는 다시 브라질로 옮기게 되었다고 한다. 그런 만큼 그들로선 브라질 정부에 대해 좋은 인상을 주는 게 필요했다. 그래서 그들은 비행기 안에서 브라질 국가를 익혔다. 그리고 공항에 도착하여 비행기에서 내리자마자 브라질 국가를 불렀다고 한다. 브라질 정부 관계자의 말에 의하면 브라질에서 살려고 온 외국인들 중 공항에서 브라질 국가를 부른 건 그들이 처음이었다고 한다. 더욱 놀라운 것은 그들이 부른 브라질 국가가 가사와 음계 모두 한 군데도 틀리지 않았다는 사실이다. 브라질말을 전혀 모르는 그들이 그처럼 단시간내에 브라질 국가를 외워서 부를 수 있었던 건 그만큼 그들의 심정이 절박했던 것이다.

그 후 그들은 브라질에 정착해서 살게 되었는데 문제는 한국정부와의 교류 없이 완전히 제 3국인으로 지냈다는 점이다. 다시 말해, 브라질에 거주하는 한국동포들과도 달리 그들은 한국정부의 보호 없이 오로지 이방인으로 수십 년을 살아왔던 것이다. 그것은 아직 국가건설에 여념이 없는 한국 정부의 관심이 그들에게까지 미치지 않았던 탓일지도 몰랐다.

 그들 중에는 외국인(브라질인) 여성과 결혼해서 단란한 가정을 꾸린 사람도 있었지만 평생 혼자 살아가고 있는 사람도 적지 않았다. 리포터는 그 중의 한 명과 인터뷰를 했는데 육십줄에 든 그는 창고 같은 허름한 곳에서 남루하게 살고 있었다. 그런데 아빠의 마음을 아프게 하는 것은 휴전 이후 수십년간 한국정부와의 통교가 끊긴 가운데서도 한 순간조차 조국을 잊지 않고 있었다는 사실이었다. 그 사람은 자신이 살아온 내력을 적은 원고를 앵글로 엮은 선반에 쌓아 놓았는데 그게 몇 사람의 키 분량이 되었다. 그 장면을 보며 아빠는 눈시울을 붉히지 않을 수 없었다. 전문적으로 글 쓰는 기술도 없을 그 사람이 책으로 치면 수십 권도 넘을 분량의 원고를 쓰는 동안 고향에 대한 그리움과 변변치 못한 역사로 인해 찢겨진 자신의 일생에 대한 한스러움이 어떠했을까 생각하니 가슴이 미어져 왔던 것이다.

아들아.

오늘 아빠가 이 이야기를 네게 하는 것은 우리민족이 국내와 미국, 일본 등지에서 사는 사람만이 전부가 아니라는 사실을 알려주고 싶어서이다. 지난 세기 말의 참담했던 우리 역사로 인해 조국에서 살지 못하고 흩어진 사람들이 적지 않게 있으며, 그리고 그들 역시 같은 민족으로서 반드시 우리가 거두어야 할 사람들이라는 점도 일깨워 주기 위함이다.

실제로 우리나라 사람들은 세계 도처에 많이 흩어져 살고 있다. 물론, 그들의 대부분은 한국정부가 들어선 후 정식으로 이민을 떠난 사람들이지만 상처난 지난 역사로 인해 본의아니게 조국에서 살지 못하고 아직껏 타국에서 고되고 지친 삶을 이어가고 있는 사람들도 많다.

중앙아시아에 우리나라 사람들이 살고 있다는 사실이 널리 알려진 것도 불과 십여 년 전인 80년대의 일이다. 그 전까지 우리는 고작 일본에 사는 재일동포(그때는 재일교포란 말을 썼었다)나 재미동포 정도가 우리 해외 동포의 거의 전부인 줄로만 알았다. 같은 말을 쓰는 우리 민족이 다른 곳에도 있는 줄은 차마 몰랐던 것이다. 그러던 것이 80년대 들어 해외여행이 자유화되고 방송사들의 해외동포 취재가 본격화되면서 우리민족이 미국이나 일본만이 아닌 소련이나 중국, 인도와 중남미 등지에도 많이 살고 있다는 사실이 일반인들에게 광범위하게 알려지게 되었다. 그런데 우리가 분명히 명심해야 할 것은 그들이 비록 지금 국적은 다르더라도 같은 피를 나눈 배달민족이며 우리의 근세사(近世史)가 난도질당한 결과로 말미암아 조국을 떠나 이역만리에서 살고 있다는 점이다. 즉, 타시켄트 등 중앙아시아에 사는 사람들은 일제 때 스탈린에 의해 연해주에서 강제 이주되었으며 중남미의 우리 동포들도 국권을 빼앗긴 나라를 벗어나 새 삶을 개척하기 위해 떠났던 사람들이다. 그리고 연변 등 중국에서 거주하는 조선족 역시 독립운동을 하다가 그대로 눌러앉게 된 사람들이 많다. 그처럼 해외에 거주하는 동포치고 어느 한 사람 피맺힌 사연이 없는 사람들이 없다.

  최근, 중국의 조선족들이 돈을 벌러 우리나라로 밀입국하다가 적발되어 되돌려보내지는가 하면 그들의 불법체류가 사회적 문제가 되는 경우가 종종 있다. 그런 보도를 접하면 아빠는 마음이 아프다. 그들이 누구인가. 비록, 형식적으로는 다른 나라 사람으로 돼 있다 하더라도 그들은 다름아닌 우리 민족인 것이다. 그러므로 마땅히 그들도 우리나라에서, 우리가 흔히 말하는 금수강산에서 살 권리가 있다. 그리고 그들이 원한다면, 조국에서 살 수 있게 해 주는 게 우리의 도리가 아니겠나 싶다. 정말이지 우리는 그들을 절대로 다른 나라 사람처럼 대해서는 안 된다. 아직 형편이 안 되어 고국에서 살고 싶어 하는 그들의 소망을 당장은 들어 주기 힘들지는 몰라도 최소한 그런 마음은 갖고 있어야 한다. 그리고 우선은 가능한 대로 그곳에 공장이라도 세워서 그들이 생업에 종사할 수 있게 해 주면 어떨지 모르겠다.

  언젠가 우리나라가 지금보다 더 부강한 나라가 되어 해외에 흩어져서 조국을 그리며 사는 동포들을 모두 끌어안을 수 있는 날이 빨리 왔으면 좋겠다. 그리하여 그들이 겪었던 고통과 서러움을 어루만지며 서로가 한 민족임을 가슴으로 확인하는 것이야말로 지난 역사의 상처를 봉합하는 길이기 때문이다.

역사를 위하여

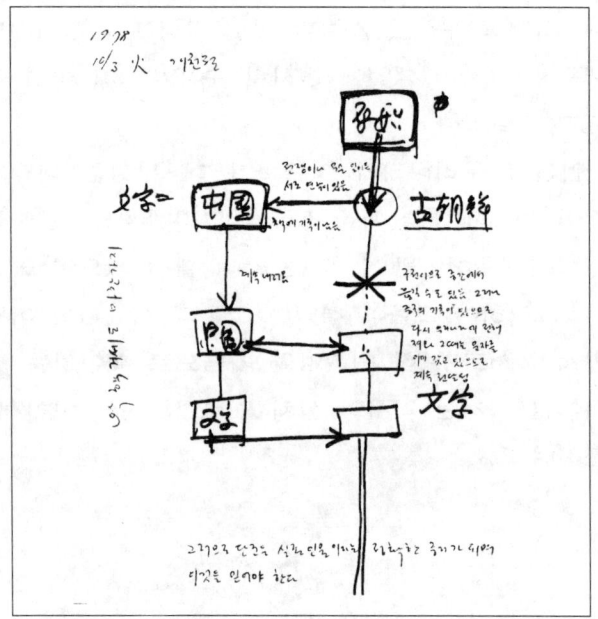

박대통령의 메모.
1978년 10월 3일 개천절에 근혜양에게 단군의 실존을 설명하면서

보리밥과 쌀밥

아들아.

오늘 아빠가 네게 들려 주고자 하는 얘긴 역사에 대해서다. 그러나 우리 역사의 전체적인 내용은 학교에서 교과서를 통해 배우게 될 테니까 아빠는 그저 역사에 관한 일반적인 생각 몇 가지만 얘기할까 한다.

위의 그림은 고故 박정희 대통령이 큰딸 근혜양에게 고조선에 대해서 설명하면서 남긴 메모이다.「월간조선」1989년 4월호에 실린 것인데 메모는 1978년 10월3일에 작성한 것으로 되어 있다. 아마 박대통령이 개천절이라서 딸과 우리나라 개국에 관한 얘기를 나누다가 고조선에 대해 언급하게 되었던 모양이다. 이 기사를 읽으면서 아빠는 일견 냉엄해 보였던 박대통령이 의외로 세심하고 자상한 데가 있었구나 하는 사실을 깨닫게 되었다. 이미 대학을 나온 성년의 딸에게 단군에 대한 얘기를 들려주는 모습에서 아빠는 부정父情의 따뜻함 같은 게 느껴진다. 그런데 메모를 자세히 들여다 보면 '그러므로 단군은 실존인물이라는 정확한 근거가 되며 이것을 믿어야 한다'는 글이 있다. 이 글은 즉, 박대통령이 단군이 실존인물이라는 근거를 들어서 고조선의 존재가 역사적 사실임을 강조하고 있는 것이다. 국정에 바쁜 일국의 대통령이 딸에게 역사에 대해 설명

역사를 위하여

하는 자상함도 그렇지만 그 지식의 깊이 또한 놀라운 일이 아닐 수 없다. 왜냐하면, 박대통령은 평소 학문을 연구하는 학자도 아닐뿐더러 나이가 들었으므로 이미 알고 있던 것조차 세부적인 사항은 잊어버릴 수도 있을 것이다. 그런데 즉석에서 도표까지 그려가면서 이처럼 자세하게 고조선의 실체에 대해 설명하고 있다는 점은 정말이지 놀라울 따름이다. 그래서 아빠는 정말 박대통령이 보통사람이 아니구나 하고 생각을 새삼스럽게 하게 되었다.

사실 이 고조선에 대해선 아빠도 조금 자랑할 만한 부분이 있다. 1986년에 쓴 소설 「사라진 신화」를 통해 아빠 역시 고조선이 신화가 아닌 역사적 존재로 실재했음을 밝혔기 때문이다. 그럼 이 부분에 대해 좀더 자세히 설명을 하자.

80년대 당시까지만 해도 우리 주위엔 고조선의 실체에 대해 관심을 가진 사람이 별로 없었고 제대로 정리도 돼 있지 않은 상태였다. 그러나 아빠는 기본적인 의문은 가지고 있었다. 즉, 우리가 흔히 5천년 역사를 자랑하면서도 고조선은, 너도 알다시피, 환인桓因의 아들 환웅桓雄과 웅녀熊女가 결합해서 단군檀君을 낳았다는 신화로 출발하고 있을 뿐 실제로 역사에서 처음으로 다루어지는 건 B.C. 4세기 경 즉, 위만衛滿이 한漢나라에게 망하고 한사군漢四郡이 설치되는 그 전후이다. 그러니까 반만 년 역사라고 말하면서도 우리는 실질적으로는 BC. 4세기경부터 오늘날까지 2천 년 남짓한 역사밖에 챙기지 못하고 있었던 것이다. 그렇다면 단군이 고조선을 세웠다는 BC.2,333년부터 BC.4세기경까진 어떻게 된 걸까. 그 기간에 고조선이란 나라가 정말 존재하기는 했을까.

따라서, 이 문제에 대해선 언젠가 한번 검토해 볼 필요가 있다는 생각을 아빠는 늘 해 왔다. 그러던 차 우연히 역사를 공부하는 한 친구를 통해 이상한 물건 하나를 보게 되었다. 이상한 물건이란 그 친구가 남해안 어느 섬에 있는 바위의 무늬를 탁본한 것이었다. 그 친구 얘기에 의하면, 서불제명석각(徐佛題名石刻)이라고 일컬어지는 그 바위의 무늬는 진시황의 사신인 서불(徐佛)이란 사람이 우리나라에 불로초를 구하러 왔다가 새겨 놓은 것으로 알려져 있다는 것이었다. 그러나 그 말을 들으며 아빠는 처음부터 의구심이 들었다. 아빠도 어렸을 적에 그런 얘기를 들은 적이 있지만, 그건 그냥 전설이나 아니면 심심할 때 들려 줄 수 있는 옛날 이야기 정도로 여겼지 사실이라고 생각해 본 적은 한번도 없었기 때문이다. 그런데 불로초를 구하러 그 서불이란 사람이 우리나라에 왔었다니 차마 믿기가 힘들었다. 더구나 바위의 무늬는 진시황 때 쓰이던 문자는 결코 아니라는 사실이 아빠의 믿음을 더욱 확고하게 했다.

그래서 아빠는 그 바위의 무늬에 대해 다각적으로 조사를 시작했다. 그런데, 여러 가지 역사책을 들추며 막상 조사를 해 보니 처음 생각했던 것과 달리 진시황이 불로초를 구하러 사람을 보냈던 것은 사실이었다. 그러나, 분명한 것은 그 사신이 우리나라에 오지 않았다는 점이었다. 따라서, 그 바위의 무늬가 진시황의 사신이 새겨 놓은 것이라는 얘기는 틀린 것이었다.

아빠가 조사한 바에 따르면 그 바위의 무늬는 회화문자會話文字의 일종이었다. 회화문자란 BC.2천년경에 쓰였던 문자이다. 즉, 회화문자는 중국 은殷나라 때인 BC.1000년에서 BC.1600년 경에 발생한 것으로 추정되는 상형문자보다 한참 앞선 문자인 것이다. 이 사실은 2천 년경에 문자를 쓰는 종족이 우리나라에 존재했다는 얘기가 되며 그것은 결국 신화로 싸여 있던 위만조선 이전의 고조선도 역사상의 국가였음을 결정짓는 증거가 된다.

아무튼 그 바위의 무늬의 실체를 밝혀냄으로써 고조선은 위만조선衛滿朝鮮 이전에도 분명히 역사로 존재했던 나라임이 입증된 것이다. 그리고 그 사실을 입증하는 데 아빠도 소설로서나마 작은 공헌을 한 셈이다.

그런데 아들아.

아빠가 오늘 네게 이렇게 고조선에 대한 이야기를 하는 것은 늘 역사를 생각하면서 살아 줬으면 하는 바람에서이다. 앞서 고 박대통령이 다 큰 딸에게 굳이 고조선에 대해 얘기를 한 것도 그런 마음에서일 것이다.

사실, 세계에서 단일민족으로서 수천 년의 역사를 이어온 민족은 그리 많지 않다. 따라서, 오천 년의 역사를 갖고 있다는 것은 우리의 자랑이 아닐 수 없으며 거기에 대한 자긍심은 반드시 지켜야 한다.

돌이켜 보면 우리 한국사는 심한 상처를 입었다. 그 동안 우리가 배워 왔던 한국사는 과거 일제시대에 일본이 한국을 효과적으로 통치하기 위한 한 방편으로 세운 조선사편수회朝鮮史編修會에 의해 숱한 부분 난도질당한 것이다. 그런 만큼 한국사는 우리가 강대국 사이에서 눈치나 보는 열등한 민족으로 살아온 역사로 기술되어 있는 부분이 상당히 많다. 일례로, 앞서 언급한 한사군 문제만 해도 그렇다. 아빠가 초등학교와 중고등학교에 다닐 때만 해도 교과서에 기술된 한사군은 한반도 안에 위치해 있었다. 그랬던 것이 최근에 들어 그 강역이 한반도 훨씬 밖으로 옮겨졌다. 말하자면, 한사군의 한반도

설치설은 역시 조선사편수회의 작품으로 일본은 수천 년 전부터 우리나라가 다른 나라의 식민지였다는 식의 생각을 한국민에게 주입시켜 자기네들의 한국점령의 부당함을 희석하려는 의도로 사실을 왜곡·조작한 것에 불과한 것이다. 그리고 고조선의 강역도 일제시대 때의 연구에 비해 최근 많이 확장되었다. 물론 이런 건 하나의 단적인 예에 불과하고 일본이 우리 역사에 상채기를 낸 흔적은 도처에서 무수히 발견된다.

　우리가 조선을 이야기하면서 흔히 거론하는 당파싸움의 폐해성 같은 것도 많이 과장된 것으로 실상과 상당한 거리가 있다. 조선의 멸망이 마치 당파싸움에 그 원인이 있었던 듯이 말하지만 육백년 가까이 지속해 온 나라가 과연 얼마나 되는가 생각해 보라. 중국의 당나라, 요나라, 송나라 금나라, 원나라, 명나라 등도 하나같이 백년에서 이백년을 넘지 못했다는 사실을 상기하면 조선이 당파싸움 때문에 망했다는 식의 시각은 참으로 적절치 못한 것이다. 어느 나라나 발전하는 시기가 있으면 쇠퇴하는 시기도 있는 법이다. 그리고 조선 역시 쇠퇴기에 접어들어 쇠퇴했을 뿐이다. 그러나 조선은 비록 왕조체제의 전제군주국가였지만 권력을 행사함에 있어 임금이 함부로 전횡할 수 없는 여러 가지 제도적

장치가 마련되어 있었고 신하들의 의견을 수렴하는 점에 있어선 오늘날의 민주주의 못지 않았다. 그랬기에 오히려 육백년이나 역사를 지속해 왔다고 생각할 수도 있는 것이다.

　우리가 신사의 나라라고 말하는 영국을 한번 생각해 보자. 우리가 통일신라의 찬란한 문화를 꽃피우고 있을 때 영국은 바이킹 같은 해적들이나 들끓는 야만적인 국가라고 로마는 골치아파 했었다. 산업혁명 이후 국력의 신장으로 부강해지면서 한때 '해가 지지 않는 나라'라고 일컬어지기도 했지만 그 융성기는 이 백년을 넘지 못했다. 그에 비한다면 우리는 동아시아 특유의 문화를 일구며 오 천년의 장구한 역사를 이어 왔다. 그 어찌 자랑스럽고 자긍심을 가질 만한 일이 아니겠는가.

　물론 수천 년의 역사를 이어오는 과정에서 다소의 골곡이 없을 순 없을 것이다. 때로 험한 시대의 격랑에 휩쓸리기도 했고 참기 어려운 오욕의 순간을 감수해야 했던 기억도 있다. 그렇지만 그런 역사의 굴곡을 거치면서도 우리는 결코 소멸하지 않고 면면이 역사를 이어왔다. 거기엔 분명히 짚고 넘어가야 할 대목이 있다.

　가령, 고려 시대에 우리를 침략한 몽고는 전성기의 로마를 훨씬 능가하는 인류 역사상 최강의 제국

역사를 위하여

이었다. 비록 나중에 그들에게 패했지만, 그러나 그 과정에서 우리민족이 보여준 저항정신은 실로 값진 것이었다. 그러므로, 몽고에게 패한 역사라고만 간단하게 말해선 안 된다. 패배에도 불구하고 몽고화되지 않고 결국 고려로 살아남았다는 사실은 그 못지 않게 중요한 것이기 때문이다. 오늘날 몽고가 중앙아시아의 미미한 부족 혹은 종족으로 전락해 있음에 비추어 그 사실은 더욱 깊은 의미를 지닌다. 그것은 결코 소멸될 수 없는 고려 정신 같은 것으로 이해되어야 할 것이다.

그렇다. 우리가 수천 년의 역사를 이어오는 동안 신라에는 고유의 신라정신이 있었듯이 고려엔 그에 합당한 고려정신이 있었고 조선엔 또 독창적인 조선의 정신이 있었다. 그 특유의 정체성이 말하자면, 우리의 반만 년 역사를 가능케 했던 것이다.

그런 만큼, 오늘 아빠는 네게 우리가 일구어 온 오천 년 역사를 제대로 이해해 줬으면 하는 말을 하고 싶다. 이 말엔 우리역사의 완전한 복원을 바라는 뜻이 담겨 있다. 이를테면, 우리 역사에서 발해와 가야가 차지하는 비중이 약하며 해상왕 장보고 같은 인물이 소홀히 취급되고 있다는 점이다. 그리고 광개토대왕의 업적도 상당히 피상적이다. 따라서, 그런 점들의 보완은 필수적이며 그럼으로

써 우리 역사는 보다 풍성하게 할 것이다.

또 하나, 미래로 역사를 이어가기 위해서 우리가 명심해야 할 것은 스스로의 역량을 키우는 일이다. 힘이 없을 때 역사는 얼마나 상처를 받는지 하나만 예를 들기로 하자. 구한말에 일어난 임오군란과 갑신정변은 다같이 일본과 관계된 사건이다. 그러나 두 사건의 성격은 전혀 다르다. 임오군란은 조선군이 조선에 나와 있는 일본측에 피해를 입힌 부분이 있지만 갑신정변은 일본공사의 지원으로 발생한 사건으로 조선은 막대한 인명과 재산의 피해를 입었다. 그런데도 두 사건에서 모두 조선정부는 사죄를 하고 배상금까지 물어야 했던 것이다.

반도국가라는 지정학적 성격 때문에 우리나라가 외부로 뻗어나가지 못했다고 말하는 사람들이 더러 있다. 사실, 강대국에 둘러싸인 탓에 그 동안 우리는 간단없는 침략을 받기도 했었다. 그러나 그리스 등 고대문명의 발상지가 거의 반도국가였다는 점에서 그 말은 그다지 설득력을 얻지 못한다. 실제로 광개토대왕 같은 분은 대륙으로 진출하지 않았던가 말이다. 문제는 튼실한 역사를 이어가려는 우리의 의지와 노력이다. 이제 21세기의 출발을 눈앞에 두고 그 의지와 노력은 더욱 강조되어야 할 것이다. ✺

분단에 대하여, 혹은 북한 동포를 위하여

요즘 '98 프랑스 월드컵이 한창이다. 그래서 아빠가 축구에 관한 퀴즈 하나를 낼까 한다.
지금으로부터 25년에서 30년 전쯤 북한과 일본이 축구 시합을 하면 우리는 누구를 응원했을까?
너무 쉬운 문제라구? 당연히 북한을 응원해야 하지 않냐구?
아니다. 정답은 일본이다.

너무 이상하지?
그러나 당시엔 그게 전혀 이상하지 않았다. 그만큼 북한에 대한 우리의 적대감은 심했던 것이다.

그때 우리는 아예 북한을 북한이라고 부르지도 않았다. 북한을 정식 국가로 인정하지 않았기 때문이다. 그래서 북한이 우리를 남조선 괴뢰도당이라고 불렀듯이 우리도 북한을 괴뢰정권, 즉 북괴라고 불렀다. 불행한 일이지만, 그것은 6.25 동족상잔 이후로 상호간의 대립의 골이 깊어진 결과였다.

실제로, 1953년 휴전이 성립된 이후에도 북한은 무력에 의한 적화통일의 야욕을 버리지 않았고 끊임없이 크고 작은 도발을 감행해 왔다. 재작년에 이어 올해도 동해안에 북한 잠수정이 침투하여 다소 시끄럽지만 그 무렵 발생했던 1.21사태 같은 것도 그들의 호전성을 드러내는 단적인 예가 될 것이다.

1968년 1월 21일, 북한의 특수공작대 31명이 우리 나라에 몰래 잠입하여 청와대 뒷산까지 침투해 온 일이 있었다. 이른 바 1.21사태가 그것으로 그들의 목적은 청와대를 급습하여 당시 국가원수였던 박대통령을 암살하기 위해서였다. 그때 침입한 31명의 공비 중 30명이 사살되고 유일하게 생포된 김신조 씨는 그 후 우리나라 생활에 적응하여 지금은 목사로 살고 있다. 당시 북한은 그 사건에 대해 우리의 자작극이니 하면서 자기네들이 저지른 일이 아니라고 부인을 했었다. 그러다가 1971년 이후락 중앙정

보부장이 극비리에 북한을 방문했을 때 김일성은 1.21사태가 자기네 맹동분자들의 소행이었다는 변명과 함께 박대통령에게 미안하다고 전해달라면서 북측에 의한 사건이었음을 시인하기도 했다.

아무튼, 6.25 이후 북한의 무력도발은 빈번하게 일어나서 좀처럼 우리의 적대감은 해소될 수가 없었다. 따라서, 남북간의 긴장은 고조될 대로 고조될 수밖에 없었으며 그 상황에서 우리는 자연 북한보다 일본을 응원하게 되었던 것이다.

그러나, 아빠는 어린 마음에도 그게 도무지 이해가 되지 않았고 심한 혼란에 빠지곤 했다. 평소엔 실컷 일본을 욕하다가도 북한과 축구를 하면 갑자기 일본은 우리 편이 되어야 했으니까 말이다. 분단이 가져온 딜레마였지만 정말이지 아빠는 난감했다. 그렇지만 아빠는 나름대로 분명하게 판단을 내리고 있었다.

그것은 크게 두 가지 생각에서였다. 첫째로, 팔은 안으로 굽는다는 말도 있긴 하지만, 어떤 경우에도 민족을 우선할 수 있는 것은 없다는 것이었다. 즉, 북한에 대해 아무리 적대감이 크다 하더라도 일본이 더 가까울 순 없었다. 그것은 자주 사고를 치고 골머리를 썩히는 가족이라도 남보다 가까운 것과 같은 이치였다. 두 번째, 우리가 증오하는 것은 북한의 위정자들이지 적어도 축구선수는 아니라는 사실이었다.

그래서 아빠는 다른 사람들과 달리 일본보다 북괴(북한)를 응원했다. 물론 겉으로 대 놓고 응원할 수 있는 분위기는 아니었고 속으로나마 북괴가 이기기를 간절히 바랄 뿐이었지만.

그러나, 당시 북한과 대치하고 있는 우리 정부로서도 어려움이 많았을 것이다. 적성국가인 북한보다 국력에서 뒤졌으니까 말이다. 전에도 얘기했다시피, 60년대 말까지만 해도 북한은 우리보다 국력이 우위에 있었다. 북한은 지하자원이 풍부했던 데 비해 우리나라는 농산물과 경공업 위주로 산업을 꾸려가고 있었기 때문이었다. 그런데 국력과 스포츠는 꼭 비례하는 것은 아니지만, 당시 축구도 마찬가지였다. 그 전에 이미 북한은 월드컵 8강에까지 오른 적이 있을 만큼 아시아에선 상당한 축구 강국이었다. 따라서 반공을 국시로 하며 북한과 첨예하게 대치하고 있는 상황에서 북한 축구의 위상을 그대로 국민들에게 전한다는 게 당시 정부당국으로선 쉬운 일이 아니었을 것이다. 축구의 우위가 마치 민주주의에 대한 공산주의의 우위처럼 국민들에게 인식되지나 않을까 하는 염려 때문이었다. 그래서 70년대 초반까지도 어쩌다 제 3국에서 북한과의 축구경기를 갖게 될 경우, 우리가 이기면 나중에 녹화방송을 했지만 지면 아예 방송을 하지 않았다. 그 사실은 당시 우리나라의 국민의식 수준이 지금처럼 높은 편은 못되었다는 얘기도 될 것이다.

물론 당시 아빠를 포함한 일반 사람들은 북한이 우리보다 국력에서 우위에 있다는 사실을 알지 못했다. 아마 그저 비슷하거나 우리가 조금 낫지 않을까 생각하는 정도였다. 그렇더라도 그들의 호전성에는 경계심을 늦출 수가 없었다. 한번 6.25 같은 전란을 겪어본 우리로서는 무력에 의한 적화통일 방침을 그대로 고수하고 있는 북한에 대해 여유를 보이거나 너그러운 마음이 되기가 힘들었던 것이다. 다시 말해, 우리가 북한과 가까워지려면 그들이 무력에 의한 적화야욕을 버리거나 아니면 우리의 국력이 그들을 압도해야 했다. 그러나 당시엔 두 가지 모두 충족되지 못한 상황이었다. 그런 만큼, 축구경기에서 북한보다 일본을 응원했던 우리들의 심리 저변에는 그렇게 북한에 대한 뿌리 깊고 극심한 적대감과 경계심이 깔려 있었던 것이다.

그러나 70년대부터 모든 상황은 서서이 반전되기 시작한다. 우리나라는 경제개발의 성공과 함께 국력이 급속도로 신장된 반면 북한은 폐쇄경제의 한계를 드러내면서 쇠락의 길을 걷게 되었던 것이다.

그런 사정은 축구도 다르지 않아 70년대에 들어서면서 우리나라는 아시아의 최강자로 군림하게 되지만 북한은 우리의 상대가 되지 못하는 처지로 전락하고 만다. 그리고 그 격차는—경제와 축구 모두—80년대를 거쳐 90년대에 이르면서 북한으로선 회복하기 힘들 정도로 더욱 확대된다.

지금은 북한과 일본이 축구를 할 경우, 우리나라 사람이라면 모두 북한을 응원할 것이다. 그 당연한 일이 불과 30년 전엔 그렇지 못했다는 게 차마 믿기지 않지만 국력의 차이가 커지면서 그만큼 우리는 너그러운 마음과 여유를 갖게 된 것이다. 그래서 북한의 사소한 도발에도 전처럼 크게 위협을 느끼기보다는 철딱서니 없는 동생을 대할 때처럼 안타까운 마음과 연민의 정을 갖게 된다.

그러므로 모든 면에서 비교 자체가 무의미하게 된 지금 우리는 북한에 대해 전보다 발전된 자세로 접근해야 한다고 아빠는 생각한다.

책임과 의무에 대하여

 70년대 초 중동전쟁이 발발했다. 우리에겐 7일전쟁으로 잘 알려진 이 전쟁은 1948년 이스라엘의 국가성립을 계기로 아랍 여러나라와 이스라엘 사이에 형성된 적대감이 그 원인이었다. 이미 그 이전부터 양측은 여러 차례 전쟁을 치렀지만 제대로 완전한 평화체제가 구축되지 못해 분쟁의 소지는 여전히 안고 있었다. 그러다가 다시 전쟁이 재발되었던 것이다.
 전황은 처음엔 아랍 제국의 우세로 진행되었다. 이집트와 시리아, 요르단 등 아랍국가들은 기습적으로 이스라엘을 공격했고 허를 찔린 이스라엘군은 후퇴해야 했다. 그러나 전열을 재정비한 이스라엘군은 반격에 나서 곧 시리아 영내로 진격했고 마침

내 이집트의 수에즈 운하까지 점령하면서 전쟁을 승리로 이끈다.

참으로 이스라엘은 대단한 나라였다. 워낙 작아서 지도를 펼쳐도 잘 보이지 않는 나라 이스라엘이 어떻게 몇 차례나 아랍 여러나라의 연합군을 상대로 승리를 거둘 수가 있었는지 참 신기한 일이 아닐 수 없었다. 그것은 누가 보더라도 다윗과 골리앗의 싸움이나 다름없었는데 말이다.

그 의문에 해답이 되는 단서가 있다.

아랍전쟁이 발발했을 때 미국에 있던 중동 유학생들과 이스라엘 유학생들의 행동이 판이하게 달랐던 것이다. 즉, 고국에서의 전쟁 소식이 전해지자 아랍쪽 유학생들은 혹시 남의 눈에 띌세라 자취를 감춘 반면 이스라엘 유학생들은 자진해서 귀국했던 것이다. 전쟁에 참가하기 위해서였다.

당시 많은 사람들이 그랬지만 그 얘기를 들으며 아빠도 아랍 여러나라가 조그마한 이스라엘에게 패할 수밖에 없는 이유를 충분히 납득할 만했다.

작년 말 대선전이 한창일 때 네가 물었다. 누가 대통령이 될 것 같으냐고.

그 순간 아빠는 네가 많이 컸구나 하는 생각에 잠시 감회에 잠겼다.

그땐 너도 알다시피 여당의 이회창 후보가 압도적 우세를 지키고 있었다. 그때까지 우리나라에선 여야간의 정권교체가 이루어진 적이 없기도 했지만 전통적으로 여당후보가 고정표를 많이 갖고 있었기 때문이다. 그래서 여당후보와 당선은 등식이나 마찬가지였다. 실제로 선거전에 돌입하기 전부터 각종 여론조사에 의하면 누가 여당후보가 되더라도 야당후보를 이기는 것으로 돼 있었다. 그런 만큼 이회창 후보는 처음부터 압도적인 리드를 하고 있었던 것이다.

그런데 한 사건이 터지면서 이회창 후보의 지지도는 급격하게 내리막길을 걷게 된다. 이른바 아들의 병역문제가 선거전의 쟁점으로 떠올랐던 것이다. 즉, 이회창 후보의 큰아들이 병역을 면제받은 사실에 부정이 개입되었을 거라는 의혹이었다. 당시 야당은 이회창 후보의 큰아들이 179센티의 장신인데도 체중 미달로 병역면제를 받은 것은 납득할 수 없다면서 강력하게 의혹을 제기하고 나섰다. 그리고 그 의혹은 쉽게 국민들의 공감대를 형성했다. 179센티의 장신에 체중이 45키로라는 것은 도무지 믿기지 않는 일이었고 아무래도 부정이 개입되지 않았겠느냐는 쪽으로 심증이 굳어졌던 것이다. 물론 당사자인 이회창 후보는 아들의 병역 의혹을 즉

각 부인하고 나섰고 이에 야당에선 179센티의 키에 45키로의 몸무게를 가진 사람이 나타나면 포상하겠다고 공언하기도 했다. 그러나 그런 키에 그런 체중을 가진 사람은 나타나지 않았다.

실제로 아빠가 생각해도 179센티의 키에 45키로의 몸무게는 현실적으로 불가능한 것으로 여겨졌다. 왜냐하면, 신장이 173센티인 아빠 역시 대학생 시절엔 무척 마른 편이었는데도 체중이 60키로 이하로 떨어진 적이 없었던 것이다. 그런 만큼, 이회창 후보의 큰아들의 경우도 입대를 위한 신체검사 때 45키로를 기록한 것을 제외하곤 다른 때엔 체중이 50키로를 넘었고 어떤 때엔 58키로까지 나타나기도 했으므로 보통사람이 볼 때 의심스러운 부분이 있었다. 그리고 당연히 야당의 공세는 거세질 수밖에 없었다.

결국, 초반에 압도적 우위를 지키던 이회창 후보는 개인의 자질을 제대로 검증받지도 못한 채 아들의 병역문제로 인해 대선에서 패하고 만다.

그런데 아빠가 이 이야기를 하면 너는 왜 아들의 병역 문제가 대통령 선거에 영향을 미치느냐고 생각할지도 모르겠다.

그것은 개인의 윤리적 차원의 문제이다. 즉, 개인적으로 떳떳하지 않고서 어떻게 국민전체를 대표

하는 대통령이 될 수 있겠느냐고 많은 사람들이 생각하기 때문이다. 즉, 병역의무는 근로와 납세, 교육과 더불어 국민의 4대 의무중의 하나인데 자기 자식은 그 의무에서 제외시켜 놓은 사람이 어떻게 국민들에겐 의무를 다하라고 할 수 있겠느냐는 것이다.

이런 문제는 미국 같은 선진국에선 더욱 엄격하게 다루어진다. 즉, 대통령 후보는 개인의 모든 문제가 다 검증의 대상이 된다는 말이다. 우리처럼 북한과 같은 적성국가와 대치하고 있는 것도 아니고 개인의 자유가 한껏 보장되는 분위기이지만 미국 등 선진국에선 공인公人이 되려는 사람에겐 국민의 기본적인 의무 수행의 철저함이 요구된다. 왜냐하면 공인이란 그 나라 국민의 얼굴이자 그 사회 윤리의 척도가 되는 것으로 생각하기 때문이다.

물론 아빠는 이회창 후보의 큰아들이 적법한 방법으로 병역 면제를 받았는지 아니면 야당이 주장하는 대로 부정이 개입되었는지 알지 못한다. 그러나 개인적으로는 이회창 후보에 대해 조금 비판적이었다. 왜냐하면, 야당이 주장하는 것처럼 일부러 체중을 감량했거나 신체검사 과정에서 부정한 방법이 동원된 게 아니고, 그의 말대로 아들이 공부를 하는 바람에 영양상태가 좋지 않아 비록 입대 신체검사 당시엔 체중미달로 불가판정을 받았다 하더라도 나중에 몸 상태가 좋아졌다면(아니, 애써 몸 상태를 좋게 해서라도) 빠른 시일 내에 다시 신검을 치르고 입대를 했어야 했다. 그게 국민의 도리니까 말이다.

그런데 당시 아빠를 씁쓸하게 했던 것은 당시 이회창 후보 아들의 병역면제 문제를 두고 보인 일부 사람들의 반응이다. 어떤 사람은 이회창 후보 아들의 병역 면제에 의혹이 있음을 인정하면서도 자기 자식 군대 보내고 싶은 사람 어딨겠느냐면서 두둔하는 듯한 발언을 했다. 그러나 그렇게 말하는 사람 역시 장기간의 해외유학을 통해 군입대를 미루었다가 나중에 병역을 면제 받은 사람이었다.

언젠가 네게 보내는 편지를 처음 쓰면서 아빠는 9월 28일이란 날짜를 특별하게 기억하고 있다는 말을 한 적이 있다. 그 날은 아빠가 공식적으로 소설가가 된 날이기도 하지만 6.25 때 우리 국군이 서울을 수복한 날이다. 그때 네 할아버지께서도 그 국군의 일원이셨고 나중에 개성, 평양을 거쳐 압록강까지 진격하셨다. 그리고 78년 그날은 아빠가 현역으로 군에 입대한 날이기도 하다. (물론 6년 뒤인 84년 네 엄마를 처음 만난 날도 9월 28일이었다)

지금 아빠가 스스로 가장 자랑스럽게 생각하는

것은 자신이 예비역 병장이란 사실이다. 그런데 지금에사 하는 얘기지만, 여러 가지 운동을 좋아하는 아빠도 입대 당시엔 퍽 약골이었다. 그래서 병역을 면제받을 수도 있었다. 그러나 아빠는 굳이 입대하기를 원했다. 물론 군대가는 게 썩 좋아서는 아니었다. 글쎄, 군대가는 걸 마구 좋아하는 사람이 있을까. 다만, 병역이 국민의 의무라면 그 의무를 회피하고 싶지가 않았던 것이다. 그것은 나중에라도 아빠가 국가에 대해서 뭔가 권리를 주장할 경우가 생긴다면 그 전에 의무부터 다해야 한다는 생각 때문이었다.

아빠는 1978년 9월 28일에 입대해서 1980년 1월 7일에 제대를 했다. 군용열차가 동대구역에 도착했을 때, 현역 복무를 마치고 제대복을 입은 아빠는 아, 이제 국민의 의무를 하나 완수했구나 하는 생각에 가슴이 뿌듯하고 묘한 감동이 전해져 왔다.

그래, 우리는 흔히 국가에 대해 혹은 사회를 향해 불만을 토로하고 극구 자기 권리를 내세우지만 과연 주어진 의무엔 얼마나 충실했는지 모르겠다. 그러나 권리란 절대로 의무를 다했을 때 주장할 수 있는 것이라고 아빠는 생각한다. 의무를 다하지 않은 권리 주장은 비겁하고 뻔뻔한 일이기 때문이다.

이회창 후보의 경우 큰아들뿐만 아니라 작은아들

도 병역을 면제 받았다. 아빠는 그렇게 생각한다. 설령, 적법한 방법으로 이 후보의 두 아들이 병역을 면제받았다고 하더라도 그것은 결코 자랑스러운 일이 될 수가 없다고 말이다.

요즘 병역 비리로 세상이 시끄럽다. 고위층, 부유층, 사회지도층 사람들이 다양한 수법으로 자기 자식들의 병역을 면제받거나 특혜를 얻었던 것이다. 그에 대해선 엄정한 조사와 응분의 조치가 뒤따를 것으로 생각되지만 아빠의 기분은 별로 좋지 않다. 국민의 의무를 다하지 않은 사람이 어떻게 국가의 보호 아래 국민의 이름으로 살려는 것인지.

어떤 부모에게도 자식은 늘 어리고 보호해 주고 싶은 존재이다. 그래서 그들은 그런 부정한 방법을 찾았을 것이다. 그러나 아버님께서 내게 그랬듯이, 아빠는 반드시 너를 군대에 보내리라 생각한다. 그것은 너를 이 땅에서 의무를 다하며 살아가는 정상적인 국민의 한 사람으로 키우겠다는 생각에서이거니와 너를 사랑하기 때문이다. 생각해 봐라. 포근하고 안락한 가정을 떠나 험지로 자식을 보내는 아빠의 마음은 편하겠느냐. 그렇지만 그곳에서의 생활을 통해 네가 자신보다 국가와 사회 전체를 먼저 생각하는 건실한 사람으로 성장한다면 아빠의 가슴 졸임 따위야 뭐 문제겠느냐. ✤

타이타닉 이야기

얼마 전까지「타이타닉」이라는 영화 열풍이 거세게 불었다.
너도 보고 싶다고 했지. 그런데 아빠가 네게 보여 주지 않았던 것은 그 영화가 초등학생 관람불가였기 때문이다. 그러나 개봉된 지 조금 지났지만 아직 상영하는 영화관이 있는 것 같으니 보여 줄 생각이다.

제작 당시부터 여러 가지로 화제가 됐던 영화 타이타닉은 개봉되자마자 관객들이 몰려들며 흥행가도를 질주하고 있다. 아직 정확한 최종집계가 나오지 않았지만 아마 역대 최고의 흥행을 기록하게 될 것이라는 소식이다. 그러니 그런 타이타닉을 볼 수 있다는 사실만으로도 우리는 대단한 시대를 살고 있다는 느낌이 든다.

타이타닉을 초등학생 입장불가 등급의 영화로 판정한 것은 조금 이해가 되지 않는다. 아빠가 보았기에 하는 말이다. 그래서 그런 판정에도 불구하고 아빠는 네게 그 영화를 보여 주려고 한다.

그러나 영화 자체로는 썩 잘된 영화라는 생각은 들지 않는다. 왜냐하면, 3시간이 넘는 상영시간과 엄청난 스케일에도 불구하고 영화는 값싼 센티멘탈리즘으로만 버무려 놓은 듯한 느낌이 강하기 때문이다. 즉, 겉보기로는 재난영화이지만 내용적으로는 소녀 취향의 순정만화에 가깝다는 말이다. 그래서, 영화는 초호화 유람선의 침몰이라는 재난에도 불구하고 한계상황을 극복하려는 「인간」은 없고 청춘남녀의 감상주의적 러브 스토리만 존재할 뿐이다. 그런 이유로 해서 아빠는 타이타닉이 아카데미상 11개 부문을 수상하면서 「벤허」와 같은 기록을 세웠다는 사실이 몹시 불만스럽다.

그렇지만 그런 생각들은 접어 두고 그저 흥미 위주로 본다면 타이타닉은 그런대로 볼 만한 영화임에 틀림없다. 20세기 후반의 첨단 기술이 뒷받침된 장면장면들이 관객들로 하여금 탄성을 자아내게 할 만큼 영화 자체는 볼거리가 많기 때문이다. 그러나, 영화에서 큰 비중을 차지하는 것은 아니지만 아빠는 다른 이유로 타이타닉을 네게 보여 주고 싶은 생각이 들었다.

아빠가 어릴 적에 「난파선」이란 동화책을 읽은 적이 있다. 하도 오래 되었기에 자세한 내용은 다 잊어 버렸지만 기억하고 있는 대강의 줄거리는 이렇다.

한 소년과 소녀가 배에서 만나 서로 친해진다. 아마 소년의 신분은 조금 미천했고 소녀는 부유한 환경에서 자랐던 듯싶다. 그런데 둘의 우정이 꽤 깊어질 무렵 배가 암초에 부딪쳐 좌초되고 결국 승객들은 작은 구명 보트를 타고 떠나게 된다. 그러나 마지막 남은 자리는 하나. 결국 소년은 울부짖는 소녀를 구명 보트의 마지막 자리로 내려 보낸 후 선장과 나란히 서서 지켜보다가 침몰하는 배와 함께 바다 속으로 사라진다.

타이타닉도 비슷한 줄거리를 가진 영화다. 영화는 재난상황 그 자체보다는 남녀 주인공의 애절한 사랑에 초점을 맞춘다. 그래서, 「난파선」처럼 남자 주인공이 여자 주인공을 보내고 역시 선장과 함께 후회없이 죽음을 맞는, 말하자면 목숨보다 더 소중한 사랑을 강조하는 것이다.

그러나 아빠는 「난파선」과 「타이타닉」에서 선장

의 최후에 대해서도 주목해 달라고 말하고 싶다. 두 이야기에선 모두 선장이 침몰하는 배와 운명을 같이 한다. 그것은 영화나 소설의 스토리에 불과한 게 아니라 실제로 선장은 그렇게 하고 있다. 왜냐하면, 선장은 항해에 있어 그 권한이 절대적이지만 반면, 승객들의 안전은 물론 배에 관한 모든 책임을 지고 있기 때문이다. 따라서, 조난을 당하면 선장은 배와 운명을 같이 하는 것을 당연하게 생각한다. 그리고 설령, 승객들이 모두 무사히 피신했다 하더라도 배가 침몰할 경우 선장은 그 배와 운명을 같이 하는 게 거의 불문률로 되어 있다. 그만큼 승객들에 대한 선장의 책임이 강조되는 것이고 선장 스스로도 자신의 책임을 충분히 인식하고 있다는 뜻이다.

그런 책임의식은 배뿐만 아니라 비행기도 마찬가지다. 가령, 대통령이 외국을 순방할 때면 그 항공기 회사의 최고 책임자, 즉 회장은 대통령과 함께 탑승한다. 그것은 항공기 회사의 최고 책임자인 회장이 목숨을 걸 만큼 비행의 안전을 보장한다는 한 표현이다. 물론 일반적인 경우에는 기장이 승객들의 안전을 위해 목숨을 포기하면서까지 최선을 다해 의무를 수행한다. 그래야 승객들이 그 항공사와 비행기를 믿고 탈 수 있지 않겠는가. 만약에 제 목

타이타닉 이야기

숨부터 챙기는 선장이나 기장이 있다면 그 선박회사와 항공기 회사는 잘못된 회사이며 그 선장과 기장은 자기 의무를 다하지 않은 책임감이 없는 직업인인 것이다. 그리고 그렇게 책임감이 없는 선장이나 기장을 둔 선박회사와 항공기 회사는 자주 사고가 날 수밖에 없으며 더 이상 사람들은 이용하려 하지 않을 것이다. 그런데 타이타닉이란 영화 얘기를 하다가 왜 갑자기 선장 얘기를 꺼내느냐 하면 그와 관련하여 아빠가 할 말이 있기 때문이다.

얼마 전 경영이 부실한 몇 개의 은행을 정부가 정리대상으로 발표하자 그 은행 직원들이 일방적으로 업무를 중단한 채 회사돈으로 자신들의 퇴직금과 위로금부터 나눠 가진 일이 있었다. 그런데 문제는 일반고객들이 맡긴 예금은 동결시키면서 자신들의 퇴직금과 위로금부터 챙기는 게 직업윤리적으로는 말할 것도 없고 법적으로도 과연 합당한 행위인가 하는 점이다. 경영을 잘못해서 은행은 엄청난 빚을 지게 되었고 그 바람에 그 은행 주식 투자가들은 휴지조각을 갖게 되었는데 그런 상황에서 자기 퇴직금과 위로금부터 챙긴다는 게 과연 용인될 수 있는 일인가 싶다. 게다가 부채가 자산보다 크다고 할 때 그 부채를 청산하고 나면 은행의 자산은 남는 게 없다. 그런데도 부채를 청산하기도 전에 퇴직금과 위로금부터 챙겼다면 그것은 남의 돈을 가로챈 것, 즉 절도와 뭐가 다른지 모르겠다. 그러나 법적인 문제는 별도로 하고서라도, 윤리적으로도 그들의 행위는 도저히 납득이 되지 않는다. 평소 그들은 자기 은행에 돈을 예금해 달라고 고객들에게 극구 권유했을 것이다. 그렇다면 어떤 상황에서건 고객의 예금부터 책임질 줄 알아야 한다. 그런데 고객의 예금은 동결시켜 놓고 자기 퇴직금과 위로금부터 빼냈다면 그것은 그야말로 자신의 임무를 다하지 않은 무책임한 행동이 아닐 수 없다.

말하자면 은행은 경영부실로 난파된 셈이었다. 그런데 난파된 은행에서 자기 몫만 먼저 챙겼다면 그들은 조난을 당해 혼자 살겠다고 고객보다 먼저 탈출하는 선장이나 기장과 다를 바 뭐 있겠는가.

우리가 마음 놓고 배나 비행기를 타는 것은 그 회사와 회사 직원들을 믿기 때문이다. 다시 말해, 어떤 경우에건 그 회사와 직원들이 승객의 안전을 위해 최선을 다해주리라고 믿어의심치 않기에 안심하고 배와 비행기를 타는 것이다. 그리고 그런 회사와 직원들이 있을 때 선박과 항공산업은 발달하는 것이다.

은행 역시 마찬가지다. 은행과 은행원은 자기 이

익에 앞서 고객의 이익부터 보호해야 할 의무가 있다. 특히나 금융은 신용이 생명이다. 따라서, 그 신용을 헌신짝처럼 팽개쳐 버린다면 금융산업은 하루 아침에 고객들로부터 신뢰를 잃고 설 자리가 없어지게 된다. 즉, 주어진 책임은 다하지 않고 개인의 작은 이익만 좇다 보면 산업 전체가 무너지고 마는 것이다.

그런데 더욱 한심한 것은 그 은행원들이 전산망을 파기하고 서류를 은닉하고 금고를 봉쇄한 채 달아나 버려 업무가 마비되었다는 사실이다. 그 바람에 중소기업주를 비롯한 많은 예금주들이 예금한 돈을 찾지 못해 직원들의 월급과 물품 대금을 주지 못하는가 하면 어음을 갚지 못해 부도를 내는 등 극심한 혼란이 야기되었다.

사태가 그런 지경에 이르자 대통령까지 나서서 개탄을 한 모양이지만 안타까운 일이 아닐 수 없다. 그래도 명색이 선진국의 진입을 바라본다는 우리나라의 직업의식 수준이 그 정도밖에 안 되는지. 그것은 두말할 것도 없이 우리 사회에 만연된 책임의식의 결여가 그 원인이지만 모두가 함께 반성해야 할 대목이다. 승객의 안전을 책임지는 선장과 기장이 없는 선박회사와 항공회사가 발전할 수 없듯이 구성원 개개인의 책임감이 결여된 사회는 결코 번성할 수 없는 것이다.

  지금 우리는 잠시 어려운 국면에 처해 있지만 그럴수록 자신에게 부여된 책임과 의무를 다하는 것만이 오늘의 난국을 이겨내는 길이다. 조국에 전쟁이 발발했을 때 앞다투어 귀국길에 오른 이스라엘 유학생들이 있었기에 이스라엘이 주변의 아랍연합군을 물리칠 수 있었음을 상기하자. 국민 스스로 책임과 의무를 다하지 않는 나라는 미래가 없는 것이다. 그러므로 난파하는 배와 운명을 같이 한 책임감 있는 선장과 조국수호의 의무를 다하기 위해 불원천리 이국에서 기꺼이 귀국길에 오른 이스라엘 청년들의 정신을 되새기며 우리 지금 새로운 마음과 각오로 21세기를 향해 출발하자.

〈훈글〉 이야기

아들아.

작년부터 아빠가 가끔씩 네게 들려 줄 이야기를 시작했던 게 어느 새 해를 넘기게 되었다. 그러다 보니 아빠가 네게 했던 얘기에 또 보탤 일들이 많이 생겼다. 그러나 그 얘길 다 할 순 없고 그냥 요즘에 일어난 일 몇 가지만 간략하게 하면서 이 글을 마칠까 한다.

요즘은 초등학교에서부터 컴퓨터를 배우니까 아빠가 그와 관련된 얘기 하나를 할까 한다.

얼마 전, 보도를 통해 너도 보았겠지만 그 동안 우리가 편리하게 사용해 온 컴퓨터용 한글 프로그램 「훈글」을 제작하는 「한글과 컴퓨터사」가 미국의 마이크로소프트사로부터 자금 지원을 받게 되었다. 그러나 말이 자금 지원이지 실제로는 기업활동 포기 요구나 다름없었다. 왜냐하면 마이크로소프트사의 자금지원 조건 중 가장 큰 것이 「한글과 컴퓨터사」가 더 이상 「훈글」을 개발하지 않는 것이었기 때문이다.

전세계의 컴퓨터 시장을 장악하고 있는 마이크로소프트사의 회장 빌 게이츠는 인류 역사상 최고의 갑부로 일컬어지는 사람이다. 그는 금년 초, 세계에서 유일하게 자기네들의 워드 프로그램을 쓰지 않고 있는 한국 시장을 공략하기 위해 수억 원에 달하는 「마이크로소프트 워드 97」을 전국에 무료로 뿌린 바 있다. 그러다가 결국은 경영난에 처한 「한글과 컴퓨터사」를 직접 함락하기에 이른 것이다.

신문에는 기사와 함께 「한글과 컴퓨터사」의 사장 이찬진씨와 마이크로소프트사 한국인 지사장이 악수하는 사진을 싣고 있었다. 이찬진씨는 약자의 어색한 웃음을 억지로 짓고 있는 반면 마이크로소프트사의 한국인 지사장에게선 승자의 여유만만함이 느껴져 아빠는 마음이 아팠다.

그런데, 아빠의 마음을 더욱 상하게 하는 것은 「한글과 컴퓨터사」의 굴욕적인 몰락 과정에 문제가 있다고 여겨졌기 때문이다. 우선, 아까도 얘기했다시피 어떤 특정한 회사 제품의 시장을 잠식하기 위해서 무료제품을 대대적으로 뿌린 마이크로소프트사의 행위가 과연 정당한가 하는 점이다. 아빠는 상법에 문외한이기 때문에 잘 알 수 없지만 상식적인 차원에서도 그것은 이해하기가 어려웠다. 그게 법적으로 괜찮다면 자본이 많은 기업은 시장과 고객 확보를 위해 무슨 수를 써도 무방하고 자본이 약한 기업은 그런 횡포에 속수무책일 수밖에 없게 되니 말이다. 그러나 만약에 그런 행위에 하자가 있고 그게 「한글과 컴퓨터사」의 몰락의 한 원인이 되었다면 정부도 분명히 책임져야 할 부분이 있을 것이다. 그리고 또 하나, 어떤 회사에 자금을 지원하면서 그 회사의 주력제품의 개발을 포기하게 하는 것 역시 법적으로 그리고 기업윤리적으로 떳떳한 일인가 하는 점이다. 그것은 이익을 추구하는 자본주의 논리로서는 가능한 것일지는 모르나 야비한 조건이 아닐 수 없다.

그러나 무엇보다 안타까운 것은 「한글과 컴퓨터사」가 몰락하게 된 가장 큰 원인이 「훈글」의 불법복제에 있었다는 사실이다. 이 점은 우리 모두가 함께 반성해야 할 대목이지만 그 동안 정부는 소프트웨어의 불법복제를 위해 얼마만큼 노력을 기울였는지 의문이다. 그리고 앞으로 마이크로소프트사가「훈글」을 대신하여 마이크로소프트 워드 프로그램을 공급할 때에도 전처럼 불법복제에 대해 관대할지 지켜볼 일이다. 그러나 만약에, 마이크로소프트사의 워드 제품이 보편화될 때에 정부가 불법복제를 철저히 단속한다면 사라진「훈글」은 너무 억울하지 않을까. 말하자면, 국내 소프트 웨어 산업에 대해선 진작에 정부가 적극적으로 보호육성하려는 자세가 필요했던 것이다.

「훈글」은 80년 중반에 당시 서울대 학생이던 이찬진씨를 비롯한 몇 명의 대학생이 개발한 순수 국산 워드 프로그램이다. 그리고 우리말에 맞는 서식을 가장 잘 구현해 주는 특성 때문에 그 동안 몇 차례의 개정판을 내면서 많은 사람들로부터 광범위한 사랑을 받아 왔다. 그러므로 그런「훈글」이 사라지게 된 것은 경제적 손실은 물론이거니와 심정으로도 타격이 클 수밖에 없다.

그런데 며칠 전 아빠는 이상한 글을 하나 읽게 되었다. 어떤 대학의 교수가 신문에 쓴 글인데「훈글」이 사라지게 된 데 대한 일반인들의 안타까움에 대해 뭐 그리 심각하게 생각하느냐는 투의 내용이었다. 그 교수의 주장은 '어떤 워드 프로그램을 쓰느냐는 별로 중요하지 않다. 그보다는 그 속에 어떤 내용의 글을 담느냐가 더 중요한 것이다.

따라서 「훈글」이 사라지게 된 것을 크게 아쉬워 할 필요가 없다'는 것이었다. 그 글을 읽으며 아빠는 조금 답답한 생각이 들었다. 그 교수의 논리대로라면 평소 우리는 의사소통이나 근사한 표현을 위해 세계 공용어인 영어면 됐지 굳이 우리말을 쓸 필요가 없는 것이다. 그리고 그 교수가 또 하나 미처 깨닫지 못하고 있는 것은 「훈글」이 우리가 개발한 질 좋은 상품이란 사실이다. 우리의 그런 상품을 잃게 된 것은 당연히 안타까운 일이지 별일 아니라는 것은 어떤 논리에서 나온 생각인지 도무지 모르겠다. 「훈글」 사랑은 국수주의와는 별개의 문제인 것이다.

다행히 그 교수와는 달리, 많은 사람들이 「훈글」이 없어지게 된 데 대해 안타까워 하고 있는 모양이다. 그래서 그들은 「훈글」을 살리기 위해서 모금운동을 벌이는가 하면 대체상품을 개발해서 내 놓을 움직임도 보이고 있다. 정말로 고무적인 일이 아닐 수 없다. 다만 이 시점에서 아빠가 바라는 것은 그런 일련의 움직임들이 한때의 흥분한 결과로 끝나지 않고 지속적으로 이어졌으면 하는 것이다.

이번 「훈글」 사태에서 우리는 적지 않은 교훈을 얻게 된다. 그것은 우리가 소중하고 자랑스럽게 생각하는 것일수록 스스로 아끼고 지키는 노력이 필요하다는 사실이다. 세계로 향한 발전은 그 노력에서부터 시작되는 것이다.

　오늘 반가운 뉴스가 있었다. 「호글」이 살아나게 되었다는 소식이다. 즉, 「호글」을 살리려는 모임, 아래아 한글 지키기 운동본부에서 100억 원을 「호글」 제작회사인 「한글과 컴퓨터사」에 투자하기로 한 것이다. 그래서 「한글과 컴퓨터사」도 마이크로소프트사와의 협상을 중지하고 「호글」을 계속 개발하기로 한 모양이다.
　아빠는 이 일을 정말 다행스럽고 잘된 결정이라고 생각한다. 그것은 크게 두 가지 측면에서 그렇게 생각할 수 있다.
　첫째로, 「호글」은 우리말을 가장 잘 구현해 주는 제품이라는 점 때문이다. 즉, 어떤 외국 제품보다 뛰어난 기능을 가진 워드 프로세서이다. 우리가 외국 제품을 쓸 경우 대개 그 뛰어난 성능을 이유로 댄다. 그러나 우리말을 위한 워드 프로세서라면 단연 「호글」이라는 데 이견이 없었다. 그런 만큼, 그렇게 우리 손으로 만든 가장 뛰어난 제품을 우리 스스로 지키지 못했다는 부끄러움과 안타까움은 실로 컸던 것이다. 그러므로 이번 아래아 한글 지키기 운동 본부의 투자 결정으로 「호글」이 살아나

〈호글〉 이야기

게 된 것은 우리의 자존심까지 한꺼번에 살린 셈이다. 생각해 봐라. 설령 다른 나라 제품보다 다소 성능이 떨어지더라도 가급적 국산품을 사용하는 게 국민의 도리이거늘 하물며 질 좋은 국산 제품까지 잃는다는 것은 남들이 볼 때 얼마나 한심한 일이겠는가.

둘째로, 「훈글」의 손실은 단순히 워드 프로세서 제품 하나가 사라진다는 차원 이상의 중요한 의미를 가지고 있다는 점 때문이다. 「훈글」의 사용자는 대략 400만 정도로 추산되고 있다. 따라서 「훈글」은 엄청난 소비자를 가진 제품이며 그런 만큼 장기적인 안목으로는 상당한 이익을 올릴 수 있다고 생각된다. 그럼에도 불구하고 250억 정도의 부채 때문에 개발을 포기해야 한다는 것은 경제적인 측면에서도 손실이 너무 큰 것이다. 왜냐하면, 400만 사용자의 다른 워드 프로그램 구입과 재교육 등에 따른 사회적 손실은 무려 1조 원에 달하기 때문이다.

아무튼, 이제 「훈글」은 국민들의 관심과 사랑 속에서 다시 살아나게 되었다. 그렇지만 우리의 사랑과 관심은 여기서 끝나선 안 된다. 다시 「훈글」이 이번처럼 사라질 위기에 처하지 않도록 지속적인 격려와 성원을 아끼지 말아야 할 것이다. 즉, 정부도 고부가가치를 지닌 첨단산업인 소프트 웨어 산업에 대한 보호와 육성에 전력을 기울여야겠지만 우리 스스로도 불법복제의 근절을 위해 노력해야 한다는 말이다. 물론 「훈글」 제작회사인 「한글과 컴퓨터사」의 경영 쇄신도 반드시 이루어져야 한다.

아빠는 이번에 「훈글」을 살린 결집된 국민의 힘이 더 많은 곳에서도 발휘되었으면 하는 바람이다. 그리고 반드시 그렇게 되리라 믿는다. 어려울 때일수록 지혜를 모으고 더욱 단결했던 경험을 지나온 우리 역사는 가지고 있는 만큼.

〈훈글〉이야기

월드컵 유감

한동안 지구촌을 뜨겁게 달구었던 '98 월드컵은 주최국 프랑스의 우승으로 막을 내렸다. 당초에 16강 통과를 목표로 했던 우리 대표팀은 기대 이하의 부진한 경기로 국민들의 성원에 부응하지 못하고 예선 탈락했다. 그 와중에 대표팀을 맡았던 차범근 감독이 대회 도중 경질되는 일도 있었다. 지역 예선을 통과하여 월드컵 출전국으로 확정되었을 때 '차범근 감독을 대통령으로'라는 말이 나올 정도로 열렬한 지지를 받았던 차감독의 경질은 조금 성급하다는 느낌이 들었고 어떤 사람들은 그 일을 우리의 냄비근성에 빗대어 얘기하기도 했다.

그러나 마지막 경기인 벨기에전에서의 선전 덕분인지 16강 진출에 실패하고 귀국하는 우리 대표팀에게 의외로 많은 사람들이 공항에 나와 격려를 해 주어 한층 성숙된 국민의식을 드러내기도 했다.

그래, 그만큼 우리의 의식도 그 동안 성숙한 것이다. 그러므로 오늘 아빠가 네게 하고자 하는 말은 축구가 삶의 전부인 것처럼 일희일비─喜─悲할 필요는 없다는 것이다. 물론, 우리가 세계적인 축구 강국이어서 나쁠 일은 없다. 그렇지만 축구대회에서 다소 부진한 성적을 거두었다고 해서 나라가 결딴나는 것은 아니다. 다만 축구는 우리가 즐기는 스포츠 중의 한 종목에 지나지 않기 때문이다. 따라서, 막말로 이기면 좋고 져도 그만인 것이다.

사실, 아빠는 처음부터 우리 대표팀의 16강 진출에는 비관적이었다. 왜냐하면 객관적으로, 그리고 냉정하게 말해서 우리의 축구 실력은 세계 16위권에 들지 못하기 때문이다. 그 원인은 여러 가지로 생각할 수 있겠지만 먼저 우리의 축구 환경에서 찾아야 할 것이다. 잔디구장이 없는 우리는 늘 맨땅에서 축구 연습을 해 왔다. 그렇게 어릴 때부터 잔디구장에서 볼을 다루어 보지 못한 선수들로선 몸의 유연성과 개인기가 뒤지는 것은 당연한 일이다. 따라서, 기본 실력은 처지는데 목표는 높게 잡았으니 실망도 클 수밖에.

물론 축구에서 몸의 유연성과 개인기가 전부는

월드컵 유감

아니다. 전술과 투지 등도 승리의 중요한 요인이 된다. 그 예를 우리는 세계 4강 신화를 창조했던 84년 멕시코 청소년 대회와 북한이 8강에 오른 66년 영국 월드컵의 경우에서 찾을 수 있다. 박종환 감독 특유의 축구를 구사했던 당시 우리 청소년 대표팀은 결승에서 그 대회 우승국인 브라질에게 1대 0으로 앞서다가 2대1로 역전패해서 4강에 머물렀지만 투지를 바탕으로 한 조직력은 세계가 찬사를 보낼 만큼 참으로 돋보였었다. 또, 영국 월드컵에서 월드컵 2연패의 이탈리아를 물리치고 8강에 오른 북한도 포르투갈에 3대 0으로 리드하다가 당시 세계 최고의 스트라이커 에우제비오에게 4골을 내리 허용하면서 4강 진출에 실패했지만 그때 보여준 기계식 축구는 한동안 세계 축구인들의 연구 대상이 되었다.

그런 만큼 박종환 감독의 조직력 축구나 66년 북한이 보여준 기계식 축구도 승리의 한 가능성인 것은 틀림없는 사실이다. 그러나 박종환 감독의 조직력 축구나 북한의 기계식 축구는 몸의 유연성과 개인기 부족을 보완하기 위한 것이었지 그게 승리의 절대적인 방편이 못됨을 분명히 알아야 한다. 즉, 전술이나 투지와 별도로 몸의 유연성과 개인기는 축구선수라면 기본적으로 갖추어야 할 필수적 조건이라는 말이다. 그러기 위해선 많은 노력이 요구된다. 왜냐하면, 전술이나 투지는 비교적 단기간에도 습득이 가능하지만 몸의 유연성과 개인기는 어려서부터 훈련이 되지 않으면 불가능하기 때문이다.

그러므로, 앞으로 월드컵에서 좋은 성적을 거두려면 우리가 가진 장점, 즉 스피드를 위주로 한 조직력과 투지를 살리면서 몸의 유연성과 개인기를 보완하는 장기적인 발전계획을 수립하고 실천에 옮겨야 한다.

그 동안 우리는 모든 일에 지나친 목표를 세우고 너무 성급하게 좋은 결과를 기대해 온 경향이 있다. 그러나 정상적인 준비과정을 거치지 않고 무조건 좋은 결과를 기대하는 것은 무모하고 어리석은 일이다. 이번 월드컵에서의 참패를 통해 우리가 깨달아야 하는 것도 마냥 흥분하거나 실망하기보다 좀더 사려 깊은 자세로 미래를 위해 차근차근 준비해 나가야 한다는 사실이다.

절대로 자기 눈 앞에 나타날 결과를 위해서 무리해서는 안 된다. 그보다는 먼 미래를 생각하며 이제부터라도 하나하나 착실하게 준비해 나가야 한다. 잔디구장도 짓고 어린 유망주를 발굴해서 지속적으로 훈련도 시키고 말이다. 그렇게 해서 20년 혹은 30년 뒤에 우승하면 어떠냐. 그 후로도 역사는 계속될 테니까.

 미래를 위해 주먹구구식의 엉성함과 성급함을 버리고 오늘을 철저하게 점검하는 것. 그것은 비단 축구 뿐만 아니라 모든 것에 다 적용되는 말이다.

박세리 이야기

살다 보니 정말 믿기지 않는 일도 생긴다는 생각을 하게 되는 요즘이다. 박세리 선수 때문이다. 외국 언론에서도 그런 표현을 했지만, 정말이지 박세리 선수의 프로 골프 메이저 대회 우승, 그것도 LPGA 맥도날드 대회에 이어 가장 권위가 있는 U.S 오픈까지 2연패한 것은 경악 그 자체라고 할 수 있으니 말이다.

작년, 미국 메이저 리그에서 14승을 거둔 박찬호 선수에 대해 온 국민은 열광적인 환호를 보낸 바 있는데 이제 그 분위기가 박세리 선수에게로 넘어간 느낌마저 든다. 그만큼 박세리 선수의 프로 골프 메이저 대회 2연패는 우리로선 상상할 수 없는 사건(?)이었다.

사실, 작년에 거둔 박찬호 선수의 메이저 리그 14승도 동양인으로서는 좀처럼 이루기 힘든 쾌거였다. 그러나 냉정하게 말해서, 박세리 선수의 우승은 박찬호 선수의 위업을 능가한다. 왜냐하면 박찬호 선수는 미국 메이저 리그의 A급 투수 중의 한 명에 불과(?)할 수도 있지만, 박세리 선수는 그야말로 세계 최고의 플레이어 즉, 세계에서 제 1인자가 되었기 때문이다. 물론 그렇다고 해서 박찬호 선수의 위업을 평가절하하는 것은 절대로 아니다. 오히려, 골프보다 야구가 더 친숙한 우리로선 박찬호 선수의 활약이 더 피부에 와 닿으니까.

그러나, 박세리 선수의 메이저 대회 우승과 2연패는 골프가 대중화되지 않은 우리 실정에서 훨씬 충격적이었다. 체급별로 게임을 펼치는 프로 복싱에서조차 세계 챔피언이 되는 것은 참으로 힘든 일이다. 그러니 체급에 관계 없이 치르는 골프 대회야 말할 필요가 있겠는가.

세계 골프계는 바야흐로 박세리 시대의 도래를 예고하면서 동양의 작은 나라 한국에서 온 수퍼 스타의 출현에 흥분하고 있다. 오죽했으면 미국 대통령 빌 크린턴까지 한번 같이 칠 수 없겠느냐는 제의를 했겠는가.

아, 정말 이런 얘기를 하면서도 아빠는 지금도

믿기지 않는다. 과연 이 일들이 사실인가 싶어서 말이다.

 박세리 선수의 우승은 개인의 영광이기도 하겠지만 부수적인 효과도 엄청난 모양이다. 우선 작게는, 삼성이라는 기업을 세계에 대대적으로 홍보한 결과가 되어 무려 4,000억원 정도의 광고효과를 본 것으로 추산하고 있다. 그러나 그것도 IMF로 인해 추락한 국가의 이미지를 제고시키고 위축된 국민정서에 활력을 불어 넣어 주었다는 사실에 비하면 별게 아니다. 국가의 위상 제고와 국민에게 자신감을 불러일으키게 한 일은 결코 돈으로 환산할 수 없을 만큼 지대한 것이기 때문이다.

 실제로 아직 우리에게 골프는 대중화되지 않은 운동이다. 따라서 많은 국민들은 골프라는 운동에 그다지 익숙하지 않은 형편이다. 그런데도 밤을 새워가며 박세리 선수를 응원한 것은 새로운 영웅을 지켜보면서 스스로 자신감을 회복하기 위해서가 아니었을까 싶다. 작년에 박찬호 선수를 통해 그랬던 것처럼 말이다.

 그러나 아빠는 이번 박세리 선수의 우승을 통해 조금 다른 생각을 하게 되었다. 그것은 우리의 잠재력에 대한 것이다. 반복하거니와, 이번 박세리 선수의 골프 메이저 대회 우승은 말로 이루 다 설명할 수 없는 어마어마한 사건이다. 그렇지만 전혀 불가능했던 건 아니라고 아빠는 생각한다. 왜냐하면, 골프는 어쩜 우리에게 적합한 운동이 아닌가 싶기 때문이다.

아빠가 생각하기로는 여러 가지 운동 중에서 우리에게 맞는 운동도 있고 그렇지 않은 운동도 있는 것 같다. 가령, 남자 테니스의 경우 동양인은 서양인에 비해 체격 조건의 열세 때문에 세계 정상에 서는 것은 거의 불가능한 일처럼 보인다. 물론, 세계 톱 클래스에서 활약하고 있는 중국계 미국인인 마이클 창 같은 예로 미루어 어떤 가능성이 전혀 없는 것은 아니지만. 그러나 일반적인 관점에서 볼 때 테니스는 동양인보다 서양인에게 절대적으로 유리한 스포츠인 것만큼은 틀림없다. 농구 같은 경기도 마찬가지다. 우리도 가끔 NBA 농구를 보게 되지만 정말이지 마이클 조던이나 샤키 오닐, 찰스 버클리 같은 선수들의 역동적이고 환상적인 플레이는 동양인으로선 도저히 넘을 수 없는 벽이자 한계로 여겨진다. 역시 체격 조건의 열세 때문이다. 실제로 아시아에선 정상급인 우리나라 농구도 미국 대학팀 수준을 능가하지 못한다. 아빠가 작년도 박찬호 선수의 메이저 리그 14승을 박세리 선수의 프로 골프 메이저 대회 우승에 비해 결코 과소평가를 하지 않은 이유도 여기에 있다. 야구도 파워면에서 동양인과 서양인은 엄청난 차이가 있어서 메이저 리거들은 웬만한 공쯤은 그냥 담장 밖으로 넘겨 버리는데 그런 파워맨들을 상대로 일구어낸 박찬호 선수의 14승은 대단하달 수밖에.

그러나, 체격 조건의 우세로 모든 스포츠는 서양인들이 독식할 것 같지만 동양인이 낄 자리가 전혀 없는 것은 아니다. 아빠는 사격이나 양궁 같은 스포츠에서 그런 가능성을 찾는다. 왜냐하면 사격이나 양궁은 이미 동양인들도 여러 번 정상을 차지한 예가 있기 때문이다. 특히 양궁의 경우, 그 동안 올림픽을 비롯한 여러 대회에서 우리에게 많은 금메달을 안겨준 바 있지만, 우리나라 챔피언이 곧 세계 챔피언일 정도로 우리 수준은 부동의 세계 정상권이다. 만약에 양궁이 골프처럼 인기 스포츠였다면 이미 우리는 박세리 못지 않은 세계적 스포츠 스타를 여러 명 보유하게 되었을 것이다.

이처럼 분명히 우리가 서양인 이상으로 능력을 발휘할 스포츠는 있는 것이다. 그런데 여기서 문득 주목하게 되는 것은 우리가 좋은 성적을 내고 있는 사격이나 양궁 등이 체격 조건 못지 않게 정신력이 승부에 큰 영향을 미치는 스포츠란 사실이다. 즉, 정신력이 강조되는 스포츠에 우리 선수들은 강세를 보여 왔던 것이다. 따라서, 아빠는 이번 박세리 선수의 장거도 골프가 양궁이나 사격처럼 정신력이 더욱 강조되는 스포츠라는 점 때문에 가능했던 것으로 생각되는 것이다.

물론 골프에서도 체격 조건은 승리의 중요한 요인이고 박세리 선수의 체력도 서양인들에게 절대로 뒤지지 않는다. 그러나 체격 조건과 기량이 비슷하다 해도 그들보다 정신력에서 앞섰기에 우승할 수 있었을 거라는 얘기다.

결국 양궁이나 골프 등의 스포츠에서 정신력은 체격 조건을 능가하는 승리의 요인인 셈이다. 그리고 그 정신력은 동양인, 특히 한국인에게서 강한 면모가 드러난다.

이 사실에서 아빠는 새삼스럽게 어떤 희망과 가능성을 발견하게 된다. 즉, 세계의 벽이 무한정으로 높은 것은 아니고 우리로서도 충분히 넘을 수 있다는 그런 희망과 가능성 말이다. 그러기 위해선 우리의 강점이 무엇인지부터 살펴야 할 것이다.

스포츠가 서양인들의 전유물이 아닌 것처럼 우리 역시 모든 종목에서 다 우세를 보일 순 없다. 그렇지만, 체격 조건의 열세 따위에 주눅이 든 나머지 우리의 우세가 가능한 부분까지도 놓쳐선 안 된다. 따라서, 세계 정상을 가능케 할 우리의 자질 점검은 이 시점에서 참으로 필요한 것이다.

그저께 박찬호 선수가 완벽에 가까운 투구로 9승을 올렸다. 시즌 초의 부진을 씻고 박찬호 선수는 '여름의 사나이'란 별명에 걸맞게 7월 들어 승승장구하고 있다. 7월 성적만으로는 메이저 리그 방어율 1위를 기록할 만큼 그의 성적은 단연 빼어나다. 말이 쉽지, 내노라 하는 메이저 리그 선수들 중에서 1위를 한다는 게 어디 보통 일인가. 특히 그는 기술과 더불어 힘으로도 메이저 리거들을 압도하고 있다는 점에서 또 하나의 가능성을 우리에게 보여주고 있는 것이다. 앞서 말했듯이, 동양인이 힘에서조차 서양인들의 우위에 선다는 게 좀처럼 가능한 일이 아니기 때문이다.

또 박세리 선수는 LPGA 맥도날드 대회와 U.S 오픈 등 메이저 대회 2연패와 지난 번 제이미 파 클래식 대회 우승에 이어 오늘 새벽 다시 자이언트 이글 대회에서 소렌스탐, 케리 웹 등 그 동안 세계 정상권을 양분해 왔던 대선수들을 물리치고 우승함으로써 금년도 4회 우승을 차지했다. 아무리 우리 선수라지만 정말 이게 있을 수 있는 일인가 싶어 아빠는 도무지 입이 다물어지지 않는다. 더욱이 이번 대회에서는 박세리 선수의 분전에 격려된 탓인지 다른 한국 선수들까지 좋은 성적을 올렸다.

들리는 얘기론, 프로 골프계에선 박세리 선수가 있지만 아마츄어 골프에서도 박지은이라는 한국 선수가 미국 1위라고 한다. 그리고 그녀가 대학을 졸업하고 프로로 데뷔하면 박세리 선수와 세계 정상을 다툴 것으로 예상하는 모양이다. 한국 선수끼리 세계 정상을 겨루는 일. 얼마나 멋지고 흐뭇한 일이냐. 정말이지 골프가 대중화되지 않은 우리의 실정을 감안하면 그 엷은 선수층에서 그런 선수들이 나왔다는 건 진정 놀라운 일이다. 골프에서 증명이 되었지만 확실히 우리가 세계적으로 강점을 보일 수 있는 어떤 부분이 있는 것이다.

그러므로 이제 자신 있게 말하자. 박세리 선수의 예에서 보듯이 우리의 강점을 찾아서 살리면 세계 정상에 오르는 것이 불가능한 일이 아니라는 사실을. 그리고 힘에서조차 메이저 리거들을 압도하는 박찬호 선수의 모습에서 확인했듯이 우리가 불가능한 것처럼 여겼던 일조차 가능하게 할 수 있음을. 이게 어찌 스포츠에서만의 일이겠는가.

아버지의 기도

아들아.

아빠가 이 글을 쓰기 시작한 것은 작년부터이다. 이 글을 쓰게 된 것은 내 마음과 달리 평소 너와 많은 얘기를 나눌 시간이 별로 없었기 때문이다. 그래서 아빠는 혼자 있을 때마다 잠시 시간을 내어 네게 편지를 쓰는 기분으로 이 글을 써 왔다. 그러다 보니 해를 넘기게 되었구나.

그 동안 우리는 두어 차례 기차여행을 하기도 했고 또 네 동생 몰래 영화구경을 가기도 했다. 그렇지만 그 시간으론 역시 부족했고 이 글을 쓰는 시간을 통해 너와 더 많이 대화할 수밖에 없었다.

이 글을 쓰는 동안 아빠는 내내 너에 대한 사랑을 마음 속에 키웠다. 그리고 최고의 아버지가 될 순 없을지라도 최선을 다하는 아버지는 되겠다는 다짐을 했다. 그럼에도 불구하고 막상 쓴 글을 읽어 보니 두서없다는 느낌뿐이다. 하지만 어쩌랴. 너에 대한 아빠의 사랑이 애초에 걷잡을 수 없는 것임을.

이 글을 쓰면서 정리되지 않은 말들을 계속해 왔지만, 그러나 그 많은 말들이 결국은 D. 맥아더의 〈아버지의 기도〉 이상이 되지 못한다는 사실에서 아빠는 심한 부끄러움을 느낀다. 네가 크면 앞으로 또 얘기할 기회가 있겠지. 그러므로 오늘은 그 시를 읽는 것으로 얘기를 끝내자.

아버지의 기도

주여, 내 아이를
약해질 때 자신을 아는 강한 힘을
두려움 앞에서는 용기를
올곧음으로 인한 패배에는 긍지를 가지며
승리하였을 때 겸허하고 온유한 자로
키우게 하소서.

내 아이가 자신의 의견만을 고집하지 않고

하느님을 알고, 자신을 아는 것을
가장 보배로운 가치로 삼고 살도록
키우게 하소서.
비오니
내 아이를 평탄한 길로만 이끌지 마시고
고난과 역경의 삶으로도 인도하소서.
하여
거센 폭풍우에도 견딜 줄 알게 하시며
패배한 이에는
사랑으로 대할 줄 알게 하소서.

맑은 마음
드높은 목적으로 살며
남을 지배하려 들기 전에
자신을 지배하며
미래를 향해 발돋음하면서도
과거를 잊지 않는 아이로 키우게 하소서.

내 아이가
이 모든 것을 이루게 된 후에도
주여, 당신께 청하오니

그가 풍부한 유머를 지니고

진지하게 인생을 살게 하시되
지나침이 없게 하소서.

그에게 겸손을 주시어
참 위대함은 단순함이요,
참 지혜는 마음의 개방이며,
참된 힘은 온유함임을 늘 기억하며 살게 하소서.

이렇게 된다면
먼 훗날
나는 그의 아비로서 '헛되이 살지 않았노라'고
당신께 조용히 말씀드릴 수 있을 것입니다.
아멘.

작가 후기

 아들에게 아버지로서 뭔가 삶에 대한 얘기를 들려주어야겠다고 글을 시작한 게 작년의 일이다. 그런데 시간 나는 대로 틈틈이 이런 저런 얘기를 적다보니 어느새 해를 넘기게 되었다.
 평소 함께 하는 시간을 많이 가질 수 없는 탓에 아들에게 우리가 지나온 세월을 얘기해 주면서 불투명한 미래에 대해 어떤 희망같은 것을 주고 싶었던 게 이 글을 쓰게 된 가장 큰 동기였다. 그 마음이 얼마나 표현되었는지 모르겠다. 그러나, 어쨌든 이 글이 아들로 하여금 미래를 생각하게 하는 작은 계기가 되었으면 싶은 바람은 간절하다.
 이 글을 쓰는 동안에 우리나라는 경제 침체의 연장선상에서 결국 IMF 금융 지원체제로 돌입했고 빠른 시일 내에 그 터널을 벗어날 전망은 그다지 밝지 않아 보인다. 이런 점들도 우리 아버지들로선 아들들에게 미안한 일이 될 것이다.

그러나, 오늘의 이 난국이 어쩜 예상보다 오래 이어지지 않을 수 있을지도 모른다는 생각을 해본다. 일례로, 오늘의 이 어려움이 그 동안의 우리 자신을 반성하면서 먼 미래를 차분히 설계하는 전화위복의 계기가 될 수도 있을 테니까.

그런 기분과 바람으로 이 글을 썼다. 글을 쓰면서 운동선수에 대한 얘기를 많이 하게 되었던 건 내가 운동에 전문가여서가 아니라 우리 모두의 주된 관심사였기 때문이다. 그렇지만 박세리 선수가 세계 정상의 골퍼가 된 것이나 박찬호 선수가 작년 14승에 이어 올해도 15승을 올림으로써 특급 메이저리거가 된 것은 오늘 우리에게 필요한 어떤 한계를 넘는 경이로움이었다.

힘난한 세월을 살아온 오늘의 아버지들이 다시금 힘겨운 국면에 처한 것은 무척 안타까운 일이지만 아들과 함께 지난 날을 돌이켜 보면서 현실의 어려움을 박차고 일어설 수 있었으면 좋겠다.

늘 밝고 건강한 모습으로 자라주는 아들 윤후와 명후, 그리고 고마운 아내에게 깊은 사랑의 마음을 전한다.

책을 펴 주신 좋은날 편집부에도 감사드린다.

1998년 11월

김제철

보리밥과 쌀밥

초판인쇄 · 1998년 12월 10일
1판 2쇄 · 1999년 1월 5일

지은이 · 김제철
펴낸이 · 최정헌
펴낸곳 · 좋은날
주소 · 서울시 서대문구 충정로 3가 8-5호 동아 아트 1층
전화번호 · 392-2588~9
팩시밀리 · 313-0104

등록일자 · 1995년 12월 9일
등록번호 · 제 13-444호

값은 표지 뒷면에 있습니다.
ISBN 89-86894-43-2 03810
*잘못된 책은 바꿔 드립니다.
*저자와의 협의에 의해 인지를 생략합니다.